I0776811

Antonio Lezama

La utopía de la dignidad: una mirada etohistórica sobre la América del Sur

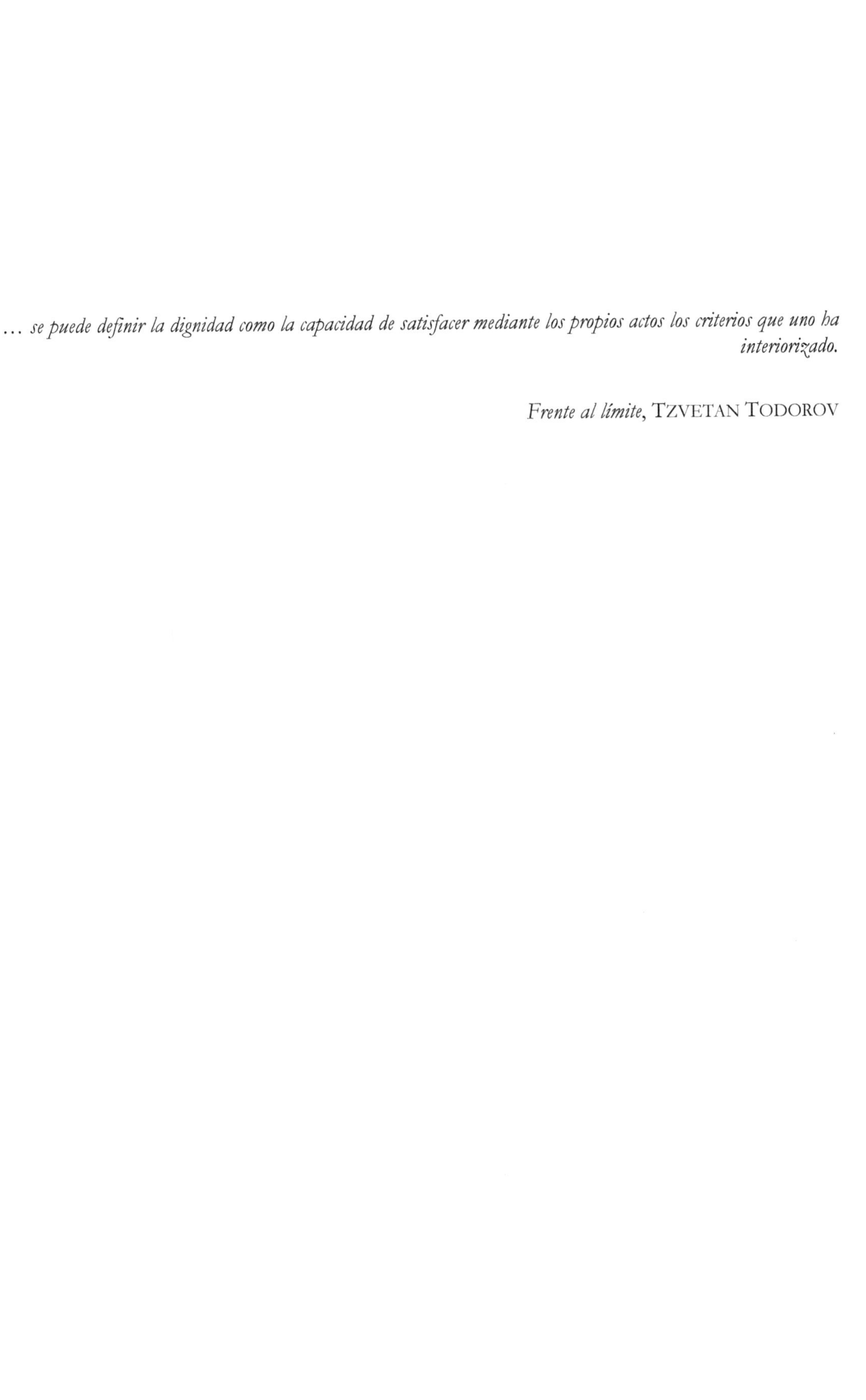

… se puede definir la dignidad como la capacidad de satisfacer mediante los propios actos los criterios que uno ha interiorizado.

Frente al límite, TZVETAN TODOROV

Corrección de estilo: María Lila Ltaif

Diagramación: Mónica Méndez

Diseño de tapa: Luciana Raffaelli

ISBN 978-1979-150-72-9

A mis nietos

AGRADECIMIENTOS

La Utopía de la Dignidad no hubiese sido posible sin el apoyo afectivo y efectivo de mi esposa Virginia Bertolotti.

Hago un reconocimiento particular para quienes, además de ella, fueron confortados al proceso de elaboración del texto e hicieron posible, con sus observaciones y sugerencias, que este lograse una expresión más ajustada de mis ideas: Arturo Lezama, Leticia D´Amborsio, Fernando Aparicio, Nelson Majercyk, Ricardo Cetrulo y Leonardo Fonsalía.

Prólogo

El enamorado historiador

Sin saberlo, todos somos historiadores. Todos buscamos, permanentemente, datos del pasado para poder prevenir nuestro futuro. Es que para actuar, en cualquier sentido, siempre recurrimos a nuestra propia experiencia histórica. Si me detengo en un determinado punto de la calle a esperar un autobús, es porque, en un inconsciente oficio de historiador, he sistematizado una serie de acontecimientos pasados que me permiten prever, con un rango aceptable de probabilidades, que por allí volverá a pasar.

Todos somos pues historiadores, y de los buenos, de los que, como los profesionales, inevitablemente nos equivocamos al predecir el futuro. Veámoslo mejor con un ejemplo que, por suerte, todos hemos experimentado: el enamoramiento. Sucede que no hay ser humano más desesperadamente prospectivo que el enamorado. Toda su voluntad queda aprisionada en la necesidad de lograr que él, o ella, corresponda a sus amores y, consiguientemente, se vuelve el ser más inclinado al ejercicio histórico.

Así, el enamorado incansablemente busca en su memoria —y en el mundo exterior que le sirve de soporte— todos los elementos vinculados con esa esperanzadora relación. Como el historiador, identifica los hechos que considera principales: que a tal hora ella lo miró así, que tal día él vino especialmente vestido asá, que no concurrió a tal cita, etcétera. Luego, a partir de ellos, elabora interpretaciones complejas: «cuando dijo tal cosa, quiso insinuar tal otra»; «faltó a la cita para sugerir/porque pensó/porque malinterpretó…». Como en el ejercicio histórico, cada detalle es precioso y, lo que es más importante, cada detalle cobra significado y le da un sentido particular a todo el proceso.

Al igual que el historiador que entiende haber explicado la lógica de un determinado proceso y, por lo tanto, inferido las consecuencias que derivan de él, el enamorado concluye que, con tales y cuales datos, vistos de una cierta manera, es seguro que mañana le darán el sí. Hasta que aparece una amiga, un padre, un hermano que, con los mismos hechos, intenta (inútilmente) hacerle ver que su interpretación es equivocada; a veces radicalmente equivocada, cuando la que es toda nuestra esperanza a los ojos de otros es nuestra peor enemiga. A veces, lo que interpretábamos como un amor profundo es, para los demás, apenas una demostración de amistad. Pero no solo eso, también descubriremos que ninguno vio exactamente los mismos hechos, que alguno se fijó en una mueca que nosotros no vimos, que otra percibió un titubeo del que no nos dimos cuenta.

Es que como el historiador, que solo encuentra explicativos algunos y no todos los hechos del pasado, hemos hecho una selección arbitraria de los datos sesgados por nuestro interés particular, y ello pese a nuestra indudable conveniencia de tratar de verlos todos para poder predecir ajustadamente nuestro futuro. El enamoramiento nos obnubila, mientras que al historiador lo obnubilan los marcos interpretativos en los que se inscribe —asediado por las urgencias de su época, por las llamadas ideologías, corrientes teóricas, sistemas filosóficos o, simplemente, lealtades políticas a las que pretende afiliarse—.

Todo depende del ángulo de observación adoptado. Imaginemos que América Latina es un taxímetro y que, al escribir su historia, destacamos el número de viajes y, sobre todo, lo que atañe a los viajeros: que en tal fecha fue trasladado tal y cual, que después hizo tal y cual cosa. Es la historia de los trasladados y de su significado. Pero también podríamos escribir la historia del taxista, de sus razones para subirse todos los días al automóvil, del costo de este, de su mantenimiento y de cómo, independientemente de quién fuera trasladado, se fue construyendo una cultura del taxi.

La historia de América Latina se ha escrito desde una perspectiva enamorada de sus pasajeros europeizantes y de su siempre imperfecta llegada a destino; intentemos verla desde los taxistas.

Dr. Livingstone, I presume?

HENRY STANLEY

Introducción

La evidencia misma

Podría pensarse que afirmar que los problemas de los sudamericanos son inherentes a la condición de tales no es más que una gastada tautología, pero, lamentablemente, nada es más cierto.

Empecemos por puntualizar que no nos referimos a hipotéticos problemas que les fueran intrínsecos, sino a la expresión particular que en ellos adopta el gran problema, compartido por buena parte de la humanidad, de cómo hacer para reproducir un modo de vida digno. Aclaro que utilizo el término —porque cabría aquí un tratado filosófico sobre lo que se entiende por *dignidad*— en el sentido de que el individuo, sean cuales fueran las circunstancias que le haya tocado vivir, se sienta respetado en su condición de tal, esto es, en función de su propia subjetividad, comparado consigo mismo y no con otras situaciones potenciales.[1]

Aunque la dignidad sea notablemente escasa en estos lares tan ricos en violencias y en miserias de todo tipo, no se me escapa que, lamentablemente, de ese tipo de ineptitud está lleno nuestro planeta y que es posible que no haya una incapacidad propiamente latinoamericana. Antes de llegar a una conclusión, intentemos buscar la explicación, porque, de existir factores intrínsecos —como creo que existen— a la condición de sudamericano, es sobre ellos que más directamente podemos actuar.

Casi todos los que han analizado la situación sudamericana concuerdan, en lo esencial, en una misma respuesta, en un mismo discurso histórico, hegemónico de la izquierda a la derecha y de norte a sur, que afirma que «la culpa la tiene el otro». Curiosamente, hay una interesante variedad de opciones —por lo general no excluyentes— sobre quién es ese «otro», en un *ranking* encabezado por los imperialismos y cerrado por componentes locales como la rapacidad de las oligarquías, la pereza del indio o la indolencia del criollo.

En contra de esa opinión mayoritaria, esta tesis sostiene que lo verdaderamente trascendente en la explicación de nuestras dificultades no son las variables externas, sino el medio sobre el cual han actuado, es decir, nosotros, los sudamericanos. Para ello parto de la base de que, sean cuales sean las fuerzas que se ejercen sobre un medio dado, son las características de este las que, en última instancia, determinan la resultante de esas fuerzas.

En otras palabras, para que las mismas acciones (imperialistas, por ejemplo) pudieran producir los mismos resultados, deberían haberse ejercido sobre los mismos componentes. Si las mismas fuerzas se ejercen sobre elementos culturales distintos, sus resultados son necesariamente distintos y no similares, como sostienen las teorías del colonialismo, que parecen olvidar que los Estados Unidos y el Japón también fueron, en su momento, víctimas del imperialismo, o que Alemania y Francia también conocieron la rapacidad de sus oligarquías.

Replanteamos así el tema que, desde siempre, ha desvelado a los historiadores: ¿por qué unos sí y otros no? ¿Por qué el imperialismo les impuso a algunos el subdesarrollo y a otros el desarrollo? ¿Por qué Japón salió fortalecido de la agresión imperialista y los sudamericanos, debilitados? ¿Cómo explicar, en todos los planos, los triunfos y los fracasos?

La producción histórica latinoamericana corresponde, esencialmente, a la historia de la búsqueda de esas respuestas. De entre las que se han propuesto se destacan la dependencia

15

económica y política, la organización social, la ideología política, el genio de un pueblo, la estructura económica, más combinaciones varias de estos y otros factores.

Además, estas respuestas siempre se formularon urgidas y condicionadas por la necesidad de encontrar soluciones a los problemas que se planteaban en cada momento. No es el objetivo de este trabajo analizar su derrotero; señalemos sí que de esa acumulación de reflexiones surgen las diferentes visiones del mundo sudamericano que hoy sirven de base a nuestro accionar cotidiano (el *nos* se refiere a cualquier sujeto individual o colectivo que quiera actuar en relación con América del Sur). En la práctica, en función de dichas reflexiones pretendemos saber por qué suceden las cosas y, como consecuencia de ese entendimiento, actuamos en proyección al futuro. Cuanto más acertado sea ese entendimiento, más se acercarán los resultados de nuestras acciones a los objetivos que nos habíamos planteado.

Pero ese es uno de los principales dramas de los sudamericanos: el reiterado desfasaje entre los objetivos y los resultados. Si la generalización de la vida digna ha sido y es nuestro objetivo genérico, es claro que, vistos los resultados, las explicaciones que hemos dado a los mecanismos que rigen nuestra historia han estado equivocadas. Las cosas, más allá de los aciertos parciales que los diferentes modelos explicativos aportan, no son como creemos que son. Además —y es lo más extraordinario—, los modelos que creemos que nos rigen no se corresponden, siempre por excepciones pretendidamente justificadas, con nuestras prácticas particulares.

Innumerables son los textos que explican la contradicción entre el propósito de asegurar una vida digna, constantemente propuesto por los líderes políticos latinoamericanos de todas las épocas, y los pobres resultados logrados. Casi podría decirse que la mayor parte de los ensayos históricos escritos sobre América Latina tratan de explicaciones sobre sus fracasos.

Las primeras reflexiones echaron todo el peso de la culpa sobre las potencias coloniales, con España a la cabeza, como responsables del período inmediatamente precedente. Curiosamente, nadie parece recordar que, hasta momentos antes, los americanos autores de esa acusación eran, por lejos, los constituyentes principales de la sociedad colonial —ellos, y no España, la hacían funcionar en su cotidianidad— y que eran ellos mismos, los hasta entonces miembros de la élite colonial, los principales responsables del proceso independentista.

Como consecuencia de ese lapsus, desde las primeras explicaciones se produce una doble ruptura conceptual que signará todas las interpretaciones posteriores: por un lado, con el propio pasado indoamericano, porque, de acuerdo con ellas, todos los males se inician con la conquista europea, perspectiva que minimiza la historia indígena, y, por el otro, con la propia realidad, al situarse sus autores por fuera de las dinámicas sociales que ellos mismos han protagonizado. ¿Cómo encontrar explicaciones valederas si lo que se analiza es un mundo ficticio?[2]

Ese es el escenario en el que se inscribe este trabajo: encontrar un modelo explicativo que dé mejores resultados que los propuestos hasta ahora. Es que en los hechos sucede que, más allá de las virtudes de los diferentes modelos (siempre son virtuosos dado que resultan de un proceso de abstracción), los mismos motores de la actividad histórica que en ellos se proponen no han dado, en las mismas circunstancias, los mismos resultados, como ya señalé. Tratemos entonces de encontrar pistas que nos permitan entender esa variabilidad y, por esa vía, acercarnos a un entendimiento más efectivo de nuestra realidad.

Explicar qué nos caracteriza y, de ese modo, definir a quién comprende ese *nosotros* será el objetivo fundamental de este trabajo. El *nosotros* será relativamente fácil: somos los que vivimos en América del Sur y quienes, como consecuencia de la sumatoria de nuestros comportamientos individuales, caracterizamos la región. Somos aquellos que, como resultado de un proceso histórico, por las razones que sea, sin excluir a nadie, ocupamos estas tierras.

Elegimos una definición centrada en la territorialidad porque entendemos que, a diferencia de otras, también válidas en otros contextos explicativos, como podría ser la frecuencia de interacciones, la territorialidad generalmente supone, por su inamovilidad y por la necesaria coexistencia, la acumulación (la transmisión) histórica de experiencias. Dicho de otra manera: somos el resultado de aquello que sucedió en el territorio.

No desconocemos las limitaciones de esa elección; es obvio que ese principio no se aplica a un recién llegado a un territorio vacío y que para los inmigrantes —actores trascendentes en la conformación de América del Sur— esto supondrá la negociación de su propia experiencia histórica con la de los ya residentes.

Por otro lado, al definir que el segmento de comportamientos que vamos a analizar se refiere a las personas que ocuparon o que ocupan un determinado territorio, podemos eludir la necesidad de establecer *a priori* complejas definiciones sobre quiénes son los actores que se deben incluir. El territorio como sujeto nos permite situarnos en una perspectiva en la que los comportamientos no vienen presegmentados en sujetos predefinidos —los nativos, los invasores, los guaraníes, los españoles, los banqueros transnacionales, etc.—, sino que son la expresión de la resultante de los comportamientos individuales que conviven en un mismo lugar.

Sistemáticamente, los actores que interactúan en el territorio no pueden, por definición, excluirse unos a otros. Todos pesan sobre los recursos y todos van a actuar, directa o indirectamente, en relación con el otro.

La aplicación de un corte geográfico correspondiente al territorio sudamericano es, a mi entender, la forma más neutra, aunque tan arbitraria como cualquier otra, de limitar el campo de estudio, en el entendido de que otro tipo de recorte, como, por ejemplo, América Latina o Hispanoamérica, implica ya presuponer, por lo menos en parte, alguna de las características esenciales que son, justamente, las que queremos descubrir.

Por la misma razón, descarto otras divisiones de apariencia objetiva —en el sentido de que suponen un menor grado de interpretación *a priori*—, como serían la América de habla hispana y la América de habla portuguesa o la América de más de *x* producto per cápita y la de menos de *x* producto per cápita, porque parten de la hipótesis de que nuestras particularidades están determinadas por un cierto tipo de influencia externa o por el desarrollo económico. Serán las propias *esencias* que procuramos establecer para el territorio seleccionado las que luego nos permitirán ver en qué medida, en más o en menos, aquellas definiciones se ajustan a él.

Definido el sujeto de esta tesis —los habitantes del territorio sudamericano—, mucho más difícil resulta responder a la pregunta de qué nos caracteriza.

¿Qué somos? ¿Cómo somos? ¿Por qué somos? Son preguntas que se repiten sin que se encuentre una respuesta satisfactoria. ¿Somos un continente? ¿Somos una sumatoria de culturas? ¿Somos dos continentes? ¿Somos herederos de la cultura anglosajona y herederos de la cultura ibérica (o latina)? ¿Somos pueblos sometidos? ¿Culturas oprimidas? ¿Países dependientes? ¿Una potencia mundial que convive con países del Tercer Mundo (y hasta del cuarto)? ¿Víctimas inocentes de la expansión capitalista?

En ese mar de dudas, la única verdad indiscutible es la que impuso la geografía a don Cristóbal Colón: todos nos ubicamos en el (doble) continente (y sus islas adyacentes) situado entre la costa oeste y la costa este de la masa continental formada por África, Europa y Asia. A partir de allí, todo es polémico, empezando por el nombre, América, tan rechazado por los nuevos movimientos indigenistas (que tampoco tienen un nombre propio para designar al continente como un todo) como pretendidamente monopolizado por un solo país (los Estados Unidos). Tampoco resulta adecuado para todos lo de Viejo y Nuevo Mundo, puesto que ya era viejo para los que aquí vivían. Ni siquiera sirve la regionalización de su geografía: hay una América del Norte y una América del Sur que, arbitrariamente, expulsan a una América Central con la que tienen una perfecta continuidad territorial, pero también hay un Caribe y unas Antillas como satélites de esa realidad geográfica.[3]

Para intentar definirnos, se ha acudido en particular a los patrones culturales del tipo «una América anglosajona y una América Latina». Pero ¿quién incluye a la provincia de Quebec entre los latinos o al Estado de Surinam entre los sajones? ¿Qué se hace con las poblaciones autóctonas que viven en el seno de los Estados Unidos? ¿Cuán parecidos son un latinoamericano de Guatemala y uno del Uruguay? Se ha acudido a la economía poniendo un corte entre ricos y pobres, pero ¿cómo comparar la pobreza de Haití con la de Argentina, otrora uno de los países ricos del mundo?

Si se ha hecho un corte neto en el plano de la economía —notoriamente entre países imperialistas y dependientes— es porque es bastante más difícil establecerlo en el plano político, dado que muchos de los países dependientes, como Bolivia, se independizaron más de un siglo antes que otros, como Canadá. Pero ¿cuán imperialistas son Canadá o Chile, hoy el más rico de los dependientes?

Basta circular por América del Sur para constatar una diversidad que se impone tanto por su geografía como por su multiplicidad cultural. No obstante la evidencia, nada parece afectar la idea generalizada de que hay *una* realidad sudamericana, que generalmente se inscribe en el escenario mayor de lo latinoamericano o iberoamericano, escenario que nos identifica por encima de esas notorias diferencias.[4]

La impresión de unidad tampoco puede fundarse en un inexistente pasado en común, salvo el demasiado genérico de haber sido la mayoría del territorio, y solo durante una breve fracción de 300 años de una historia que empezó hace 12.000, dominados por los reinos ibéricos. Este argumento reduce forzadamente el dominio español y el portugués a un denominador común y no tiene en cuenta que ese dominio sucedió hace ya 200 años y que, luego, sobre él, se superpusieron las particulares historias nacionales.

Si el postulado de unicidad no se sostiene por sí solo, sin olvidar que hay autores que directamente niegan la existencia de esos factores comunes (por ejemplo, Néstor García Canclini en «Políticas culturales: de las identidades nacionales al espacio latinoamericano»), el tema es entonces desentrañar qué es lo que realmente sostiene esa pretendida unicidad y cuál sería la naturaleza de esa esencia común.

En ese plano se destacan, en fuerte contraste con la diversidad de realidades que inmediatamente saltan a la vista cuando se quiere definir una esencia latinoamericana, dos elementos, dialécticamente relacionados, que son indudablemente comunes a todo el escenario y que, de alguna manera, sientan una base para esa identidad común.

En primer lugar, desde los albores del movimiento de independencia en la segunda década del siglo XIX, se destaca la persistente voluntad de concebir una «América toda», «una sola nación», «una idea grandiosa». Así lo expresaba Simón Bolívar en su *Carta de Jamaica*, de setiembre de 1815; aunque no deja de señalar claramente su carácter utópico:

Es una idea grandiosa pretender formar de todo el mundo nuevo una sola nación con un solo vínculo que ligue sus partes entre sí y con el todo. Ya que tiene un origen, una lengua, unas costumbres y una religión debería, por consiguiente, tener un solo gobierno que confederase los diferentes Estados que hayan de formarse; mas no es posible porque climas remotos, situaciones diversas, intereses opuestos, caracteres desemejantes dividen a la América.

En la segunda mitad de dicho siglo y como consecuencia de la expansión de los Estados Unidos, esta idea se reducirá geográficamente, pero cobrará nuevas energías morales con la concepción de una única América Latina.

Desde entonces, la unidad latinoamericana ha sido una idea fuerza —aunque el subcontinente se haya dividido en decenas de Estados independientes— en el sentido de que se la sigue presentando como la única posibilidad de alcanzar las condiciones de vida ideales, aquellas verdaderamente dignas de la potencialidad de la tierra y de su gente. Es así que, pese a su notoria impotencia, hace 200 años que se espera que sirva de fundamento para transformarnos en pueblos libérrimos, democráticos, cultos, industriosos, generosos y equitativamente ricos.[5]

En segundo lugar, un aspecto que nos unifica es la generalizada aceptación del fracaso de esa construcción ideal, porque, pese a decenas de intentos desde el momento mismo de la independencia para lograr uniones regionales, subcontinentales y continentales, la parcelación nacional sigue primando antes que cualquier compromiso unificador. Pero el fracaso se da sobre todo en la no consecución de las continuamente proclamadas condiciones de vida ideales.[6]

Sucede que el diagnóstico sobre las deficitarias condiciones de vida en América Latina y, por extensión, en Sudamérica, es casi unánime y lamentablemente no admite réplica, al punto de que se habla, en relación con el reparto de la riqueza, del «continente de la desigualdad». Basta una rápida búsqueda en internet bajo el rótulo «desigualdad América Latina» para encontrar inmediatamente cientos de páginas que, desde diversos enfoques, coinciden en que sus índices son de los peores del mundo.[7]

Paralelamente, si nos referimos a los derechos humanos y al ejercicio de la democracia, los resultados son similares. En aproximadamente 200 años de vida independiente no ha transcurrido uno solo sin la existencia de algún gobierno de facto, y se contabilizan 327 golpes de Estado, o intentos de golpe, desde comienzos del siglo XX.[8] Esas cifras vuelven inútil detallar el atroz nivel de violencia política en la que hemos estado inmersos. La desigualdad, la violencia política y física y las arbitrariedades de todo tipo son el caldo de cultivo óptimo para el desarrollo de la violencia social, otro fenómeno característico de nuestra realidad sobre el que tampoco es necesario explayarse.

Sin embargo, cabe señalar que, más allá de los índices que se manejen, los criterios de evaluación siempre son relativos a los estándares de los que se parte.[9] Curiosamente, en el caso de los países latinoamericanos, la descripción de la realidad no suele coincidir con la percepción de la población, con todas las incongruencias políticas e ideológicas que el hecho conlleva. Como ejemplo, una publicación del BID indica que los países con peores índices educativos tienen la población más satisfecha en ese plano y que en el país con la menor tasa de homicidios de la región, Uruguay, la población se considera la más insegura.[10]

Ahora bien, para complicar más las cosas en esa búsqueda de una identidad americana, llama la atención (y muchas veces es tomado como el aspecto definitorio) que el doble continente presente un fuerte contraste entre países que son crecientemente exitosos en relación con lo que se considera una vida digna (Canadá y los Estados Unidos) y el resto, que paradójicamente y desde hace siglos reciben constantemente de sus dirigentes políticos la promesa de un futuro luminoso. Es interesante señalar que ideas similares, referidas a un inagotable potencial de progreso, ya se encontraban en los textos de los principales asesores de los monarcas coloniales.

¿Por qué dos países se han elevado al rango de potencias mundiales y el resto no ha sido capaz de hacerlo? Si evitamos responder tautológicamente que la propia desigualdad es la causa de la desigualdad, nos damos cuenta de que mal podemos tener respuestas cuando aún no hemos formulado las preguntas adecuadas. Quizás deberíamos dejar de preguntarnos genéricamente qué somos y aceptar como punto de partida que el continente americano encierra dos esencias, la de los que han tenido éxito y la de los que no, y enfocarnos en por qué eso es así. Queda entonces formulado el objetivo principal de esta propuesta: avanzar en el camino de definir los constituyentes esenciales de aquella parte de la realidad americana que no ha logrado avanzar sustancialmente en la búsqueda de mayor dignidad. Para ello, no nos preguntaremos qué somos, repitiendo una búsqueda que ha ocupado generaciones de investigadores, sino por qué actuamos como actuamos.

Debemos preguntarnos por qué, pese a los siglos transcurridos y a la diversidad de escenarios en que se ha experimentado, el rasgo común más prominente de los países americanos no exitosos sigue siendo su notoria incapacidad para cumplir sus propias promesas. Dado que hasta ahora no existe una respuesta satisfactoria sobre cuáles son los componentes objetivos diferenciales de esa realidad, intentemos buscar su naturaleza explorando el procedimiento de invertir la perspectiva del observador, tratando de situarnos en los elementos subjetivos —idiosincrásicos— que la caracterizan.

El problema para ello es que, a primera vista —fuera de la incapacidad arriba señalada—, los sudamericanos no tenemos nada en común. La mayoría hablamos español, pero otros, casi la mitad —ordenándolos por orden numérico decreciente—, hablan portugués, quechua, aimara, guaraní, inglés, holandés, mapudungun, francés y decenas de otras lenguas indígenas.

Algunos viven en la selva tropical y otros en la estepa patagónica. Muchos comparten la cordillera de los Andes, otros viven en las pampas o sabanas. Millones lo hacen sobre las riberas del Atlántico y millones sobre las del Pacífico. A estas diferencias ambientales se suma el hecho de que hay 13 gobiernos nacionales diferentes. Cabe entonces preguntarse si en realidad existe una esencia (o esencias) propiamente sudamericana.

¿Cómo aprehender entonces esa realidad multifacética? Para empezar, tratando de no volver a recorrer los caminos tantas veces trillados y que no nos han aportado una respuesta satisfactoria. Con ello me estoy refiriendo a los centenares de estudios que, desde tiempos coloniales, cuando se empezó a tomar conciencia de esa ineptitud, han tratado de explicar nuestras pobres *performances*, y a los muchos más que surgieron desde que se plantearon las independencias.

Dichos estudios buscaron, en primer lugar y en una tendencia que llega hasta nuestros días, las explicaciones del fracaso en el plano de la realidad política, y esto tanto en el ámbito de las ideologías en juego como de sus diversas aplicaciones prácticas. Consecuentemente, la mayor o menor pureza de los ideales monárquicos, liberales, conservadores, populistas y socialistas, así como la mayor o menor perfección lograda en su realización alimentan buena parte de los estudios sobre la esencia de la realidad sudamericana.

Paralelamente, se han tratado de entender los mecanismos económicos que han trabado, y traban, nuestro desarrollo. Los trabajos sobre los diferentes tipos de impedimentos a la producción de riqueza, sobre la apropiación indebida de esta por los particulares —nativos o extranjeros— o por los Estados —propios y ajenos— y, por último y fundamentalmente, sobre la teoría de la dependencia —que carga la culpa a los de afuera— son el segundo componente principal de explicaciones sobre la realidad sudamericana.

Finalmente, y también desde los inicios de la historia sudamericana, se ha propuesto el protagonismo de las tradiciones culturales como causa de nuestra realidad, sobre todo en el campo de las mentalidades. El rasgo más común a este tipo de enfoques ha sido considerar que las culturas vigentes en América del Sur son esencialmente el producto de la conquista europea y que sus males resultan de las rémoras del pasado indígena aún presentes en la mayoría de sus sociedades.[11]

Así, se han señalado como determinantes en el plano cultural aspectos relacionados, entre otros, con las idiosincrasias ibéricas, con el antagonismo entre culturas bárbaras y culturas civilizadas y con la naturaleza impávida del indígena, así como combinaciones varias de estos y otros elementos. El fracaso iberoamericano será entonces consecuencia de la forma inapropiada en que se realizó el trasplante de la cultura europea, proceso agravado por la culpable inoperancia —desquiciados por la ambición de riquezas— de los responsables de dicho trasplante.

Todas esas explicaciones, acumuladas durante siglos, han sentado sin duda la base del conocimiento hoy existente sobre los sudamericanos. El problema es que ninguna ha resultado satisfactoria en el sentido de generar las herramientas para una corrección sustancial de nuestra incapacidad.

En América del Sur, con mayor énfasis en unos lugares que en otros, se han experimentado prácticamente todas las formulaciones políticas, pero el resultado se resume en una larguísima historia de resistencia contra los abusos de poder que, reiteradamente, suelen terminar en otros abusos de poder.

De la misma manera, se han ensayado diferentes modelos económicos, que han resultado en una prolongada historia de resistencia a la sobreexplotación, a la corrupción generalizada, a la expropiación ilegal de las riquezas generadas. Esta resistencia, también de forma repetida, termina con nuevas expropiaciones, nuevas corrupciones y nuevas sobreexplotaciones.

También se ha pretendido (y se pretende) que la educación es la herramienta privilegiada para borrar las inercias culturales que tanto nos habrían perjudicado. Qué decir al respecto, sino que casi nada de lo que usamos ha sido inventado por nosotros, que las desigualdades en las oportunidades de formación siguen siendo la regla o que los gobiernos, a cualquier nivel, nunca están en manos de los más sabios, sino de los más audaces (cuando no de los más corruptos).

En síntesis, la reflexión sobre América Latina, pese a la diversidad y riqueza de muchos de los enfoques que se han ido acumulando, no ha logrado los resultados prácticos que —por lo menos en el discurso de «vida digna para todos»— se vienen postulando desde que se empezó a escribir sobre ella.

¿Qué camino explicativo seguir entonces para reconocer los aspectos esenciales de una incapacidad que se repite con diferentes territorios, climas, lenguas, trayectorias históricas, razas y tradiciones culturales? La respuesta se desprende del propio contexto: si los individuos en diferentes situaciones ambientales —para usar un término que, de alguna manera, reúne todas las variables antedichas— actúan en forma similar es porque su comportamiento no está determinado por el ambiente, sino por algo que es intrínseco a sus personas. Y aclaro, aunque no debería ser necesario, que la expresión *sus personas*, en la enorme diversidad sudamericana, comprende tal variedad y mezcla de genes que vuelve imposible toda formulación de tipo racista.

Es en ese contexto que propongo rescatar el valor explicativo de los factores idiosincráticos, entendiéndolos como los reflejos, casi instintivos pero siempre culturales, con los que los individuos reaccionan frente a los diferentes desafíos existenciales.

Luego de esta advertencia, lo primero que corresponde es repasar los prejuicios con que se ha abordado la historia americana y, a partir de ellos, explicitar los nuestros. Esto, dicho sea de paso, siempre teniendo presente que toda construcción histórica tiene un fin predictivo y que, en el caso sudamericano, las interpretaciones que hemos venido formulando, si a la capacidad de autotransformación de las sociedades que pueblan el subcontinente nos referimos, nunca han logrado ese resultado.

Partiremos del axioma de que, en última instancia, el comportamiento humano se expresa siempre en forma individual y que es dicha individualidad la que les va a dar a los grandes motores del comportamiento colectivo —económicos, políticos, culturales— una expresión particular. Asimismo, la sumatoria de esas expresiones individuales expresa las diferencias en los comportamientos de los distintos segmentos en que repartamos a la humanidad. Encontramos así que hay comportamientos que caracterizan, dependiendo de en dónde hagamos el corte, a determinadas familias, a determinadas localidades, a regiones, a países, a épocas, etcétera.

Cualquiera sea ese agrupamiento —y constantemente se proponen, según la temática, comportamientos segmentados por territorios (continentes, regiones, países), por género, por estratos sociales y económicos, entre otras variables—, su comportamiento es, siempre, la sumatoria de individualidades (o la resultante de comportamientos individuales, ya que no necesariamente suman). Por lo tanto, la explicación más adecuada de cualquier fenómeno histórico dependerá siempre de que logremos entender qué movió a cada uno de los individuos a actuar de determinada manera.

¿Qué nos mueve? Si pudiésemos contestar con precisión esa pregunta, este trabajo no tendría sentido. Nuestra intención es aproximarnos a explicar, en el caso sudamericano —

haciendo, por razones prácticas, un corte en un escenario seguramente más amplio—, el mecanismo por el cual la sumatoria de actos individuales resulta en (puede leerse como) un acto colectivo de carácter particular y, de esa manera, explorar la posibilidad de entender otros comportamientos segmentados del conjunto.

El tema de los comportamientos grupales, en los que trabajan desde el psicólogo hasta el especialista en *marketing*, pasando por el historiador y el antropólogo, es también, por la diversidad y complejidad de sus variables (¿cuán pertinente es el corte que estamos proponiendo?, ¿cuán pertinentes son, en el conjunto de nuestras manifestaciones, las que hemos seleccionado?, etc.), de muy difícil aproximación. En el caso que nos ocupa —el de entender el comportamiento histórico de los sudamericanos—, estamos, de alguna manera, proponiendo reinsertarnos en una línea de estudios ya más que centenaria, la de los caracteres nacionales.

Mucha agua ha corrido bajo ese puente, permanentemente denostado —entre otras cosas sirvió en su momento para justificar el nazismo— y, también, reiteradamente postergado como campo académico, que, sin embargo, resurge periódicamente de sus cenizas porque muchas veces es la única manera de obtener resultados prácticos (estos son todos los casos en los cuales, si bien no se puede explicar bien el porqué, se sabe que un determinado agrupamiento va a reaccionar de una determinada manera y no de otra).

Lectora y lector, el texto que ofrezco a continuación es un ensayo, es decir, un género literario que privilegia la convicción por sobre la demostración. A diferencia de una tesis académica para convencer sobre las virtudes de una hipótesis, combina los principios básicos de la lógica en que se sostiene con un mínimo de elementos fácticos, los necesarios para volver creíbles dichos principios.

Para que el ensayo logre su propósito de convencer, debe tener, principalmente, una coherencia lógica, pero también un discurso fluido para facilitarle al lector el recorrido por la argumentación. Es por ello que, atrapado en ese dilema, en el que la proliferación de letras atenta contra la fluidez de la lectura y su escasez contra el peso de la argumentación, he optado por concentrar al final de cada capítulo, bajo la modalidad de notas extensas, los aspectos que entiendo volverían más árido el texto.

Hechas estas advertencias, señalo que a esta introducción le sucede el capítulo I, titulado «América del Sur al 11 de octubre de 1492», que describe, de acuerdo con los principios de esta tesis, las características de la evolución histórica del territorio sudamericano en el período anterior a la llegada de Cristóbal Colón. El capítulo II, titulado «El mundo andino y la invasión europea: repensando Potosí», describe las permanencias y las transformaciones que supuso la invasión europea en el área andina que había estado bajo el dominio de los incas. El capítulo III, titulado «La América atlántica y la invasión europea», presenta, ahora para el litoral atlántico, que se extiende desde la actual Venezuela hasta la cuenca del Río de la Plata, las permanencias y transformaciones particulares que afectaron esta área. En el capítulo IV, titulado «Las idiosincrasias y el problema del cambio y la permanencia cultural», propongo, vistos los antecedentes expuestos en los capítulos anteriores, reflexionar sobre el papel de las idiosincrasias en los procesos históricos. Finalmente presentamos una «Conclusión», en la que se integran todas estas reflexiones y a la que remitimos a los lectores que quieran tener una rápida visión del conjunto.

---

[1] Los interesados en esa discusión encontrarán un profundo análisis en *Frente al límite*, de donde tomé el acápite que aquí presento en forma más completa:

> Tomo decisión y actúo de acuerdo con ella: he ahí en qué consiste mi dignidad. [...]
> Pero, si ello es así, se puede definir la dignidad como la capacidad de satisfacer mediante los propios actos los criterios que uno ha interiorizado. La dignidad se convertiría entonces en sinónimo de respeto a uno mismo: quiero que mi acción en-

cuentre valimiento a los ojos de mi juicio. (T. Todorov, México, Siglo XXI, 2013, 73)

2   Sin desprenderse de ese punto de partida falaz, a partir de los años cincuenta del siglo XX —guerra fría y procesos de liberación mediante—, los análisis comienzan a insertarse en marcos teóricos cada vez más sofisticados en los que una mística realidad latinoamericana sigue jugando un papel fundamental. Estos nuevos marcos teóricos giran, en su mayoría, en torno a lo que se llamó *teoría de la dependencia*, desarrollada en los años sesenta y setenta por autores como Raúl Prebisch, André Gunder Frank, Theotônio dos Santos o Fernando Henrique Cardoso. Es importante destacar que la teoría de la dependencia y sus desarrollos posteriores no solo no revisaron la idea de base establecida en el período anterior, de que el proceso histórico que estaban analizando comenzaba con la conquista europea, sino que la reafirmaron en el marco del peso que el colonialismo tiene en aquella (véase, por ejemplo, el artículo «Una visión crítica de la conquista de América», de Bernardo Veksler). Desde ese punto de vista, la Conquista significó borrar el pasado indoamericano y comenzar de nuevo bajo las pautas impuestas por las metrópolis.

Abro un paréntesis para señalar que en esas concepciones el colonialismo no supone solamente la dominación económica, sino también la aniquilación o parálisis cultural de los pueblos colonizados. En ese contexto, tuvo una gran repercusión en América Latina el pensamiento de Frantz Fanon, médico psiquiatra natural de las Antillas francesas e integrante del FNLN argelino, quien expuso los supuestos mecanismos mentales que definen la relación colonizador-colonizados y las opciones que tienen estos para romper con esa situación (véase «De la enajenación bajo el colonialismo», en *La Opinión Cultural*, 16 de enero de 1972, tomado de *El Historiador.* Disponible en ⟨http://www.elhistoriador.com.ar/articulos/conquista_y_colonia/de_la_enajenacion_bajo_el_colonialismo.php»).

También es oportuno recordar que la teoría de la dependencia fue desarrollada en contraposición a la teoría del desarrollo, que suponía que el crecimiento es función directa de la adopción de las mismas prácticas económicas de los países capitalistas desarrollados. Esta teoría, con la Alianza para el Progreso como su más notoria expresión, fue promovida por el presidente de Estados Unidos J. F. Kennedy y fundada en Punta del Este en 1961. Sus objetivos inmediatos —y obsérvese su similitud con los que al mismo tiempo proponía la izquierda— eran los siguientes: un incremento anual de 2,5 por ciento en el ingreso del capital, el establecimiento de gobiernos democráticos, la eliminación del analfabetismo de adultos para 1970, la estabilidad de precios, la eliminación de la inflación, una distribución más equitativa del ingreso, la reforma agraria y la planificación económica y social. (https://es.wikipedia.org/wiki/Alianza_para_el_Progreso).

La teoría de la dependencia explica el subdesarrollo —muy particularmente en relación con América Latina— como una consecuencia de la relación de subordinación impuesta, fomentada y perpetuada por los centros desarrollados. En términos muy prácticos: somos subdesarrollados porque los poderes centrales no nos dejan desarrollarnos. Ergo, debemos romper esa relación; ergo, alguien debe encabezar esa ruptura; ergo, no pueden hacerlo las clases dominantes tradicionales cómplices de esa relación; ergo, deben hacerlo las fuerzas sociales que se enfrentan a ellas; ergo, el desarrollo pasa por la revolución.

El problema fue que, como la determinación de la necesidad de una revolución resultaba de una abstracción teórica, había también que determinar si el carácter de esta iba a ser popular, nacional o socialista. Para hacerlo, se discutía si en América Latina existían (predominaban o coexistían) estructuras de tipo feudal o capitalista, si la burguesía nacional tenía o no el potencial revolucionario suficiente o si el campesinado podía sustituir al proletariado en su acción de vanguardia. Se trataba de un ejercicio de carácter notoriamente teórico —como hoy resulta claro cuando se intenta simplemente abstraer o dar significado a esas categorías—, que dejó de lado la búsqueda de otro tipo de explicaciones.

Paralelamente a la formulación de la teoría de la dependencia, en los Estados Unidos —donde el pensamiento es siempre más pragmático— se propuso como explicación del crónico subdesarrollo latinoamericano (y de paso también del español) la existencia de mecanismos intrínsecos a esas mismas sociedades, existencia que era posible demostrar empíricamente. Esa explicación, que se conoce con el nombre de *teoría corporativa*, fue propuesta por Howard Wiarda en los años setenta (véase, por ejemplo, el artículo ya mencionado de Bernardo Veksler). Como su nombre lo indica, en esta teoría se destacan el peso de las corporaciones —de diversa naturaleza, desde patronales hasta sindicales, pasando por el propio aparato estatal— en el funcionamiento de estas sociedades y cómo de ello resulta una suerte de equilibrio rígido que dificulta grandemente cualquier cambio de situación.

Sin embargo, los estudios sobre la teoría corporativa, a la vez que pusieron claramente de manifiesto el carácter intrínsecamente ultraconservador de situaciones de este tipo, mostraron que los mecanismos corporativos no eran exclusivos de los países latinoamericanos (en donde están singularmente afincados y, sin duda, constituyen una de las trabas para su desarrollo), sino que tienen una amplia difusión en el mundo y afectan a todo tipo de sociedades.

3   Desde el momento mismo en que Cristóbal Colón avistó tierras, para él desconocidas, en su ruta hacia Asia, quedó planteada la necesidad de explicar su naturaleza. De ese modo, desde el principio del contacto, la noción de América estuvo ligada a la conceptualización que, desde cabezas europeas, se hacía del *nuevo* continente y de su *descubrimiento*. Quedó así planteado el tema del *nuevo* mundo para los europeos, que dialécticamente genera el del *viejo* mundo y todo el ejercicio comparativo que resulta de la existencia de ambas realidades.

Señalo, para anticiparme a las críticas que las corrientes indianistas y decoloniales no dejarán de hacer, que la misma necesidad de explicación sobre la naturaleza de los desconocidos que pisaban sus playas se dio, recíprocamente, entre las poblaciones autóctonas. Sin embargo, a estas les llevaría siglos superar sus respectivos aislamientos geográficos y, naturalmente, son aquellos los que primero —dado que circulan en barco alrededor del continente y completan el periplo hasta los confines de Asia— tienen una noción del carácter continental de esas tierras y se plantean la necesidad de explicar su naturaleza. En el mismo plano, descuento que América también debe de haber sido un *nuevo mundo* para los esclavos traídos de África —aunque posiblemente nadie les haya preguntado—.

Indisolublemente ligado al tema del viejo y del nuevo mundo, tenemos el de si existió o no un *descubrimiento* y de quién descubrió a quién y cómo. Este presupone una serie de precisiones sobre las características que tiene el proceso de conceptualización del otro cuando no se tiene ningún antecedente suyo.

Asimismo, otra de las facetas de este tema es la relativa a los supuestos derechos que resultan del carácter de *descubridor*. El tema del descubrimiento cobró un nuevo auge con motivo de las celebraciones de los 500 años de la llegada de Cristóbal Colón a América, que dio origen a una profusa y profunda bibliografía sobre lo que se ha dado en llamar, para tratar de evitar resentimientos políticos, el *encuentro de dos mundos*.

Finalmente está el tema del propio nombre *América*. Este se centra principalmente en los aspectos relativos a la fuerza que cobró la esclarecedora noción, formulada por Américo Vespucio, de que las nuevas tierras descubiertas pertenecían a territorios desconocidos para los europeos y que conformaban un nuevo continente, y, subsecuentemente, en el papel protagónico de la difusión de la palabra impresa.

La generalización del uso del término *América* se hizo en contraposición al de *Indias*. Este último, originado en el empecinamiento de Colón en afirmar que había llegado al Asia, fue, pese a todas las evidencias en su contra, el oficialmente utilizado por la corona española, que estableció allí su Reino de Indias. Fue también de uso común en el resto del mundo europeo, pero con la necesaria especificación de *occidentales*. La necesidad de aclarar de qué India se trataba debe de haber facilitado la imposición del nombre *América*. De la India (las Indias), solo nos quedaron los indios. Es interesante señalar cómo el nombre de América fue masivamente adoptado al momento de las independencias, sin particulares cuestionamientos sobre su origen.

Ubicados en América, con la llegada de las independencias se produce la explosión de las autorreflexiones sobre la naturaleza, situación y destino del continente. Dicha explosión, que continúa hasta nuestros días, ha determinado —sin mengua de que tampoco cesó jamás la exorreflexión— la aparición de una visión americana, que ha marcado, con su pretendida dicotomía entre *nuestra* visión y la *de ellos* (en el *ellos* suelen entrar los Estados Unidos, pues parecería que el hecho de ser muy ricos los desplazara fuera del continente), la mayor o menor aceptabilidad local de las explicaciones propuestas.

Surgen así varias Américas, presentadas muchas veces como contrapuestas. Tenemos primero una América colonial y una América independiente, como si la ruptura política con las metrópolis pudiese haber sido, en primera instancia, algo más que eso. Tenemos luego una Hispanoamérica, una Iberoamérica, una América Latina y una América anglosajona, una América del Norte y una América del Sur (subsidiariamente, una América Central).

Por último, todas esas temáticas están recorridas transversalmente y multiplicadas por las distintas corrientes de interpretación que, desde el inicio (pues no son más que el reflejo de las variadas maneras en que el ser humano ha ido conceptualizando las diferentes circunstancias que le ha tocado vivir), han ido sesgando las diferentes visiones.

De ese modo, en la actualidad, tenemos enfoques que van desde el rechazo radical del propio nombre de América —como es el caso de muchos de los movimientos neoindígenas—, pasando por los que ven en ese rechazo una expresión de la decolonialidad —un proceso de construcción de un mundo de iguales cuya formulación concreta surgirá de los, hasta ahora, sin voz— y de sus nuevos paradigmas, hasta las múltiples visiones encuadradas mayoritariamente en la teoría de la dependencia, que, sin dejar de recorrer caminos ya transitados, se esfuerzan por subrayar, para reclamarse de una originalidad americana, sus diferencias con los variados matices del eurocentrismo.

Como hay cientos de obras que tratan el problema de la definición de lo que llamamos *América*, indicaré solo algunas de las que se manejaron en la preparación de este texto.

En relación con el desarrollo histórico del concepto de América, tenemos la ya clásica de Edmundo O'Gorman, titulada *La invención de América*, cuya primera edición es de 1958. O'Gorman analiza el proceso que lleva a la cultura europea a aceptar la existencia de un nuevo mundo —con los desafíos que implicó tener que recontextualizar el viejo—, en particular la idea de continente, y que lo que hasta entonces se consideraba el mundo ya no era una isla rodeada de océanos, sino que, a la inversa, estos estaban rodeados de tierras y, consecuentemente, se transformaron en las vías de comunicación entre ellas. Plantea también, en relación con América y con su identidad, las consecuencias que ese proceso de conceptualización trajo para el propio destino americano.

Con respecto a la formación del concepto de la existencia de una América Latina, menciono, en orden cronológico, el trabajo de John Leddy Phelan de 1965 «Pan-Latinism, French Intervention in Mexico (1861-1867) and the Genesis of the Idea of Latin America», en *Conciencia y autenticidad históricas: Escritos en homenaje a Edmundo O'Gorman*, 279-298, editado en 1968 por Juan Antonio Ortega en México. Este trabajo agrega aún más complejidad al tema al señalar que la expresión *América Latina* habría sido forjada por el imperialismo francés hacia 1860, cuando estaba preparando su invasión a México. Paralelamente, también en 1965, Arturo Ardao sostenía el origen americano del término en «La idea de Latinoamérica» (*Semanario Marcha*, n.º 1282, Montevideo) y en *Génesis de la idea y el nombre de América Latina*, publicado en 1980 por el Centro de Estudios Latinoamericanos Rómulo Gallegos, Consejo Nacional de la Cultura, Caracas. En relación con estos enfoques y controversias, son accesibles en internet el trabajo de Mónica Quijada «Sobre el origen y difusión del nombre *América Latina* (o una variación heterodoxa en torno al tema de la construcción social de la verdad)» (Centro de Estudios Históricos, CSIC, publicado en la *Revista de Indias*, vol. LVIII, n.º 214, 1998) y el de Laura Febres «Arturo Ardao, la idea y el nombre de América Latina» (Universidad Metropolitana, Caracas).

Destaco también, porque nos remite a la discusión actual sobre el problema y porque permite acceder a otros enfoques contemporáneos sobre el tema, el libro de Walter Mignolo *The Idea of Latin America* (Blackwell Manifestos, Blackwell Publishing, 2005, Estados Unidos). Mignolo inscribe el concepto de Latinoamérica en lo que llama la *lógica de la colonialidad* (o el poder epistemológico de los grupos dominantes, también conocido como *geoepistemología*) y aboga por su reconceptualización en el marco de los nuevos paradigmas que estarían surgiendo como consecuencia de la ruptura de esa lógica, proceso que identifica como *decolonialidad*. Dicha ruptura paradigmática sería el resultado de escuchar las voces de los, hasta ahora, sin voz, como los descendientes de los indios y de los esclavos negros, los homosexuales y otros colectivos socialmente marginados.

Este autor se sitúa también en la problemática de analizar los rasgos que unifican o dividen la realidad americana. En el caso latinoamericano, parte del axioma —bastante improbable— de que esas nuevas bases tienen un sustrato común (véanse, como otros ejemplos más, el artículo «Contrahegemonía Nuestramericana», de Claudio Gallegos, y «La unidad de América Latina como utopía», de Fernando Aínsa).

Del análisis de la unidad/diversidad de lo latinoamericano, es bien interesante, por lo temprano de su formulación, el artículo de John Gillin de 1955 «Ethos Components in Modern Latin American Culture». En este se exponen las principales dificultades para llegar a una síntesis y se destaca la importancia que tienen los comportamientos en la búsqueda de una definición. La explicación de los comportamientos característicos de los latinoamericanos, para este autor, debe buscarse más en su forma de pensar que en las causas materiales de su actuación.

En definitiva, lo destacable es que, durante la segunda parte del siglo XX y lo que va del XXI, se ha construido y consolidado la idea de que el concepto de América está tan cargado de alteridad y de contraposiciones que se ha vuelto casi un imposible para todos aquellos que han intentado abordarlo, incluidos los propios americanos. Se ha generado así un galimatías insoluble, puesto que, como la esencia de la colonialidad es la alienación del colonizado, este no puede verse a sí mismo más que como una proyección del colonizador, y así sucesivamente. La radicalización de esa idea, que parte del nunca demostrado supuesto de que aquellos que trataban de explicar la realidad americana estaban tan contaminados por los valores culturales occidentales que quedaban reducidos a una ceguera casi total, tiene como corolario la necesidad de esperar la aparición de nuevos paradigmas que, ahora sí, puedan fidedignamente describirnos la realidad (véanse, por ejemplo, el artículo «Alteridad americana/Otredad americana», de Rafael Ojeda, o el de Ricardo Nicolon «El logos (pensamiento-lenguaje) alternativo: el "Che" suramericano»).

[4] Véase el artículo de Hugo E. Biagini «Hora americana». Disponible en ‹http://www.cecies.org/articulo.asp?id=125›.

[5] Véase, entre otros, el artículo de Yuri Guirin «En torno a la identidad cultural de América Latina».

[6] Véase el artículo «La identidad latinoamericana: teoría e historia», de Jorge Larraín.

[7] Por ejemplo, el artículo «Desigualdad en América Latina y el Caribe: ¿ruptura con la historia?», de David de Ferranti, Guillermo E. Perry, Francisco Ferreira y Michael Walton, publicado en *Panorama Social de América Latina*, CEPAL, 2014. También «Pobreza y desigualdad en América Latina», de Leonardo Gasparini, Martín Cicowiez y Walter Sosa Escudero (en *Documentos de Trabajo del CEDLAS*, n.º 171), y *El escándalo de la desigualdad en América Latina y el Caribe. Un informe de Christian Aid*.

[8] Véase ‹http://globovision.com/latinoamerica-y-los-golpes-de-estado/›.

[9] Véase, por ejemplo, el artículo de Angélica María Razo González, Ricardo Díaz Castillo, Ricardo Morales Rossell y Ruth Cerda Barceló «Metaanálisis del concepto de calidad de vida en América Latina. Una nueva propuesta: sentido de vida».

[10] *Calidad de vida: más allá de los hechos*, Desarrollo en las Américas.

[11] En todas estas interpretaciones, las culturas indígenas son consideradas desplazadas o aniquiladas como tales por la Conquista. A nadie parece haberle llamado la atención que los conquistadores hubiesen sido capaces, desde sus lejanas y débiles bases europeas, con medios técnicos limitados, de imponerle en unas pocas décadas a todo un continente densamente poblado sus idiomas, sus pensamientos, sus economías, sus funcionamientos políticos y sus estructuras sociales.

Sin embargo, la posición en relación con el peso del componente nativo de estos contradictorios teóricos de la dependencia (es la dependencia de Occidente la que nos limita, pero, a su vez, somos Occidente en América) irá variando con el tiempo. En su primera versión, la Conquista supuso la destrucción de los patrones culturales indígenas —o su arrinconamiento en un marginal mundo indio— y su sustitución, mediante la imposición, por los patrones culturales españoles y portugueses. De esa imposición resultará un mundo europeo dominante, con el que convive un mundo indio aplastado cultural, económica y políticamente, pero demográficamente importante, al que se agregará, con la importación de esclavos, un mundo africano. De la convivencia de estos tres mundos surgiría una categoría intermedia, pero trascendental en las nuevas explicaciones del desarrollo histórico latinoamericano: la del mestizo, siempre entendida como integrada por sujetos con una clara preferencia por el mundo europeo.

La importancia del mestizaje para la identidad latinoamericana, en el que la cultura europea es siempre vista como predominante, es sostenida, entre otros, por intelectuales como Arturo Uslar Petri:

> ... el hecho cultural básico de la existencia de la América Latina es la confluencia, a partir del siglo XVI, de las tres corrientes de cultura, extrañas entre sí, que allí convergen para iniciar un complejo proceso de interpenetración, mezcla y adaptación. Tres corrientes de distinto volumen, fuerza y extensión. **La española que es la dominante y que establece la lengua, la creencia, el tono, la dirección superior y el modelo**, y luego, en grado variable según las horas y los lugares, la india y la negra. [Énfasis mío. Cita tomada de Uslar Pietri, A. y Carrera, G. L. (1906-1996). *La invención de América mestiza; compilación y presentación de Gustavo Luis Carrera*. México, Fondo de Cultura Económica. Véanse también «El mestizaje cultural en América Latina», de Enrique Viloria Vera, y «El problema de la síntesis cultural en Latinoamérica», de Andrei Kofman.]

El hecho cultural básico del escenario latinoamericano es la *confluencia* de tres culturas distintas.

En una segunda versión, el esquema es esencialmente el mismo, pero ahora el mundo indígena no es presentado como un relicto pasivo o como la encarnación de conductas primitivas, sino como el protagonista de un proceso de resistencia y de aculturación. La resistencia supone la conservación de sus valores originales —y originarios—, mientras que la aculturación es la introducción o adopción —casi siempre forzada por las circunstancias— de prácticas culturales europeas, principalmente la religión, el uso de la moneda, el idioma castellano o portugués y la escritura, por aquellos que igual siguen siendo esencialmente indios.

Finalmente, siempre en el marco de la teoría de la dependencia, se está desarrollando una tercera versión, propia de la era posmoderna, que retoma la revalorización (o despasivización) del indio de la segunda versión, pero que advierte que el supuesto conocimiento alcanzado sobre lo indio no es tal porque se basa en relatos que, por sus propias circunstancias, no pueden escapar a las categorías europeas (o capitalistas u occidentales) y es, por lo tanto, inadecuado para describir una realidad que les es ajena. La virtud de esta nueva posición es que intenta tirar abajo los esquemas de interpretación más rígidos relativizando el significado de los elementos estructurales que tradicionalmente eran tomados como determinantes de las realidades sociales, en particular, las formaciones económicas y las ideologías políticas.

En esta concepción, el indio no solo no desapareció con la Conquista, sino que ahora es visto como globalizado, es decir, como producto de una adaptación-adopción recíproca y permanente con respecto a la variación de las circunstancias, sean cuales sean: climáticas, políticas, económicas, culturales. Pasa a ser entonces un ser que, potencialmente (recordemos que según esta teoría no podemos saber bien cómo era), además de resistir y aculturarse, puede haber tenido y tener diversas esencias. Breve e ilustrativo respecto a este último enfoque es el artículo de Steve J. Stern «Paradigmas de la Conquista: historia, historiografía y política».

Capítulo I. América del Sur al 11 de octubre de 1492

El fin del comienzo

Los americanos deberíamos recordar el 11 de octubre de 1492 como el último día antes del presente. Hasta allí, la sucesión de acontecimientos que habían caracterizado la historia desde la llegada de los primeros hombres al continente americano había tenido un ritmo ordenadamente creciente, de lo más simple a lo más complejo, como sucede en cualquier sitio en el que los procesos no se ven afectados por la irrupción de factores extraordinarios. A partir del 12 de octubre se desarrolla el cataclismo, el *pachacutec* de los quechuas, la trastocación del orden conocido como consecuencia de una invasión europea que se sostuvo durante más de 300 años.[1]

Los inicios

La historia sudamericana había comenzado unos 13.000 años antes, cuando llegaron a estas tierras sus primeros pobladores. Estos eran los descendientes de aquellos que, en el correr del milenio anterior, habían atravesado la barrera de hielo que separaba el extremo sur de lo que hoy es Alaska —que entonces, debido al descenso del nivel de los mares, estaba unida al continente asiático— del centro-oeste del actual Canadá.

A su vez, estos primeros americanos eran los descendientes de quienes habían logrado poblar el norte siberiano, pese a las rigurosísimas condiciones, adaptando su existencia a la caza de grandes animales hoy extintos, como el mamut (la llamada *megafauna*), que existieron durante el período conocido como Pleistoceno. Aquellos debieron ser, necesariamente, pequeños grupos, con una baja densidad demográfica, sujetos al desplazamiento de las grandes manadas de herbívoros de las que se alimentaban. Así, en su colonización de las tierras despobladas que iban descubriendo hacia el este, fueron avanzando hasta ocupar la zona libre de hielos del extremo noroeste de América del Norte, zona que hacia el sur estaba limitada por la formación de un casquete glaciar que cubría todo el Canadá actual.

Luego, hace unos 14.000 años, gracias al paulatino recalentamiento del clima, se abrió un pasaje hacia el sur en la barrera de hielo y,[2] a partir de aquel momento, comenzó el singular proceso de colonización por la especie humana de los territorios americanos.

El punto de partida de la prehistoria americana, es decir, en qué momento y cómo el hombre llegó y pobló el continente, sigue suscitando polémicas. Para este ensayo se ha considerado un poblamiento tardío, que se habría producido no hace más de 13.000 o 14.000 años. La ventaja de esa elección, que se contrapone a poblamientos tempranos anteriores —que según diversos especialistas pudieron suceder miles o decenas de miles de años antes de la cronología aquí propuesta—, es que nadie discute que, para esa fecha, el continente americano estaba siendo efectivamente colonizado. En cambio, las propuestas de un poblamiento temprano reposan en hallazgos aislados, sin continuidad geográfica o evolutiva (están separados por milenios y en áreas geográficas discontinuas). Como no es fácil explicar el porqué de esas discontinuidades en una especie claramente dominante como la humana, tales propuestas son objeto de serios cuestionamientos.[3]

Por otra parte, desde la perspectiva de la interpretación del desarrollo histórico, es recién a partir de esas fechas tardías que toda América está poblada y que la evidencia arqueológica muestra un proceso histórico continuo, tanto desde el punto de vista de su dispersión geográfica como de la sucesión de alternativas adaptativas.

La búsqueda del primer americano, apasionante en sí misma por los desafíos arqueológicos que implica, no altera entonces, de acuerdo con la evidencia hasta ahora presentada, la formulación de un proceso de desarrollo histórico que recién se inicia cuando el ser humano, sean cuales hayan sido sus dificultades o éxitos adaptativos iniciales (según se entienda que el poblamiento fue temprano o tardío), está presente en todo el continente, de norte a sur y de este a oeste.

Siempre nos preguntaremos qué pasó por la cabeza de esa gente cuando descubrió que el mundo había cambiado de sentido luego de la dura experiencia siberiana, que cuanto más avanzaban hacia el sur —habían desembocado en las inmensas llanuras de Canadá y Estados Unidos—, más calor hacía y más cantidad de animales había, los cuales, para mejor, no tenían experiencia de enfrentarse al hombre: una verdadera vuelta al paraíso.

Ese nuevo escenario de abundancia desencadenó una situación de rápida colonización —según algunos investigadores, esta se habría extendido en solo 1.000 desde Canadá hasta Tierra del Fuego— que llevó, con una bajísima densidad de población, a la ocupación humana de todo el doble continente. De ese modo, desde hace ya 11.000 años, hay pruebas arqueológicas de la presencia del ser humano en cualquier parte de América.

No puedo dejar de hipotetizar que ese singular punto de partida, caracterizado por la colonización de un medioambiente cada vez más favorable, modeló profundamente, por contraste con los cada vez más exigentes requerimientos anteriores a la llegada a América (cuando la colonización humana avanzó desde los trópicos hacia el ártico), el posterior desarrollo de la idiosincrasia sudamericana.

Me refiero al necesario cambio idiosincrático (recordemos que se trata de un mecanismo adaptativo) provocado por la desaparición de la contingencia ambiental que durante milenios había obligado al hombre, porque la creciente dureza del medio así lo imponía, a adoptar sistemas de funcionamiento rigurosos. Ahora todos los sistemas pueden, potencialmente, relajarse, sean la solidaridad entre los miembros del grupo, las distancias reproductivas, las estrategias de obtención de alimentos, etcétera. Es harto probable, basándonos simplemente en la idea de que su estabilidad está ligada a la eficiencia (las sociedades tienden a lograr un equilibrio entre el objetivo propuesto y el esfuerzo invertido en lograrlo), que así haya sucedido.

La pobreza del registro arqueológico disponible nos impide avanzar alguna conclusión sobre lo que efectivamente sucedió. El único indicio arqueológico que poseemos en apoyo de esta hipótesis consiste en la disminución, con el tiempo, pero también, correlativamente, de norte a sur, ya que ese fue el necesario sentido de la colonización, del cuidado en la terminación de los artefactos de piedra tallada. Durante milenios (hasta la cultura maya), no volveremos a encontrar piezas de sílex de un acabado tan perfecto como las que se vinculan con la cultura clovis, presente hace unos 12.000 años en las llanuras de América del Norte. Asimismo, como otro posible indicio de la relajación de los sistemas sociales, no puedo dejar de comparar, porque vivían en condiciones climáticas similares, las sofisticadas vestimentas y los prolijos tipis de los aborígenes del norte de América del Norte (las clásicas carpas cónicas) con el elemental manto de piel de guanaco y los rudimentarios toldos de los indígenas del extremo sur de América del Sur.

La colonización de América por la especie humana coincide con el final de la última glaciación, cambio climático caracterizado por un rápido recalentamiento que provocó el derretimiento de las cadenas de glaciares, la reducción de los casquetes polares y la subida de los niveles del mar hasta los niveles actuales. Es el momento de la finalización del Pleistoceno y del comienzo de la época nueva, la nuestra, el Holoceno. El final del Pleistoceno es acompañado por la extinción de la megafauna que lo había caracterizado —como el mamut, pero también, para América del Sur, el gliptodonte, el perezoso gigante, el mastodonte y el caballo, entre otros—, al tiempo que América se separa de Asia y empieza la propia historia americana.

Dicha historia comienza bajo la conjunción de los dos factores expuestos: la presencia generalizada del ser humano y la desaparición —de la que el hombre aparece como uno de los factores directamente responsables— de la megafauna que le servía de alimento.[4] A partir de dicha desaparición, el hombre se verá paulatinamente obligado a abandonar un modo de vida basado esencialmente en la caza de grandes herbívoros y, perdida la facultad —porque ahora está rodeado de vecinos— de encontrar una fácil solución a sus problemas ocupando zonas vírgenes, deberá empezar a especializarse en los recursos existentes en cada localidad.

Vemos ahora, hablando desde una perspectiva arqueológica, cómo los artefactos —al principio bastante similares en toda América— se regionalizan y adquieren las características particulares de la explotación de ambientes diferentes. Paralelamente a esa mejor adaptación y seguramente como resultado de ella, se va dando un aumento progresivo de la población, evidenciado en una presencia cada vez mayor de sitios arqueológicos a medida que avanzamos en el tiempo.

Es en el correr de esos milenios, seguramente, que se va iniciando el proceso de diferenciación entre los grupos étnicos que caracterizarán a América del Sur al momento de entrar en contacto con los europeos.

Lamentablemente, el testimonio arqueológico —compuesto únicamente por las intervenciones humanas que han sobrevivido al pasaje del tiempo— es demasiado escaso como para que contemos con una explicación satisfactoria de cómo se fueron dando esos procesos de adaptación regional.

Podemos suponer la alternancia de situaciones de equilibrio y desequilibrio entre los recursos explotados y la demografía existente. Desequilibrios que, seguramente, no fueron ajenos al cambio climático y a las alteraciones en el medio que este produjo. Es posible que algunos rubros, originalmente complementarios o experimentales (como la pesca o la recolección), reproducidos en situaciones diferentes de aquellas en las que originalmente se daban (en el contexto de una economía basada en la caza), experimentaran cambios cualitativos en la forma de adaptación. El hecho es que el hombre aparece poniendo en juego distintos recursos y logrando adaptaciones exitosas en ambientes muy diferentes.

Dicho éxito se refleja en el continuo aumento, a medida que nos aproximamos en el tiempo (descontando el hecho de que cuanto más reciente es un sitio arqueológico, más chances tiene de haber sobrevivido hasta nuestros días), de los testimonios de la presencia humana a lo largo y a lo ancho del continente. También es evidente, siempre hablando desde un punto de vista arqueológico, la creciente utilización de nuevos recursos y la aparición de las tecnologías que hacen posible su aprovechamiento (molinos de piedra, pesas de redes, hachas de piedra pulida, anzuelos, arpones, recipientes cerámicos, etc.).

Ese éxito adaptativo, paradójicamente, al expresarse en un aumento de la demografía, aumenta también el coeficiente de riesgo de esas sociedades —hay que asegurarse de alimentar a más gente todos los días— y, consiguientemente, la presión sobre las tecnologías y las estructuras sociales que aseguran su aplicación.

La dialéctica cultural que se plantea entre la tendencia a seguir reproduciendo las opciones adaptativas que ya han manifestado sus virtudes y la perentoria necesidad de variarlas, puesto que, en razón de su propio éxito —que es medido, como en cualquier especie, por el aumento del número de individuos—, se van volviendo insuficientes, es el sino de la especie humana, dado que sus mecanismos de adaptación son esencialmente culturales, es decir, creados por la propia especie.

Planteadas las cosas en esos términos, es necesario reiterar que es muy difícil lograr una comprensión cabal de cómo se desarrollaron los procesos en juego contando únicamente con la información arqueológica, que es muy parcial. En nuestros días, cuando la humanidad ocupa masivamente toda la Tierra y, por eso mismo, sus mecanismos de adaptación son capaces de causar desequilibrios aun en el clima, es relativamente fácil percibir el hecho de que nuestras acciones no son inocuas y que, de una manera u otra, siempre cuestionan nuestro propio equilibrio. Es que la adaptación cultural, de la que inevitablemente dependemos, fue siempre una suerte de ejercicio del aprendiz de brujo en el que, cuando se logra controlar un aspecto, se desacomodan muchos más.

Nuestras dificultades de explicación se hacen más complejas si tenemos presente que los desarrollos culturales se vuelven, por la fuerza de la demografía y el consecuente aumento de la densidad de población, cada vez menos aislados unos de otros. De este modo, el resultado de la evolución intrínseca de un determinado grupo va a estar inexorablemente afectado por el desarrollo de sus vecinos. Las ideas y las técnicas circulan, los pueblos emigran, se invaden, se roban... En consecuencia, de una manera muy concreta pero que la arqueología solo atisba, sucedió en América lo que algunos pensadores marxistas, creativamente, expresaron como la «ley del desarrollo desigual y combinado».[5]

Lo que sin duda parece haber sucedido es que, desaparecida la megafauna como recurso privilegiado, el hombre se vio en la disyuntiva de limitarse a sobrevivir en aquellas zonas ecológicas en las que seguían existiendo manadas de herbívoros y la caza mayor seguía siendo una fuente fiable de recursos o, poniendo en juego otras estrategias de sobrevida que no dependieran de esta, permanecer en las áreas en donde los grandes animales ya se habían extinguido.

La dependencia de esas nuevas estrategias (que seguramente ya existían, con carácter marginal, en la fase anterior), basadas esencialmente en la recolección de plantas y animales (especialmente semillas, peces y moluscos), implicó un cambio en los ritmos culturales, en las formas de organización del trabajo y en las rutinas. Muchas sociedades generaron nuevos equilibrios, más o menos estables; otras, en algunos casos, se alejaron tanto de sus patrones originales de subsistencia —basados en la explotación de los recursos naturales— que terminaron siendo dependientes de la agricultura para su alimentación.

Como resultado de ese proceso, hacia el 7000 a. C. encontramos en toda América del Sur grupos que, en función de los diferentes contextos ecológicos en que habitan, practican la explotación especializada de los recursos locales. Según las características del ecosistema, estos grupos aplicarán una combinación de estrategias que incluyen la tradicional caza mayor, el desarrollo de técnicas —como el uso de redes— para capturar pequeños animales y el desarrollo particular de la pesca, así como la recolección de un número cada vez mayor de recursos vegetales, para cuya utilización se emplearán nuevos instrumentos como los morteros y molinos de piedra.

De ahora en más, situaciones netamente diferentes darán lugar a desarrollos también desiguales. Estos, a su vez, serán un potencial de desequilibrio con las poblaciones vecinas, las que muchas veces se verán obligadas a tomar rumbos distintos de los que implicaba su propio devenir histórico. Este efecto multiplicador de los diferentes desarrollos puede significar acciones tan directas como la invasión, por las razones que fuera, del territorio del vecino, o tan indirectas como las que resultan de efectos totalmente novedosos de la aplicación en un determinado territorio de técnicas desarrolladas para otro contexto.

Tengamos presente que lo que llamamos *adaptación cultural* se refiere siempre a un sistema único —que descomponemos artificialmente para tratar de entenderlo mejor—, compuesto por la totalidad de las conductas humanas, cuyos componentes —llamémosles mentalidades, técnicas, organización política, economía, etc.— dependen unos de los otros.

A título de ejemplo, el resultado de la incorporación de una nueva técnica depende tanto de la mentalidad (o ideología) de quienes la reciben como de la estructura social que genera la reproducción de esa forma de pensar. Dicha estructura, a su vez, está subordinada a los recursos disponibles, a la historia de su adquisición, etcétera.

Las diferentes adaptaciones regionales pusieron en juego diversas variantes. Lo que nos interesa resaltar ahora es que en el desarrollo prehistórico americano se fueron consolidando dos modalidades estratégicas: una basada esencialmente en la acumulación de excedentes económicos para atender el aumento de la demanda, y la otra, casi en sentido opuesto, basada en el intento de mantener un equilibrio entre demandas y recursos. A este respecto, debemos tener siempre presente lo relativo al desarrollo combinado, el hecho de que las regiones son cada vez menos aisladas y que la interacción entre los modelos, voluntaria o no, determina cambios sustantivos en unos y en otros, así como el desarrollo de fórmulas que podrían calificarse de intermedias.[6]

En ese proceso, destaquemos en particular cuatro situaciones que hacen a la conformación de las poblaciones indoamericanas protagonistas de este ensayo: 1) la combinación de caza, pesca y recolección en las áreas tropicales y subtropicales; 2) el desarrollo de la pesca en la costa del Pacífico; 3) la recolección de plantas en el piedemonte andino, y 4) la domesticación de los camélidos en los Andes.

1) Las áreas tropicales y subtropicales existentes en la vertiente atlántica y húmeda de la cordillera de los Andes son aquellas donde se da la mayor acumulación de energía solar y, por consiguiente, donde potencialmente es mayor la disponibilidad de recursos para la vida, en particular la humana. Esa potencialidad supone para el hombre, que no está diseñado para el consumo directo de vegetales verdes, el desarrollo de las tecnologías necesarias para extraer los nutrientes que le convienen. Ya existían la caza —aunque presentara dificultades por el normal aislamiento de las piezas en un denso universo vegetal— y la recolección. Ahora se incorpora la pesca (fundamental en un contexto repleto de costas y cursos de agua), que tiene dos virtudes trascendentales: por un lado, la periódica acumulación de recursos en un mismo punto, en función de la biología de peces, crustáceos y moluscos, y por el otro, la presión sobre el desarrollo de técnicas de navegación que permitan una mejor cosecha del producto. El primer factor hace posible la concentración de gente en poblados más o menos sedentarios. El segundo, la navegación, determina, a partir de aproximadamente 4.000 años antes de Cristo, la posibilidad de una comunicación continua entre los habitantes de la costa atlántica —desde el Caribe hasta el Río de la Plata— y de las grandes cuencas —del Orinoco, del Amazonas y del propio Plata— que se vuelcan en el océano.

Si a esto le sumamos la paulatina invención de cultígenos locales —como la mandioca, el maní y el boniato—, más la importación, con una extraordinaria respuesta productiva, de especies alóctonas a la región, como el maíz, el zapallo, el algodón y el poroto, y la incorporación de la técnica para fabricar recipientes de cerámica —que potenciarán el uso de todos esos recursos—, tendremos entonces las bases estructurales para un desarrollo, notablemente uniforme, de una modalidad cultural que, a falta de una denominación mejor adaptada a una escala temporal y geográfica tan vasta, denominaremos *atlántica*, a sabiendas de que algunas de sus regiones penetran miles de kilómetros tierra adentro.

2) La costa del Pacífico de América del Sur se caracteriza, en sus dos terceras partes, por la casi completa ausencia de precipitaciones. La vida allí solo es posible al borde de los cursos de agua que, originados en las nieves de la cordillera, se vuelcan al océano. A su vez, como esos cursos de agua se encuentran en latitudes tropicales, se crean allí microambientes de alta productividad vegetal, que fueron naturalmente aprovechados por las especies animales, tras las cuales vino el hombre. Este descubrirá allí —recordemos que estamos en una época caracterizada por la presión sobre los recursos y la búsqueda de respuestas mediante la especialización— una extraordinaria vida marítima de moluscos, peces y mamíferos marinos, con un potencial casi infinito de explotación. El resultado será, durante el cuarto milenio antes de Cristo, la instalación en estos oasis de la costa del Pacífico —en particular a la altura de la costa central del Perú— de los primeros asentamientos plenamente sedentarios. Singularmente, será ya en esos primeros restos arquitectónicos con construcciones que sobresalen por sus dimensiones que se manifestarán las primeras evidencias de un proceso de acumulación de riquezas y, potencialmente, de estratificación social.

3) A partir del séptimo milenio a. C., en toda América y en particular en el área andina, privilegiada por su extensión en latitud y por las variaciones ecológicas que surgen de las diferencias de altura, se va sofisticando la forma de usar los recursos vegetales, que combina una recolección especializada —generalmente periódica en función de los propios ciclos de las plantas— con los cambios, muchas veces genéticos, que resultan de su constante utilización. Esta interacción, caracterizada por acumular simientes en contextos favorables a su desarrollo —como los basurales generados por los propios campamentos— y por el intercambio y la experimentación de especies vegetales en áreas en las que antes no existían, aportará primero el desarrollo de una horticultura —el cultivo más o menos espontáneo en el entorno del campamento— y finalizará, gracias a la selección de especies genéticamente modificadas y de alta productividad, como la papa, el maíz, el poroto y el zapallo, con la implantación de la agricultura —la producción masiva de alimentos— como base fundamental de recursos.

4) Paralelamente, en el área andina se dará un proceso único de domesticación de animales capaces de proveer carne, cuero, lana y transporte (individual) de pequeñas cargas. El principal fue la llama (único animal de carga de la América prehistórica), que puede cargar hasta unos 30 kilos. Sujetándolas unas detrás de las otras, se podían constituir recuas de centenares de animales, que tenían la ventaja de saber desplazarse por los escarpados caminos de la montaña.

La combinación de los factores 2, 3 y 4 —recursos del mar, aprovechamiento del agua que baja de las montañas y economía agrícola en las zonas idóneas de la montaña, así como rebaños de llamas que proveen de lana, carne y un eficiente medio de transporte de carga— posibilitará, en la zona central andina, el rápido desarrollo de sus fuerzas productivas y el surgimiento de una modalidad cultural que, también por falta de una denominación mejor y a sabiendas de que solo floreció en una parte de los Andes, denominaremos *andina*.

Durante los cuatro milenios previos a la llegada de los europeos, América del Sur conocerá la evolución, la combinación y la recombinación de estos factores de base, a los que debemos agregar el desarrollo de diversas tradiciones ideológicas que se manifiestan desde un punto de vista arqueológico en diferentes tipos de representaciones. Naturalmente, siempre hubo un componente ideológico que es intrínseco al pensamiento humano, pero es muy rara —como en el caso de las pinturas rupestres— una evidencia arqueológica de este. Lo que ahora se produce es un salto cualitativo y cuantitativo en la disponibilidad de evidencias, entre las que destaco para el área andina la aparición de los denominados *centros ceremoniales* y sus correspondientes expresiones iconográficas, y para el resto del subcontinente, en donde no se hallan expresiones similares, las diversas representaciones que se han recuperado en la cerámica, porque su maleabilidad y potencial variedad de formas y decoraciones permite reconocer expresiones ideológicas particulares.

La característica principal de ese proceso será la desigualdad en el ritmo en que se operan los cambios, rápidos y profundos en el área andina, lentos y superficiales en el área atlántica (el lector debe entender la relatividad de las consideraciones sobre velocidad, ya que estamos hablando de tiempos arqueológicos, que solo pueden medirse, en el mejor de los casos, en siglos, y que no deben confundirse con los ritmos actuales). Comienza así a dibujarse el escenario que caracterizará a América del Sur al momento de la llegada de los europeos.

De ese modo, en el área andina veremos sucederse diferentes ensayos de organización política y estratificación social, acompañados por un constante desarrollo tecnológico —con expresiones notables como las alcanzadas en los registros mnemotécnicos con los quipus—, de los tejidos, de la metalurgia, de la ingeniería y de la arquitectura. Veremos también, como consecuencia de esos factores, un proceso continuo de acumulación del trabajo invertido en el acondicionamiento del medio geográfico. Testigos son la red de caminos (con establecimientos espaciados estratégicamente, los tambos, destinados a brindar servicio a los viajeros), los puentes, los andenes y las terrazas de cultivo, y las cada vez más importantes construcciones en piedra.

Desde hace unos 4.000 años, los testimonios arqueológicos del desarrollo de estos procesos son cada vez más elocuentes y nos muestran el creciente desarrollo en diferentes partes del área andina de sofisticados centros ceremoniales —expresión que patentiza la pobreza de la arqueología para explicar lo que realmente sucedía allí—, así como la cada vez mayor complejidad iconográfica que los acompaña.

No podremos reconstruir nunca cómo se desarrollaron los acontecimientos. Es innegable, por su representación iconográfica y por los diversos restos encontrados, que la violencia jugó un rol capital en ese desarrollo, y podemos suponer que la mayor o menor racionalización de su uso habrá sido la clave para la estabilidad de las distintas experiencias que allí se sucedieron hasta la instalación del dominio inca.

Por el contrario, en el área atlántica, con su ambiente tropical y subtropical, la conjunción de las técnicas de fabricación de hachas de piedra pulida,[7] que a su vez sustentan la navegación en canoa y el cultivo de roza,[8] del hilado de algodón y otras fibras con las que se fabrican las redes —tanto para pescar como para fabricar hamacas, piezas casi únicas del mobiliario— y burdos tejidos, y de la confección de recipientes de cerámica, junto con la adopción de diversas plantas de fácil cultivo en ese contexto, determinará una suerte de equilibrio entre el esfuerzo invertido y el resultado obtenido que no volverá a modificarse sustancialmente.

Tal equilibrio se manifiesta —siempre desde una perspectiva arqueológica— en una relativa uniformidad tanto en las formas como en la decoración de la cerámica, y en una uniformidad aún mayor en lo que a los artefactos en piedra se refiere (recordemos que aquí no hay metalurgia).

El área atlántica al 2 de febrero de 1536

El 2 de febrero de 1536 es el día previo a la primera fundación de Buenos Aires por el adelantado Pedro de Mendoza. A partir del 3, nada volverá a ser igual en la costa atlántica de la América del Sur.

Con la elección de esa fecha, he buscado reforzar el valor simbólico del primer intento de establecimiento permanente de los invasores europeos en la región. En los hechos, la realidad había empezado a cambiar en 1500 como consecuencia del descubrimiento del Brasil por Pedro Álvarez Cabral. A partir de esa fecha, empiezan a desarrollarse sucesivas expediciones a estas costas. De ellas, las más significativas son las de Juan Díaz de Solís (1516), de la que resultó involuntariamente, como consecuencia de un naufragio, el establecimiento del primer grupo de nueve europeos que, como tal, sobrevivió en la costa atlántica sudamericana a la altura de la actual Santa Catalina (Brasil); la de Cristóvão Jacques, de 1521, cuando se funda la factoría de Itamaracá, primer establecimiento de los portugueses, frente a la costa del actual Pernambuco (Brasil); la de Sebastián Gaboto, quién permanecerá en la cuenca del Plata entre los años 1527 y 1530, y la de Martim Afonso de Sousa, quien en 1532 dejará un contingente portugués en el puerto de San Vicente, actual estado de San Pablo, Brasil.

Antes de seguir adelante, debo reiterar que aplico la denominación de *área atlántica* a la región de América del Sur comprendida entre el océano Atlántico y los contrafuertes andinos, caracterizada por la presencia de un ambiente tropical y subtropical. Asimismo reitero, tal como señalé en la introducción, que como este ensayo busca explicitar las características que a nivel macro explican la idiosincrasia sudamericana, debe, a sabiendas de que quedan fuera muchos casos particulares, centrarse en los rasgos generales y no en los detalles.

En ese marco nos referiremos a las características principales de las culturas que habitaron dicha área, sin entrar en detalles específicos relativos a subregiones o a etnias, puesto que, situados en el nivel de perspectiva propuesto, ellas son, en términos generales, semejantes. A los efectos de englobarlas a todas, para no verme obligado a utilizar continuamente la expresión *culturas del área atlántica* y por ser los grupos conocidos como tupiguaraníes los más representativos de la región, utilizaré el término *panguaraní* para referirme a la generalidad de la expresión cultural presente en esta.[9]

Sucede que la macrouniformidad cultural que ya habíamos observado en el plano arqueológico para la región —aunque este, por ser mucho más restringido en sus evidencias, siempre tiende a simplificar las situaciones— es confirmada en la reconstrucción que de ella podemos hacer a partir de la aparición de los primeros documentos escritos. Con diferentes acentos según las características medioambientales de cada subárea, predominan los mismos medios de subsistencia antes descritos: un poco de cultivo de roza, un poco de pesca, un poco de caza, un poco de recolección —recursos limitados, en otras palabras—, que determinan que también haya solo —en términos relativos— un poco de gente. Encontramos así, distribuidas sobre amplios espacios geográficos, aldeas aisladas que no pasan, las más importantes, de algunos cientos de habitantes.

Es importante destacar que ese equilibrio entre población y recursos, experimentado a lo largo de 4.000 o 5.000 años, no es el fruto del determinismo geográfico —en otras regiones tropicales de América, como el área olmeca en México, entre otras, hubo una evolución histórica radicalmente diferente—, sino de la opción predilecta de sus pobladores, es decir, el resultado de una particular construcción idiosincrática.

Su modo de vida se caracteriza por la debilidad de los constreñimientos, que genera un sistema que se retroalimenta en cada una de sus partes. Como son mínimos los constreñimientos económicos —los recursos están casi a disposición—, se puede sobrevivir con un siempre relativo poco esfuerzo.

No existe entonces la necesidad de concentrar poblaciones. La mayoría del tiempo, muchos de estos grupos están constituidos por unas pocas familias. Se excluye así la imperiosa necesidad de producir grandes volúmenes de alimentos.

Como consecuencia, no existen grandes ejércitos ni los consiguientes cambios profundos en los equilibrios políticos. Tampoco se dan, porque no hay necesidad, las grandes superestructuras políticas que organizan a las sociedades complejas en sus aspectos económicos o militares, ni sistemas ideológicos complejos apoyados en una red de pensadores profesionales.

Se generan así las bases para un equilibrio que será muy difícil de romper, pues requiere del menor esfuerzo para reproducirse: un equilibrio por lo bajo. En él hay dos condiciones, dialécticamente relacionadas, que entiendo determinantes del perfil idiosincrático. Por una parte, es mínima la necesidad de acumulación de esfuerzo, y por la otra, la debilidad del compromiso colectivo requerido es directamente proporcional al poco esfuerzo necesario. El integrante de la cultura panguaraníes es, ante todo, un sujeto individual quien, gracias a la referida debilidad de los constreñimientos sociales, evalúa, en cada circunstancia, su mayor o menor participación en el seno del grupo.

Esa idiosincrasia marcada por el individualismo se manifiesta en todos los aspectos de la vida social. Ya mencioné lo que sucedía en la economía, en la cual no hay necesidad de grandes inversiones colectivas. Lo vemos también en el plano político, en el que los caciques, los *tubichá guazú*, solo son obedecidos en tiempos de guerra y siempre que el libre albedrío de cada uno de los sujetos así lo determine.

En respuesta a ese comportamiento que no se sujeta a ningún sistema, los europeos calificarán a los pobladores de *amigos de novedades*, expresión que en su contexto refería a la inclinación a actuar por fuera del orden establecido. Esta también se manifestaba en los aspectos prácticos, en particular si simplificaban la vida. La adopción casi inmediata del caballo y de los artefactos de hierro constituye un buen testimonio de este fenómeno que, sin embargo, veremos principalmente en los aspectos ideológicos, aquellos que explícitamente daban sentido a sus existencias.

Para entender qué es lo que sucedía en el plano ideológico es necesario insistir en nuestra pretensión de enfocarnos solamente en los aspectos globales, que consideramos determinantes por su carácter homogeneizador, y no en los particulares. ¿Por qué homogeneizadores? Porque, contrariamente a lo que muchas veces se ha supuesto, el mundo atlántico está intensamente intercomunicado. Se asienta sobre una base geográfica caracterizada por decenas de miles de kilómetros de litorales marinos y fluviales y, paralelamente, sobre la base tecnológica de la navegación en canoa, que permite a sus habitantes una interacción permanente.

La llegada de los europeos nos permitirá confirmar, mediante lo que se denomina la *etnohistoria* —la descripción en los documentos históricos del comportamiento de pueblos sin escritura—, esa realidad.

Confluyen, entonces, dos factores que se retroalimentarán: por un lado, una base socioeconómica similar y, por el otro, una herramienta de comunicación, la navegación. En otros términos: tenemos problemas y circunstancias comunes y, al mismo tiempo, la posibilidad de intercambiar y compartir las respuestas que a estos se van formulando.

Ya teníamos una prueba arqueológica de esa homogénea base ideológica, prueba que se expresa en la relativa uniformidad —siempre hablando de rasgos generales— de la cerámica prehistórica presente en el área, tanto en sus formas como en sus decoraciones. Esa uniformidad, caracterizada por una creciente dispersión geográfica de las variantes que se van generando en los estilos cerámicos, ha sido erróneamente interpretada como el resultado de grandes migraciones, de desplazamientos de pueblos —en particular, de los tupiguaraníes—, cuando es mucho más sencillo plantearse la hipótesis, no necesariamente contradictoria, de difusión de fenómenos ideológicos que, expresados en los estilos cerámicos, son reconocibles en su progresión geográfica.

Gracias a los testimonios etnohistóricos tendremos ahora una prueba contundente de esa uniformidad: la existencia —uno de los aspectos que más sorprendieron a los europeos y que, paralelamente, será la clave de su inserción en esta zona del subcontinente— de una lengua general, de un idioma de la comunicación, el tupiguaraní, que, como el actual inglés, permitía entenderse en toda el área, aun con aquellos grupos que hablaban otras lenguas.

Queda así cerrado el círculo por el cual se retroalimenta un sistema en el que tanto las necesidades como la forma de resolverlas se definen en base a patrones culturales comunes. Veamos qué caracterizó a unas y a otros.

Los guaraníes, los tupís, los carios, los caribes, los charrúas, como muchos de los otros pobladores del área, se definen a sí mismos como guerreros, y la guerra con sus vecinos, entre ellos y aun dentro de estos macroagrupamientos, será, lamentablemente, como tantas veces en la historia, la referencia principal que determine sus comportamientos. En el ámbito masculino se nace, se crece y se educa para la guerra. El hombre cobra sentido —y hasta recibe su nombre propio— en función de sus logros militares. En el ámbito femenino, se paren, se alimentan, se templan y se contemplan guerreros.

La participación individual es la clave del sistema. Cada guerrero debe lograr, por sí y para sí, el reconocimiento de sus hazañas, y estas, en un mundo de enfrentamientos permanentes, están motivadas por la necesidad —basada en un singular compromiso moral que, de no mantenerse, significaría ser un cobarde— de vengarse de agravios anteriores. Estos agravios tienen un carácter genéricamente grupal —cualquiera del grupo puede participar del acto de venganza—, pero una historia esencialmente individual: la víctima del enemigo es el padre, el hermano, el hijo de tal o cual, y es al pariente que le cabe la responsabilidad principal en el proceso. La posterior venganza sobre los vengadores vuelve infinita la secuencia.

En términos contemporáneos diríamos que el ideal del guerrero panguaraní es ser calificado como héroe de guerra, con la salvedad de que, en su caso, el heroísmo no será medido por su aporte particular al resultado de la batalla, sino por su capacidad de capturar vivo a algún enemigo para así poder consumar plenamente su venganza. Es que la venganza cobra, en las circunstancias descritas, un carácter de celebración social. En ella se festejan tanto el éxito personal del guerrero como la humillación sufrida por el enemigo. La celebración, además, es una circunstancia propicia para, convocando a los parientes, reforzar las virtudes y tradiciones (vengativas) de su propio grupo ante ellos y estimular el apetito por la comida, la bebida y el sexo. Señalo, a propósito del objetivo de capturar vivo al enemigo, que dicho comportamiento será crucial a la hora del choque con los europeos, quienes, muy por el contrario, buscaban en el combate aniquilar el mayor número de enemigos posible.

El rito a que da lugar la captura, con algunas variantes, consiste en la preparación del prisionero para su ejecución. Esta preparación requiere de, por lo menos, algunos días para la fermentación de frutas, semillas o raíces, que proveerá el alcohol necesario para el festejo. Acto seguido, el prisionero se convierte en el plato principal de un banquete caníbal[10] acompañado de copiosas libaciones.

Detengámonos en las consecuencias idiosincráticas de estas prácticas. La guerra es siempre dispendiosa, pero su objetivo, cuando es ofensiva, es, en casi todos los casos, pretendidamente acumulativo. Se buscan más territorio, más riquezas, más esclavos, más mujeres, más adeptos a una determinada causa, etcétera. En el caso de los panguaraníes, el motor principal —aunque en los hechos, inevitablemente, también hayan saqueado y raptado a mujeres y niños y, por consiguiente, hayan forzado el desplazamiento de poblaciones a otras áreas geográficas— es la venganza, en abstracto, y el prisionero, lejos de ser esclavizado, es contemplado hasta el momento de ser comido. Se trata de una práctica que, de conformidad con el resto del sistema socioeconómico, desprecia, minimiza o niega la acumulación del trabajo, y que considera la integración social como un hecho circunstancial, con el propósito fundamental de recrear el ámbito de la venganza personal.

Cuando llegue el europeo, este no será, *a priori*, ni amigo ni enemigo. Pronto demostrará su extraordinaria capacidad de destrucción. Para los más, será el amigo que ayudará en las respectivas empresas de venganza. Para los vencidos, se sumará a la lista de vencedores de los que hay que vengarse.

El área andina en marzo de 1532[11]

Radicalmente diferente es la situación del área andina cuando Francisco Pizarro y sus 177 hombres con 67 caballos inician el camino que los llevará a capturar al Inca[12] Atahualpa.

Como ya señalamos, en el área andina, a diferencia de lo que sucedía en la atlántica, un exquisito desarrollo de la cerámica permitía, además de la fabricación de utensilios, la expresión artística de diferentes matices de la realidad física, política y espiritual. Allí florecían los textiles sofisticados, tanto de algodón como de lana de camélidos, así como la metalurgia de oro, plata, cobre y estaño. Desde la cultura de Tihuanaku (circa 500-1200 d. C.), se había generalizado el uso del bronce, aleación de cobre y estaño que proporcionaba la dureza suficiente para la fabricación de armas y herramientas.

Fue con esas herramientas que se trabajó la piedra para construir casas y templos. Con ellas se acometió la desaforada geografía andina. Se hicieron caminos, escaleras y puentes colgantes. Se terraplenaron las laderas de las montañas y se desarrollaron los cultivos en andenes. También se hicieron canales de riego y se practicó el abono de los cultivos.

Finalmente, si bien no se llegó a practicar la escritura, se desarrolló un complejo sistema mnemotécnico conocido con el nombre de *quipu* (nudos), que, gracias a un código de posicionamiento de nudos y cuerdas de colores, permitía, a aquellos que conocían la clave, almacenar todo tipo de datos, incluidas las narraciones.

De ese modo, en el área andina, a diferencia de la estabilidad que observábamos en el área atlántica, se multiplicaron los desequilibrios políticos y sociales motivados y estimulados por el permanente desarrollo de nuevas estrategias adaptativas. Estos cambios fueron acompañados de un profuso desarrollo ideológico, que se manifiesta arqueológicamente en la sucesión de estilos decorativos y motivos iconográficos.

Asimismo, en el plano político, la arqueología nos muestra una alternancia de lo que ha dado en llamar *horizontes* y *desarrollos regionales*. Los horizontes corresponden a la extensión, sobre buena parte de la geografía del área, de un mismo estilo —generalmente expresado en su uniformidad iconográfica, pero también en las formas cerámicas o en los tipos de construcciones—, y los desarrollos regionales, a una mayor expresión de variantes locales. La correlación con episodios de unificación o de fragmentación política se impone naturalmente, pero debe advertirse que esta no es una condición necesaria y que la historia está llena de ejemplos en que la amplia distribución geográfica de un ícono —por ejemplo, la cruz cristiana— no implica necesariamente la unidad política.

Se sucedieron así el horizonte chavín (que toma el nombre del sitio Chavín de Huantar) entre 1200 y 200 a. C., seguido del primer período intermedio o de desarrollos regionales entre el 100 a. C. y el 700 d. C., en el que se destacan, en el altiplano, las primeras fases de la cultura tihuanaku y, en la costa, las culturas moche, nazca y paracas. Tendremos luego el horizonte medio, que corresponde a la expansión de la cultura tihuanaku-wari durante el período que se extiende entre el 800 y el 1200 d. C. A este le sigue, entre 1200 y 1400 d. C., el segundo período de desarrollos regionales, en el que se destacan la cultura chimú en la costa y las culturas chanca y lupaca en los Andes. Finalmente, llega el horizonte tardío, el de la expansión del dominio incaico, mucho mejor conocido gracias a la entrada de la región en la historia escrita.

A lo largo del difícil proceso de recuperación de la propia historia inca fue posible, de alguna manera, hacerse una idea más dinámica acerca de cómo pudieron sucederse esos períodos anteriores, que en su desarrollo lograron, en definitiva, amalgamar a escala regional la economía, la estructura social, las propuestas políticas y las expresiones ideológicas en la formulación original que conocemos bajo la denominación de Imperio inca.

La continuidad de muchos de los rasgos idiosincráticos desarrollados en aquellas circunstancias es uno de los aspectos esenciales de esta tesis. Sin embargo, la reconstrucción de la realidad inca en su etapa preeuropea es una tarea llena de dificultades por la trascendencia que tuvo, como veremos en el capítulo II, su perpetuación luego de la Conquista. Esto porque los conquistadores, dada su incapacidad para controlar una realidad que los superaba en todos los planos salvo el militar, debieron rápidamente inclinarse, como luego específicamente explicaremos, por la única opción posible, que era restablecer el Incario o Imperio inca, pero sin el Inca.

A partir de esa circunstancia, la difícil neutralidad de los documentos se vuelve abiertamente tendenciosa. Sucede que como el estatus de la mayoría de los componentes del sistema colonial, de arriba a abajo, se legitimará por el estatus que, real o supuestamente, tuvieron bajo el dominio inca —desde los privilegios de la élite, ahora indoespañola, hasta las contribuciones del plebeyo—, todo se fundamentará en unos cada vez más añorados «tiempos del Inca». Cada testimonio, explicativo de una realidad particular, buscará entonces su legitimación en una historia cada vez más desdibujada, tanto sea para exigir un tributo como para sostener derechos ancestrales sobre tierras, excluir a determinados grupos de algún servicio, etcétera. Será por ello que, de acuerdo con sus respectivos intereses, cada uno de los cronistas o de sus informantes recordará a su manera la historia preeuropea.

Tenemos así una gran diversidad de situaciones y de testimonios contradictorios.[13] Debemos suponer que la gran mayoría, por haberse construido en los años inmediatos a la derrota militar del Incario, refleja realidades que, por más que muchas veces se presenten como contradictorias, en algún grado debieron efectivamente existir o coexistir en los hechos. La dificultad estriba —y es prácticamente imposible solucionarla— en establecer el grado y la extensión que tuvieron esos comportamientos. A medida que pasan los años se suma otro elemento de difracción sobre la realidad original del Incario —que, volvamos a decir, no era estática sino dinámica y seguramente varió con los años—, caracterizado por la tendencia de diferentes grupos de interés a *incanizar*, a falta de mejor expresión, realidades creadas como consecuencia de las transformaciones resultantes de la invasión europea.

Las interpretaciones prehistóricas que acabamos de hacer resultan, en buena parte, de la confrontación del registro arqueológico con las descripciones de las poblaciones americanas que se realizaron al momento de su descubrimiento por los europeos.

En el caso andino, esas descripciones comprenden tanto lo que los invasores observaron por sí mismos como los testimonios recuperados a través de informantes indígenas. Incluso algunos de esos textos fueron escritos por los propios indios. A mi juicio, las dos figuras más emblemáticas de esa autotraducción al castellano, aunque no las primeras ni las más notables (véase el caso de los incas Titu Yupanqui y Huáscar Túpac Paullu), son las del Inca Garcilaso de la Vega, descendiente de la familia real inca (quien insistía con su sobrenombre como manera de ratificar su ascendencia real) y decidido apologista del Incario, y la de Guamán Poma de Ayala (Halcón Puma, como modestamente se nombraba a sí mismo), referente de las antiguas élites sometidas por la fuerza al régimen inca. Ambos, desde sus respectivas ópticas, escribieron prolijas historias de dicho imperio y se apoyaron, además de en las tradiciones orales, en los registros mnemotécnicos conocidos como quipus.[14]

El hecho es que esas primeras visiones —sin desconocer los problemas de la otredad y las dificultades que unos y otros tuvieron para entenderse como fenómeno humano— son las únicas, con el complemento de los textos mayas, de las pictografías mesoamericanas y de los quipus andinos, que pueden sustantivamente aproximarnos —con todas las dificultades del caso, pues ya son poscontacto— a la realidad precontacto, y es esencialmente en base a ellas que reconstruimos el pasado inmediatamente anterior a la llegada del europeo.[15]

Lo cierto es que, casi unánimemente, los primeros cronistas que se ocuparon del Imperio inca concuerdan en describirlo, con la excepción de su idolatría (aunque sobre esta también destacaron lo cerca que estuvo esta cultura de abrazar el monoteísmo), como una maravilla capaz de ser comparada con los más grandes logros que, en materia de organización política, se habían alcanzado hasta la época. El Imperio inca es visto como una gran máquina que, dirigida por el Inca, funciona al servicio exclusivo de sus vasallos.[16]

Naturalmente, en el contexto de la primera mitad del siglo XVI, la sensibilidad de los cronistas castellanos no resultaba herida ni por el carácter de monarca absoluto del Inca ni por las debilidades del sistema judicial; por el contrario, se veía con muy buenos ojos que la finalidad directa de esas arbitrariedades fuese el bienestar del pueblo. Al fin y al cabo, aunque moderados por el andamiaje burocrático, dichos cronistas también tenían sus déspotas, que no siempre anteponían los intereses de sus súbditos a los suyos propios.

Precisemos hasta el cansancio que no hubo una única realidad inca, sino un proceso que se desarrolló sobre un espacio continental en el breve lapso de poco más de un siglo. En ese escenario, es lógico pensar que el mundo inca fue en esencia un dominio político que recubría una diversidad de realidades culturales con distintos grados de asimilación. Por otra parte, todos los documentos son contestes en que el dominio inca suponía una expresa voluntad de homogeneización, de imponer una matriz de pautas de conducta en todos los niveles, en particular en el nivel ideológico. No hay duda de que muchas de las diferencias de observación que muestran los cronistas sobre la realidad del Incario derivan de esta diversidad encubierta por el dominio político. Asimismo, sobre esa base, debe pensarse que muchos de esos escritos se apoyan en testimonios de personas o grupos que tenían cuentas pendientes con los incas y que, necesariamente, dieron su propia visión de los hechos.

¿Cuál era entonces la realidad del Imperio inca? Con las salvedades expuestas, veamos algunos de sus componentes principales.

Su extensión geográfica era apabullante. Al momento de la llegada de Pizarro, ocupaba unos 3 millones de kilómetros cuadrados y se extendía, de norte a sur, unos 5.000 kilómetros a lo largo de la cordillera de los Andes, desde los 2° de latitud norte a los 35° de latitud sur. Hacia el oeste limitaba con el océano Pacífico y hacia el este se detenía cuando la vertiente oriental de los Andes se volvía demasiado selvática o demasiado seca. En términos actuales, comprendía Chile, desde el río Maule hacia el norte; todas las provincias andinas argentinas, desde Mendoza hacia el norte; Bolivia, Perú y Ecuador, salvo sus regiones amazónicas, y el extremo sur de los Andes colombianos. Su influencia se multiplicaba a lo largo de sus fronteras y los europeos tuvieron noticia de él tanto en la costa atlántica sudamericana como en el istmo de Panamá.

Si la extensión es apabullante, el sustrato geográfico lo es aún más: abarcaba la mayor parte de la cordillera de los Andes, incluyendo sus picos más altos, con sus variaciones geográficas de norte a sur, pero también los sucesivos cambios que, debido a la altura, se producen cada pocos kilómetros en su extensión este-oeste, subiendo desde los cálidos desiertos costeros (las yungas), pasando por los diferentes valles, altiplanos y demás terrenos de altura, poblados hasta cerca de los 4.000 metros, hasta llegar nuevamente a las yungas húmedas en los contrafuertes selváticos de los Andes orientales. Unos 30.000 kilómetros de *camino del Inca* permitían la intercomunicación entre todas estas regiones.

En el plano político, es clara la voluntad integradora de la élite dirigente inca, pese a que su consagración como tal debió hacerse a expensas de las élites locales, muchas de las cuales pudieron expresar su hasta entonces disimulado rencor como aliadas de las huestes españolas. Parece claro que no era técnicamente posible el dominio sobre un área tan extensa sin la multiplicación de los llamados *incas por privilegio*, multiplicación que permitía integrar al gobierno, de alguna manera, a parte de las antiguas élites locales dominantes o a nuevos individuos promovidos a dicha función. Esa capacidad integradora parece haber sido uno de los rasgos distintivos del Incario. En este sentido, es muy probable que el grupo inca haya seguido un camino ya conocido en su proceso de imposición política y que, habiendo aprendido de las fracasadas experiencias anteriores, de alguna manera asegurara así el éxito de su propia empresa.

No olvidemos que la arqueología nos permite sostener —si consideramos los llamados *horizontes* que describimos previamente— la fuerte presunción de que el Incario no fue el primer episodio de una unificación política panandina. No es claro, desdibujado por el propio ejercicio del poder, el origen del grupo inca. Es probable que viniesen de fuera del valle del Cuzco en donde, de acuerdo con su propia historia, se instaló la pareja original compuesta por Manco Capac y Mama Ocllo. El Inca Garcilaso nos dice, en sus *Comentarios reales*, que estos originalmente tuvieron su propia lengua, pero que luego prefirieron la «general del Cuzco», el quechua, como lengua imperial.

Lo cierto es que hubo incas de sangre real —incas puros— e incas por privilegio —exconquistados y luego asimilados a los incas—, quienes, conjuntamente, constituyeron la élite incaica. No es este entonces un cuerpo herméticamente cerrado, sino que se abre de acuerdo con el modo en que se colabora con las necesidades de una administración cada vez más compleja y necesitada de personal. En el mismo sentido, porque es la base necesaria de esa futura integración, se destaca la constante referencia a la conservación, aun a riesgo de frecuentes traiciones, de las antiguas élites locales, los caciques curacas[17] y reyes de las regiones que iban conquistando.

La conservación de las élites locales —a las cuales se les adosaban funcionarios reales del grupo inca— suponía también la conservación de las prácticas culturales propias de los diferentes grupos. Estos, a quienes se les imponía la adopción de la religión oficial del Imperio —el culto a Inti, el dios Sol, del cual los incas decían descender directamente— y toda su parafernalia, podían conservar, en la medida en que no contradijeran el nuevo culto, sus propios ritos. En los hechos, esto significó agregar el culto solar a los ritos locales, los cuales, aunque habían perdido su carácter hegemónico (o al menos no podían manifestarlo públicamente), se siguieron practicando.

Esto nos lleva a replantear el tema de la naturaleza de las élites indígenas que se desarrollaron a lo largo del proceso mencionado y, en particular, de la constituida por el grupo inca.

Parece no haber dudas sobre la existencia de una relación dialéctica entre los privilegios del grupo y las obligaciones de dirección del conjunto de la sociedad que este contraía. Pero ¿cuán individualizadas estaban esas obligaciones y, por consiguiente, las retribuciones que les correspondían? ¿Qué naturaleza tenía ese grupo privilegiado? ¿Cómo se relacionaba-participaba en los gobiernos siguientes —a cargo, teóricamente, del primogénito—, que debían constituirse sus propios peculios? ¿Existieron verdaderas formas de propiedad privada? Son muchas las preguntas que la investigación deberá seguir aclarando y cuya comprensión es clave para entender las posibilidades y los mecanismos reales de integración de estas élites a la nueva situación creada por la invasión europea.

Es singular el fenómeno de las llamadas *panacas*, esto es, la constitución por el Inca reinante de un dominio físico sobre una parte del patrimonio andino, que luego de su muerte seguía perteneciendo a su cuerpo momificado y, en los hechos, a sus descendientes directos, encargados del cuidado de dicho dominio. Algunos de los datos recogidos por los cronistas permiten suponer que por lo menos parte de los recursos procedentes de los territorios conquistados por cada inca, una vez muerto este, continuaban beneficiando a sus descendientes directos, lo que obligaba al heredero del trono a desarrollar su propia panaca. Esta parece haber sido una de las razones principales —además de la muy propagandeada de llevar la civilización y la verdadera creencia a los pueblos bárbaros— para mantener una sistemática política de conquista de nuevos territorios.

Es significativo que la guerra civil que enfrentó a Atahualpa con Huáscar —de la que hábilmente se aprovecharon los conquistadores españoles— se haya desencadenado, de acuerdo con el testimonio del Inca Garcilaso, porque Huáscar, el Inca legítimo, había tomado conciencia de que, debido al nombramiento de su medio hermano como rey de Quito, se le cerraba la frontera norte, la única sobre la que todavía podía desarrollarse una política de expansión activa y, por lo tanto, la construcción de la base de sustentación de su propia panaca.

La expansión del quechua como idioma común y la propagación del culto solar como religión del Imperio son otros aspectos de esa voluntad integradora. También es concluyente, en el mismo sentido de buscar la cohesión del sistema imperial, la existencia de desplazamientos de poblaciones, sea como premio o como castigo, y su presencia en diversas partes del Imperio, como colonias o como presidios. Es claro que, por lo menos en el plano político e ideológico, el Incario no pasó desapercibido y, seguramente, afianzó a escala continental transformaciones que ya se venían desarrollando desde hacía siglos en la región.

Más difíciles de evaluar son las características intrínsecas y el alcance de los fenómenos económicos y sociales que allí se desarrollaron. Se especula sobre la función distributiva del Estado inca y sobre su mayor o menor alcance, sobre el protagonismo estatal en la realización de obras de ingeniería, sobre la mayor o menor modificación del ambiente serrano, sobre la construcción de poblados, etcétera. Se especula también sobre el alcance económico de los indudables beneficios que representaba la posibilidad de circulación de productos dentro del Imperio, así como sobre la posibilidad, basada en el traslado de poblaciones, de que los diversos grupos tuvieran acceso a los nichos ecológicos que se escalonan de acuerdo con la altura y la ubicación geográfica (desde el mar a la selva húmeda, pasando por los páramos, la puna y la quechua) y que, en su conjunto, aseguran la base productiva de la región.

Finalmente, también en el plano económico y social, aunque con diversas interpretaciones sobre su extensión y funcionamiento, los documentos son contestes en la existencia de un sistema de trabajo por turnos, la llamada *mita*, mediante la cual los diferentes habitantes del Imperio cumplían con su obligación de servir al Estado. Organizada sobre la base de la participación de cada comunidad, la mita suponía un prolijo sistema de registro por medio de los quipus que permitía saber qué gente había hecho su turno, cuándo y cuántos trabajadores quedaban disponibles para los siguientes.

Otro factor relativo a la integración y directamente ligado a la perpetuación de las élites locales es el referido a la conservación de sus bienes y privilegios, ya que, sin él, aquellas difícilmente hubiesen resultado complacientes. Para lograrlo, y al mismo tiempo poder recompensar a los burócratas incas allí instalados y soportar el nuevo costo administrativo resultante de la integración y cuidado de nuevos territorios, los incas recurrieron al desarrollo de las fuerzas productivas locales sobre la base de una fuerte inversión de recursos estatales.

La inversión de esos recursos se lograba mediante la utilización masiva de la fuerza de trabajo que resultaba de una organización imperial basada, gracias a la mita, en la contribución en trabajo. Dicha fuerza, dirigida por especialistas (los *camayos*), revolucionaba la capacidad productiva de la zona en cuestión abriendo caminos, cavando canales y terraplenando montañas, de manera de lograr que los recursos necesarios para la nueva administración imperial proviniesen —idealmente— de nuevas áreas de cultivo.

La idílica realidad pintada en las crónicas, en la cual a las tierras ya disponibles para el sustento de las comunidades se les agregaban la «parte del Sol» y la «parte del Inca», disimula el hecho de que ambas —cuya proporción real ignoramos, aunque generalmente se habla de tercios— debían ser luego cultivadas por los habitantes locales, quienes veían así multiplicadas sus jornadas laborales. En definitiva, si antes solo trabajaban para la élite local, ahora debían hacerlo para ella y, además, para la nueva élite inca. Recordemos que en el discurso de los proíncas, esas nuevas tierras eran puro beneficio, ya que resultaban de la transformación de terrenos improductivos en terrenos cultivables.

También es necesario señalar, para completar el cuadro de la nueva situación de los territorios conquistados, que estos, en muchos de los casos mencionados, al integrarse al Imperio pasaban a disfrutar de la *pax* inca,[18] dejando de lado la movilización constante —y las pérdidas consiguientes— que suponía un estado de guerra permanente con sus vecinos.

En el mismo plano, la exigencia de una contribución en trabajo —la famosa mita o trabajo por turnos— diluía las nuevas exigencias mediante un hábil reparto de las obligaciones de modo que no resultaran particularmente penosas para nadie.

Cómo se negoció esa situación en cada caso parece ser una de las claves del proceso histórico inca. Sabemos que cuando la resistencia fue mayor poblaciones enteras resultaron desplazadas —los famosos *mitimaes*— a otras regiones del Imperio en donde se suponía que la capacidad de resistencia era menor. A su vez, tierras nuevamente conquistadas fueron adjudicadas a pobladores incas venidos de las primeras regiones integradas al Imperio (grupos también conocidos como mitimaes). La descompresión demográfica, el acceso a zonas con diferentes recursos y la vigilancia de los nuevos territorios estuvieron, sin duda, en la conformación de estas verdaderas colonias.[19]

De este proceso debemos destacar, como decisiva en relación con los patrones idiosincráticos, la voluntad de los dirigentes incas de justificar su expansión política basándose en un discurso ordenador de la realidad. El Incario asegura el orden, y no cualquier orden, sino el orden natural, aquel que ejemplifica el sol con su regularidad: un equilibrio cósmico que difícilmente pueda ser cuestionado.

En todos los casos, los incas decían responder a la voluntad del dios Sol de llevar los preceptos de la civilización a gentes que vivían en la barbarie. En lo esencial, estos consistían en pretender que el Sol, con su benéfica regularidad, promovía el orden natural, y que el responsable en la tierra de ese orden era su propio hijo, el Inca. Naturalmente, al respetarse ese orden de origen divino, se producían ingentes beneficios para toda la humanidad, que no eran ideales, sino concretos: paz, justicia, vida civilizada, irrigación, andenes, canales, reservas de alimentos, ropas de lana, etcétera. Por último, aunque trascendental en el aspecto idiosincrático, la particular capacidad ordenadora del Inca reposa —al igual que todos los actos en el mundo andino— en la consagración de un ritual que, simultáneamente, explica y hace posible esa situación.

En ese contexto, hay un reforzamiento de la ritualización en la medida en que los ritos, sean a nivel imperial o de un grupo particular, constituyen la expresión práctica de ese ordenamiento. Marcan los comienzos, los desarrollos y los finales, así como la cuota de participación de cada uno en todas y cada una de las actividades. Claramente, se contraponen a otras modalidades más espontáneas y, por lo tanto, caóticas.

El rito cobra, también así, un valor conservador (quizás debiera decir protector), porque asegura el papel de cada uno, y cambiarlo supone una invitación al caos. Es altamente probable que ese recurso al rito para asegurar determinados *statu quo* fuese ya una larga tradición andina; por eso los incas, conscientes de la alteración que la imposición de su dominio provocaba (el nombre del Inca Pachacutec, quizás el de mayor trascendencia histórica, significa justamente 'trastocamiento' o 'revolución'), trataron siempre de conservar toda la ritualidad que no chocara con el nuevo orden y de presentar la nueva ritualidad como algo que, cargado de nuevos beneficios, se sumaba a la situación anterior. Ese afán de orden se expresa también en el sofisticado y sistemático registro de todos los recursos del Imperio con los quipus, otro de los rasgos que impactaron fuertemente a los europeos.

La economía del Incario —como expresión que sintetiza la acumulación de experiencias anteriores en el marco del área geográfica dominada políticamente por los incas— se caracterizó, en términos generales —recordemos siempre que se trata de una realidad compleja que implica numerosas variantes—, por una base agrícola potenciada por la posibilidad de redistribución de sus productos a lo largo y a lo ancho del territorio.

Dicha redistribución, al significar una mejora en las condiciones de vida, aparece como una de las claves del sistema. Obligaba a las comunidades campesinas a romper su aislamiento, pero, al mismo tiempo, les aseguraba la disponibilidad de productos y servicios que, de otro modo, les habría sido muy difícil obtener. Su existencia reposa en el poder coactivo del aparato inca que tanto garantiza el pasaje de una zona a otra como acumula excedentes potencialmente distribuibles y provee de los recursos técnicos necesarios —burocráticos, de conocimientos y de mano de obra— para que el mecanismo funcione. Su punto de partida —seguramente apoyado en una base idiosincrática tradicional andina— es que todo integrante del sistema debe contribuir a su funcionamiento con su trabajo.

Ese trabajo recíproco y complementario (conocido como *minga* o *ayni*) es básico en las comunidades familiares campesinas. Gracias a él se asegura que la producción de alimentos y la construcción de las infraestructuras mínimas necesarias (como casas o cercos) sean acordes con las necesidades del grupo. Los cronistas también insisten en cómo gracias a ese mecanismo se cultivaban las parcelas de aquellas personas que, impedidas por la edad o por cualquier afección, no pudieran hacerlo por sí mismas.

Es interesante notar cómo se buscó evitar la contribución en objetos o productos —que podría aportar el mismo resultado—, expresando la solidaridad no a través de desprenderse de algo propio, que podría propender a prácticas de acumulación personal, sino partiendo de la base de que los sujetos no pueden disponer libremente de su capacidad de trabajo, ya que este está socialmente condicionado. Una ritualidad rigurosa, que signa pertenencias e identidades y que determina la mayoría de las prácticas sociales, inhibe también la posibilidad de aventuras individuales.

El desarrollo de formas estatales, con el consecuente control de las capacidades excedentarias por una élite, alteró la naturaleza de la minga —que pervive hasta nuestros días en los espacios comunitarios—, introduciendo la mita o trabajo por turnos ya mencionada —una suerte de macrominga— como forma de contribución de las diferentes comunidades al funcionamiento del todo estatal.

El doble control mediante los quipus, tanto a nivel estatal —asegurando la mano de obra necesaria para la realización de las actividades previstas— como a nivel local —controlando a nivel del *ayllu*, la comunidad campesina, que el cumplimiento de la demanda no se saliera de los límites de la reciprocidad—, debía asegurar el equilibrio del sistema.

El Estado determinaba hacia dónde debía dirigirse la fuerza de trabajo. Era clara su utilización en la función militar, como tropas o como auxiliares de estas. También era reiterada la actividad en obras públicas: caminos, puentes colgantes o flotantes, canales de riego, andenes de cultivo, almacenamiento en depósitos *tampu* (los tambos de los cronistas castellanos). Pero, asimismo, existían prestaciones directamente dirigidas a determinadas producciones, fundamentalmente lana, tejidos y metales.

En los hechos, este último tipo de prestación, cuando tenía como objetivo la producción de determinados bienes como metales, coca o lana, era un verdadero tributo en especies, aunque disimulado en el sentido de que el participante «solo» aportaba su trabajo para cultivar tierras del Inca o del Sol, para trabajar en sus talleres o para cuidar sus rebaños.

Se generaliza así un mecanismo —que seguramente ya había sido ensayado en tiempos anteriores a los incas— por el cual el sujeto del Imperio, el *hatun runa*, el 'hombre común', realiza, con la salvedad de la administración y dirección, todo el trabajo necesario tanto para su subsistencia como para la de la élite. Asimismo, de su trabajo —como soldado y como operario— resulta el engrandecimiento del Imperio en lo geográfico, pero, sobre todo, en infraestructura.

El *hatun runa* va a integrar el ejército, a construir los caminos necesarios para un control de larga distancia, a llenar los tambos en donde se almacenan los alimentos y equipos necesarios para abastecer a los ejércitos, los alimentos para los propios trabajadores de la mita (para él mismo) y los recursos para el sostén de la ritualidad local y regional. Él y ella van a cultivar las tierras del Sol, cuyo producto, generosamente, les será convidado en ocasión de los rituales. Él va a extraer y fundir los metales, y a cuidar y esquilar las alpacas y las llamas. Ella va a hilar y tejer las telas que, cuando sean finas, *cumbi*, solo van a abrigar a la nobleza. Ellos van a servir y mantener a la élite dirigente, en sus chacras (las tierras del Inca), casas y talleres.

Es cierto que el sistema permite ahora disponer de productos a los que habría sido muy difícil acceder en la situación anterior —en particular la lana, imprescindible dadas las bajas temperaturas en la mayor parte del Incario—. Dicho acceso se hace a través de dos mecanismos: por un lado —como en el caso de la lana, en el que el Inca tenía casi el monopolio de los rebaños—, los productos son «bondadosamente» donados por el Inca; y por otro, gracias a la institución de los mitimaes, los integrantes de un mismo grupo familiar ubicados en geografías complementarias intercambian sus respectivos productos. Entre estos productos, además de la lana, se destaca la coca —el estimulante que sostenía la constante demanda de esfuerzos—, que, según diferentes relatos, tenía un uso creciente en todo el Incario.

Por último, hombres y mujeres, en el siempre escaso tiempo restante —este es otro reiterado, e interesado, comentario de los cronistas: la capacidad del Inca para evitar la «nefasta» ociosidad de los indios—, deben cultivar su propio *tupu* o parcela familiar que los alimentará durante todo el año; asimismo, deben hilar y tejer su propia ropa y confeccionar u obtener los escasos utensilios que utilizan en el hogar. Es claro que, en esas condiciones, en que la capacidad de trabajo individual es consumida en empresas colectivas, no hay casi posibilidad de acumulación privada y, por lo tanto, la factibilidad de intercambio de productos es muy restringida. En ese marco, no sorprende que la mayor o menor extensión de la actividad mercantil fuese una de las grandes polémicas planteadas entre los primeros cronistas.

Tampoco sorprende que la coerción social se ejecute en el plano del necesario —pero sobre todo inexcusable— compromiso con la actividad ritual, que asegura el control social de la adecuada participación de los diferentes individuos. Los ritos, de diversa naturaleza y jerarquía, sostienen el orden natural de las cosas, y no a la inversa. Se cumplen de arriba abajo —cada uno con su significado, desde el Inca como hijo del Sol (que no falte nunca) hasta el hatun runa convidando a la tierra (la famosa *pachamama*) cada vez que va a consumir algo— y aseguran que las cosas se desarrollen de acuerdo con lo previsto.

Cuando ese orden ideal, permanentemente jaqueado por las circunstancias —naturales o políticas—, es alterado, debe ser rápidamente recuperado (reordenado) con más ritos. Estos, ahora, muchas veces incluyen sacrificios extraordinarios —indicativos de la voluntad de apaciguar los factores de caos— y adivinaciones que permitan escrutar el alcance de las fuerzas del desorden.

La ritualidad es entonces omnipresente. Se da a nivel personal, familiar, local, regional e imperial: se celebran el nacimiento, la mayoría de edad y la muerte —de cada individuo, de los curacas, de los incas—, la siembra y la cosecha —de los tupu familiares y de las tierras del Sol y del Inca—, los trabajos colectivos, las gestas de la élite, etcétera. Tales celebraciones a veces se duplican o complican como resultado de la llamada *dualidad andina* —las mitades *hanan* (arriba) y *hurin* (abajo), que recorren verticalmente toda la sociedad: hay incas *hanan* e incas *hurin*, así como ayllus de uno u otro tipo en cada localidad—. A través de una u otra mitad se es y se pertenece; fuera de ellas, no se es y, consiguientemente, no se tiene un rol que cumplir.

La ritualidad opera también, a mi juicio —y esto es un elemento crucial para entender el funcionamiento de las sociedades andinas—, como mecanismo de redistribución del esfuerzo social. A través de ella, los hombres comunes acceden a bienes que de otro modo, en ese contexto, se habrían considerado mal habidos por ser el resultado de un esfuerzo privado. Gracias a ella, el hatun runa puede consumir alimentos, bebidas y drogas que, normalmente, le resultarían inaccesibles, y las élites locales, regionales o imperiales «regalan» objetos a sus subordinados que estos, por falta de tiempo, no están en condiciones de producir para sí mismos.

Es importante entender que esa ritualidad omnipresente es la base estratégica de la idiosincrasia andina, ya que allí esta encuentra la solución a todos los problemas que se le puedan presentar a un individuo. Las identidades, solidaridades, organización, actividades, etcétera, todo es expresado a través del rito. El rito ordena y, por lo tanto, protege.

Es claro que constituye una tautología afirmar que, siendo omnipresente, el rito tiene una fuerte base idiosincrática y que, siendo esa la base idiosincrática, el rito debe ser omnipresente. Pero si tratamos de reconstruir quién organiza, dirige y piensa toda esa ritualidad, los datos parecen señalar que esta es general, que se da en todos los niveles, desde lo doméstico, producida y reproducida por los integrantes del grupo familiar, hasta lo imperial, en donde es la propia jerarquía religiosa e institucional la que establece sus parámetros.[20]

Aquí es necesario volver a llamar la atención sobre las dificultades que se tienen para reconstruir el pasado preeuropeo, en particular sobre las que surgen de la transposición de observaciones etnológicas contemporáneas con dicho período. Es altamente verosímil la hipótesis —que es esencial a esta tesis— de que la ritualidad hoy presente en los Andes sea la perpetuación y transformación (evolución) de la existente en el período previo al contacto con los europeos, pero, asimismo, su actual exacerbación y sus formas concretas no tienen por qué tener una continuidad histórica. A título de ejemplo, señalemos que dentro de las actuales ceremonias de las comunidades andinas se encuentra lo que bien puede calificarse como *culto a la escuela pública*, institución que, claramente, no tiene un origen precolombino.[21]

Más difícil es hacer aseveraciones sobre la realidad prehistórica de muchos de los elementos que consideramos históricamente andinos —y que seguramente lo sean—, pero que, por su naturaleza ideológica y consiguiente expresión dificultosa en la documentación escrita, recién han sido conocidos y entendidos a partir del trabajo realizado por los antropólogos a lo largo del siglo XX. Debemos entonces ser muy cuidadosos de no modernizar el pasado; es decir, de no atribuirle al pasado conductas que quizás sean producto de desarrollos recientes.

Hay elementos que están indiscutiblemente documentados al momento de la invasión europea, como, en particular, la división, para casi todas las categorías de la organización social, en una «mitad» (las comillas hacen referencia a que no es una división matemática) *hanan* o «alta» (ahora las comillas señalan que la connotación no es geográfica, sino social, pudiéndose sustituir *alta* por *primera*) y una «mitad» *hurin* o «baja». Interpreto que dicha modalidad de identificación social, cuyo origen no podemos rastrear, se vincula con el desarrollo de mecanismos de solidaridad social complementarios de los que normalmente mantienen a las diversas estructuras del sistema, puesto que todos, desde los integrantes de los ayllus y de los pueblos hasta el propio grupo de los orejones —los incas por nacimiento— y demás entidades que conforman unidades con un sentido social claro, se autoidentificaban como pertenecientes a una u otra de las partes de esa dualidad andina.[22]

Por su parte, es menos claro el alcance que tenía el mecanismo de la reciprocidad, el *ayni* —que actualmente constituye el principio rector de la participación de los miembros en el reparto del trabajo en las comunidades—, en lo que se refiere a la integración de los diferentes grupos en el seno del Incario; es decir, cuál era la parte que les cabía en un relacionamiento en gran medida establecido por la violencia, a los trabajos que directamente podemos considerar forzados y a los trabajos voluntarios.

Para finalizar esta descripción de la realidad andina en vísperas de la invasión europea, es necesario detenerse en la naturaleza de la élite preeuropea, ya que, como veremos más adelante, esta será, como consecuencia de su derrota militar y de su voluntaria o forzada asociación con los europeos, la verdaderamente conquistada.

Como ya mencionamos, la evidencia arqueológica demuestra la existencia de un proceso de estratificación social que se extiende a lo largo de por lo menos dos milenios. Centros ceremoniales (lugares en donde hay concentraciones de construcciones que, como pirámides, plataformas o esculturas, parecen destinadas a sostener una posición ideológica) y tumbas principescas muestran la capacidad de algunos de concentrar el trabajo de muchos. Sin embargo, son muy pocos los elementos que nos permiten avanzar en la naturaleza concreta de ese dominio.

¿En qué consistió ser parte de la élite del Imperio? La insistencia de los incas en ser reconocidos como hijos del Sol, la prosecución de esta idea mediante la generalización de los ritos imperiales en las áreas conquistadas y, para ello, el desarrollo de una función sacerdotal específica parecen indicar que el reconocimiento de una naturaleza distinta de los incas de sangre —de su nobleza, en el sentido europeo medieval del término—, aunque importante, no era todavía generalizado. A su vez, la destrucción o reducción a una función secundaria de las élites preincaicas, que ellos mismos provocaban como consecuencia de sus conquistas, debe haber debilitado la propia idea de la existencia de élites de naturaleza distinta de la de sus dominados.

En todos los casos, el discurso político reproducido por los primeros cronistas insiste en que los privilegios, consistentes en disponer del trabajo por turnos para atender y mantener campos, casas y talleres propios y aun de servidores permanentes (los yanaconas),[23] se daban siempre en contraprestación por la función político-religiosa que esta cumplía. No parece que la idea del enriquecimiento individual (o colectivo) puro y duro —sin perjuicio de que en el vocabulario haya expresiones que los españoles tradujeron como 'rico'— hubiese tenido un gran desarrollo. Es claro que la élite disfruta de productos de lujo —en particular, la vajilla de metales preciosos y los tejidos superfinos llamados *cumbi*—, que practica la poligamia y que vive en construcciones (comparativamente) lujosas. Pero también parece que esta tiene un solo turno de trabajo: todo el tiempo, ya que en ella recae la responsabilidad del funcionamiento del Imperio, del orden natural de las cosas.

Antes de cerrar un capítulo en el que he intentado describir el origen de las idiosincrasias con las que se encontrarán los invasores europeos, es necesario volver a llamar la atención sobre el carácter dinámico del proceso que lleva a esa situación, ya que dicha dinámica, establecida en la larga duración histórica, no se romperá pese a la violencia del encuentro.

Sucede que el mencionado encontronazo —si la palabra *encuentro* suena demasiado *light*— no fue el primero de la larga (pre)historia sudamericana —y utilizo el término *historia* para referirme al conjunto de los procesos históricos que, desde la llegada del hombre a América, dio como resultado la situación existente a fines del siglo XV—. Tampoco era la primera vez que un grupo de audaces y poderosos invasores (aunque provenientes de lugares más o menos conocidos) invadían alguna de sus áreas.

La historia del Incario es particularmente significativa en ese sentido ya que, al igual que en el posterior proceso colonial, se oponía la civilización a la barbarie. Es bueno recordar que el libro que sobre la historia del Incario escribiera a fines del siglo XVI el Inca Garcilaso de la Vega está dedicado a confirmar esa idea. Asimismo, también debemos tener presente que todos los cronistas que pudieron palpar al Imperio inca de primera mano quedaron admirados de la «mucha policía» —el nivel de civilización— con que allí se encaraban los problemas.

Desde ese punto de vista, cuando se produzca la invasión europea, esta tendrá esencialmente los mismos efectos que en las ocasiones anteriores: resultará catastrófica para la élite inca, que deberá reducir su papel en el funcionamiento de los ritos imperiales al de vasallos del monarca español, pero su impacto será radicalmente decreciente si consideramos los ámbitos comunitarios, domésticos y personales.

En los próximos capítulos, trataremos de mostrar cómo se mantuvo esa dinámica cultural y cómo la idiosincrasia andina actual es la resultante de aquel lejano proceso.

---

[1]   Una invasión supone la llegada constante de nuevos pobladores que se insertan, más o menos por la fuerza, en un determinado territorio. Usamos *invasión*, en lugar de *inmigración*, porque la llegada de los europeos a América tuvo, en la enorme mayoría de los casos, un carácter de imposición. En ese sentido, cabe aclarar que el más importante aporte demográfico de origen europeo, el que se produjo entre la segunda mitad del siglo XIX y la primera mitad del XX, fue, en términos generales, pacífico.

[2]   El estrecho corredor se abrió siguiendo el valle del río Mackenzie (de unos 1.700 kilómetros de largo y que corre hacia el océano Ártico) y es conocido en la literatura prehistórico-paleontológica como *corredor del Mackenzie*.

[3]   Remito al trabajo que en el año 1992 publiqué en relación con el problema del poblamiento de América, el cual, pese a los años transcurridos, considero plenamente vigente en los aspectos conceptuales (A. Lezama, *El primer descubrimiento de América*, Ediciones del Quinto Centenario T. I., Universidad de la República).

[4]   El cataclismo ecológico que significó la entrada de la especie humana (y la canina que lo acompañaba) en el continente americano, que provocó la extinción de decenas de especies, debería hacer reflexionar a aquellos que creen que las poblaciones primitivas siempre estaban en armonía con la naturaleza.

[5]   Véase G. Novack, *Uneven and Combined Development in History*, 1957.

[6]   No es necesario, a los efectos de la tesis aquí expuesta, explorar el plano de por qué se desarrollaron estos dos modelos ni la búsqueda de sus causalidades. Podemos especular —porque el tema es central en todo el desarrollo humano— que, desde el momento en que existen desigualdades de poder físico entre los miembros de cualquier comunidad (aunque solo sea por razones etarias), se vuelve necesario, para

que se perpetúe la especie —porque el más fuerte puede llegar a eliminar a todos los demás—, la instalación de algún tipo de sistema social que controle esas diferencias. En consecuencia, siendo la organización social un mecanismo de perpetuación de la especie, debemos comparar los diferentes sistemas sociales en términos de sustentabilidad.

Sobre esa base, tiene sentido concebir que en las primeras formas de organización social —y remito a diversos ejemplos entre los mamíferos— ninguno de los miembros de un grupo va a esforzarse en forma continua más de lo necesario para su propia subsistencia; se genera así un sistema que podemos definir como de equilibrio económico. La perpetuación del sistema de equilibrio aparece entonces como natural, y su abandono, como una respuesta forzada por la imposibilidad de responder a frecuentes desequilibrios. De allí se deriva que cualquier sistema que se base en la acumulación de excedentes —que supone un trabajo forzado por encima de las necesidades cotidianas sin el cual no habría acumulación— es la expresión de la mejor respuesta posible (siempre en términos de sustentabilidad) ante una realidad de permanentes desequilibrios.

Sea cual sea la explicación última, lo cierto es que en la mayor parte del territorio sudamericano no se desarrollaron formas significativas de acumulación económica que pudieran servir de base para el desarrollo de sociedades estratificadas. La región andina fue la excepción, no la regla.

Dicho eso, debemos tener presente que, desde el punto de vista idiosincrático, la conservación de sistemas de equilibrio tiene, seguramente, una base conservadora, es decir, el desarrollo de modalidades culturales en las cuales la voluntad de no innovar tiende a ser positivamente seleccionada. Simultáneamente, aunque aparezca como idiosincráticamente contradictorio, el equilibrio puede deberse también a la aceptación de cambios permanentes, que deberán ser de una magnitud limitada para que, en los hechos, resulten inoperantes para alterar al sistema en su conjunto.

Por lo tanto, es imaginable un sistema en el que las propuestas de cambios sean permanentes —porque esa es la forma de responder a los desequilibrios que pudiesen resultar de un sistema demasiado rígido, como la sustitución de un tipo de recolección por otro—, pero que, pasada la crisis, sea fácilmente restituible a estados similares a los anteriores. En este último caso —y es el que parece haberse dado en la mayor parte del territorio—, tendríamos desarrollos culturales abiertos, que seleccionan positivamente la capacidad de introducir variantes, pero que, al ser las estructuras globalmente equilibradas, son también capaces de absorber alteraciones temporarias o parciales. Resultan así, en el desarrollo histórico, socialmente conservadores.

En otras palabras, como la introducción de variantes no afecta al sistema en su conjunto (o *mientras* la introducción de variantes no afecte al sistema en su conjunto), este no reacciona frente a ellas. Se genera así un sistema idiosincrático innovadoramente conservador. Sobre las características idiosincráticas de estas sociedades que poblaban el área atlántica, remito a mi propio trabajo *La historia que nos parió. Ensayo sobre el origen de la idiosincrasia rioplatense*, Montevideo, Linardi y Risso, 2008, y a sus exhaustivas referencias bibliográficas.

Sin embargo, en aquellas regiones en donde se pusieron en marcha mecanismos de acumulación económica permanente, se constituye un tipo de respuesta a las crisis que, necesariamente, por retroalimentarse en forma progresiva (la acumulación permite el sostenimiento de una mayor población que, a su vez, requiere de más acumulación, y así sucesivamente), no admite retrotraerse a equilibrios anteriores, so pena de una reducción de la población.

El sistema de acumulación también se construye, entonces, como respuesta a un desequilibrio permanente que resulta de su propio éxito en asegurar el crecimiento sostenido de la especie. Es también sobre esa base que se retroalimenta y se mantiene: hay que acumular porque es necesario superar el desequilibrio, pero no se puede acumular si no hay un desequilibrio que fuerce la necesidad de hacerlo.

De allí el necesario desarrollo, dentro del propio sistema, de sofisticadas opciones ideológicas que expliquen la situación de desequilibrio permanente. Esas ideologías se caracterizarán por la omnipresencia de los factores desequilibrantes y por la perentoria necesidad de una permanente intervención de la élite para controlar la situación. Naturalmente, el mantenimiento de una élite y las intervenciones inherentes a su rol generan más desequilibrios, y así sucesivamente.

Paradójicamente, en oposición al sistema anterior en el que primaba el equilibrio, tendremos acá un sistema conservadoramente innovador. El desequilibrio permanente del sistema obliga al respeto estricto de las reglas que se van creando —seleccionando positivamente las opciones que refuerzan el conservadurismo ideológico—, al tiempo que, como respuesta forzosa a esos desequilibrios, se debe continuar perfeccionando las técnicas de acumulación y, por lo tanto, haciendo también más complejo el conjunto del funcionamiento social.

[7]   Hasta entonces, los instrumentos de piedra se fabricaban por lascado. Dicha técnica era muy dispendiosa en cuanto a la materia prima, pues las formas se lograban desprendiendo proporcionalmente grandes fragmentos de roca. Producía filos muy cortantes, pero muy frágiles y de limitadas posibilidades de afilado, ya que este provocaba la reducción del tamaño de la pieza. El hacha de piedra pulida, más lenta en su fabricación pero mucho más durable en su uso, ya que el afilado era por abrasión, permitió atacar los grandes árboles, tanto para hacer canoas como para derribarlos a los efectos de despejar tierra para el cultivo.

[8]   Esta última técnica consiste en cortar y quemar un espacio de selva para luego, aprovechando la fertilidad residual y el suelo despejado, plantar durante un par de años. Pasado este período, la competencia vegetal y la pérdida de fertilidad obligan a despejar otra área. La zona abandonada es nuevamente colonizada por las especies silvestres y, al cabo de unos 20 años, vuelve a estar disponible para un nuevo proceso de corte, quema y cultivo.

[9]   Un fundamento más detallado del uso del término *panguaraní* puede encontrarse en A. Lezama, *La historia que nos parió. Ensayo sobre el origen de la idiosincrasia rioplatense*, Montevideo, Linardi y Risso, 2008.

[10]   *Caníbal* resulta de una mala comprensión, en el primer contacto con los europeos durante el viaje de Colón, de la voz *caribe*.

[11]   No se conoce la fecha exacta del desembarco de Francisco Pizarro en la localidad de Tumbes, en el norte del Perú. Es seguro que allí se encontraba en los primeros días de abril de 1532.

[12]   Utilizo *Inca*, con mayúscula, refiere al gobernante o al gobierno; *Incario* o *Imperio inca*, al área dominada por este, e *inca*, con minúscula, a los integrantes de los ayllus —comunidades familiares— cuzqueños, principal base demográfica del funcionariado imperial.

[13]   Algunos se refieren a aspectos claves en relación con la nueva situación, como, por ejemplo, si se tributaba o no en especies. Otros hacen a aspectos fundamentales de la realidad preeuropea, como la existencia o no de mercados. De hecho, existe una palabra quechua que los designa, *gato*, de la que sospecho que viene la expresión *regatear* que se usa en América del Sur.

[14]   Véase K. Nowack, «Measuring the Passage of Time in Inca and Early Spanish Peru», *Indiana* (30), 2013.

[15]   Todas las reconstrucciones del pasado inca presentan las dificultades propias del uso de fuentes tan extraordinariamente comprometidas con el contenido de la información brindada, al punto de que hay autores que rechazan o aceptan únicamente alguna de esas fuentes.

El tema de fondo es que la reconstrucción del pasado solo puede hacerse desde el presente. Por lo tanto, al interpretar la documentación que hace referencia al pasado incaico, es fundamental tener en cuenta que ella fue escrita a partir de determinadas posiciones ocupadas dentro del mundo colonial, ya fuese la de funcionario real, encomendero, noble indígena, escribiente ocasional, etcétera. A su vez, dicho mundo estaba en pleno proceso de conformación como resultado de la transformación del propio Incario al que se pretendía describir. En todos los casos, lo que claramente se estaba buscando en dichos textos, sobre bases reales o solamente probables, era construir una tradición histórica que sirviese de fundamento a la realidad en que vivía su redactor.

Véase J. Villarias, «El fetichismo de la fuente etnohistórica fiable: teorías y textos del debate sobre el Estado incaico y la comunidad andina», *Revista de Indias*, LV (204), 1995.

16 Deberán pasar más de 30 años después de su derrota militar para que se reconozca —solo en el marco de justificar la sustitución de la figura del Inca por la corona española, como veremos más adelante— que los incas habían sido unos déspotas que impusieron su dominación por la fuerza. Incluso, ya en pleno siglo XX, todavía será calificado como imperio socialista.

17 *Curaca* es la voz quechua para *jefe*; al igual que este último vocablo, no hace referencia a una jerarquía particular —se puede ser jefe de una oficina o ser jefe de Estado—, y, en el contexto de la reconstrucción del Incario, genera reiteradas confusiones. Los incas, que idealmente organizaban a sus súbditos basándose en el sistema decimal, indicaban el rango de cada jefe con las unidades correspondientes: *jefe de 100, jefe de 500*, etcétera. Aunque las situaciones son diversas, parecería que, a partir del *jefe de 1.000* o *huaranga curaca*, los jefes forman parte de la élite y solo actúan como dirigentes. De allí para abajo es más dudoso, y en las categorías inferiores el curaca agrega a sus responsabilidades de hombre común la de ser jefe de sus pares. El panorama fue en realidad más complicado porque los incas, en su afán de integración, conservaron, siempre que pudieron, a los antiguos jefes regionales, y estos, surgidos de diversas trayectorias, no siempre encajaban en el esquema incaico. A ello debemos sumarle, también en el plano del gobierno, la vigencia de la dualidad andina y la existencia, junto a los curacas propiamente dichos, de una segunda persona encargada de dirigir a la mitad faltante.

18 Símil de la expresión latina *pax romana* ('paz romana' en español), que sintetiza los beneficios que trajo la paz resultante de la imposición del Imperio romano.

19 Llama la atención la similitud del recurso con el utilizado en la Antigua Roma, otro imperio exitoso si los hubo. Allí también se supo combinar los mecanismos de integración paulatina con la romanización directa de territorios lejanos, colonias mediante. Es posible que, en esas circunstancias, los recursos disponibles para asegurar el control político fueran limitados —y por eso se repiten históricamente—, pero tampoco debemos excluir la utilización del modelo romano, que los cronistas conocían, para describir una realidad que los sobrepasaba.

20 Vuelvo así al planteo de la construcción de sociedades ideológicamente ultraconservadoras, en las que si no se hace lo debido el mundo se detiene o el equilibrio se rompe, pero que, a su vez, se ven constantemente exigidas de nuevos esfuerzos que, muchas veces, también necesitan de la adopción de nuevas técnicas —como es, a mi juicio, el caso del espectacular desarrollo de la metalurgia—, que, a su vez, requieren de nuevos esfuerzos, y así sucesivamente.

El peso de la ritualidad parece haber estado —y seguir estando— directamente relacionado con el sostenimiento de esa condición conservadora/innovadora, sirviendo, por un lado, de punto de referencia fijo, pero alentando —generalmente con el agregado de nuevos ritos o modificaciones de los anteriores— la incorporación al ritual —y al inmovilismo— de aspectos netamente innovadores.

Es también mediante el rito —por definición, una serie de gestos que cobran valor en la medida en que se respeta su autenticidad— que el individuo cobra su identidad y se inscribe en un orden social que, a su vez, es un reflejo del orden cósmico.

Para entender el mecanismo propuesto de lo que, en un aparente contrasentido, podría llamarse el *rito innovador*, no hay que perder de vista que la ritualidad es una construcción cultural —un invento— para cuya existencia alguien, en algún momento, debió proponer algo, a lo que luego otro le hizo agregados o quitas, que en algún momento varió, etcétera.

Se establece así una relación dialéctica entre el rito como sostén práctico de los mecanismos identitarios y la ideología que da sentido a los propios ritos. En otras palabras, es en la existencia real del rito que se expresa la veracidad de los principios ideológicos e identitarios. Esto parece ser así a todos los niveles, desde los rituales e ideología imperiales hasta los rituales e ideología de pertenencia a la mínima unidad social e incluso a los propios mecanismos de autoidentificación personal.

[21] Sobre este aspecto en particular y sobre la ritualidad andina contemporánea en general, véase esta interesante tesis de doctorado: F. Ferreira, *Back to the Village? An Ethnographic Study of an Andean Community in the Early Twenty-first Century*, University of London, 2012.

[22] Es difícil interpretar el rol de esa dualidad, que es claramente anterior al Incario. Ella establece solidaridades verticales en un mundo netamente estamentario. Pero es mucho más difícil entender qué funciones cumplen dichas solidaridades en el proceso cultural de las sociedades andinas. Probablemente, como en otros casos similares, al inhibir de alguna manera las oposiciones estamentarias, brindan estabilidad a todo el sistema.

[23] Término quechua para designar a los individuos que se encontraban por fuera de la estructura comunitaria y que, en términos castellanos, eran interpretados como servidores perpetuos o esclavos, aunque no están claros la naturaleza ni el grado de su sujeción.

Capítulo II. El mundo andino y la invasión europea

Prólogo: La guerra de los mundos

A más de 100 años de publicada (1898), la novela *La guerra de los mundos*, de H. G. Wells, nos sigue cautivando por la vivencia que genera una situación tan dramática como improbable en que, por causa de la brusca aparición de seres todopoderosos nunca imaginados, nuestra cotidianidad se ve alterada para siempre. Finalmente sucede —y pido disculpas a aquellos que no la hayan leído— que dentro de sus poderosas armaduras aquellos aparatos contenían seres vivos, de alguna manera comparables a sus víctimas y, al igual que ellas, susceptibles de ser atacados por las mismas miserias que afectan al ser humano.

Distinto habría sido el éxito literario de la novela si Wells, en lugar de situarse del lado de las víctimas y de transmitirnos su desesperante angustia por no comprender lo que les estaba sucediendo, se hubiese situado del lado del invasor, describiendo con curiosidad —no siempre falta de simpatía— a aquellos seres despavoridos que, ocasionalmente, exhibían comportamientos de extrema valentía.

Es que Wells, sin saberlo, reproducía un hecho histórico de características similares. La llegada al continente americano de los europeos —fuerzas superiores, acorazadas y arbitrarias que trastocaban todo a su paso— resultó un hecho inexplicable para los entonces americanos. Lamentablemente, la historia de América no recogió la inspiración del británico, ya que no se situó entre las víctimas. Fue escrita primero por los que estaban dentro de las corazas y luego, curiosamente, como si alguien les hubiese hecho lugar dentro de la armadura, también por los descendientes de los primitivos apavorados. No es de extrañar entonces que, en términos literarios, las historias de América sean un fracaso y nos dejen siempre con una sensación de vacío, de que algo no está claro o no está dicho.

Nuestra intención es transmitir que, en América, una fuerza invasora como los marcianos de Wells trastocó, alteró y destruyó un escenario, pero no lo suplantó. Del mismo modo que en *La guerra de los mundos*, la historia de América, para cobrar valor literario, no puede ser una historia de los marcianos en la Tierra (la historia de Europa en América) que se limite a la casuística de los pocos personajes extraplanetarios aquí arribados, sino que tiene que ser necesariamente —para así recoger la potencialidad de todos los componentes del escenario— la historia de la Tierra con marcianos (la historia de América con Europa).

Finalmente, abusando de la comparación, pero para terminar de contextualizar nuestro relato, digamos que, al igual que los europeos en América, los marcianos, una vez en la Tierra, ya no podían seguir siendo marcianos, pues sus conductas, nacidas Marte y adaptadas a él, solo podían funcionar en ese planeta y no en este.

Introducción

El 12 de octubre de 1492 fue un día trágico para las poblaciones amerindias. A partir de esa fecha y durante los siguientes 50 años, la mayor parte de ellas chocarán contra la invasión europea y tendrán que aprender las duras consecuencias de haber sido derrotadas militarmente.

Muchos indígenas morirán en el choque; otros, por las privaciones inherentes al caos creado por la guerra y por el contagio de nuevas enfermedades. Sin embargo —y este es un elemento principalísimo para entender el desarrollo histórico posterior—, a diferencia de lo que habrá de suceder en algunas áreas de invasión anglosajona, las poblaciones indoamericanas sobrevivirán, en su gran mayoría, a la invasión ibérica.

Polémicas, extraordinariamente divergentes y, en esencia, inverificables son las cifras que se dan sobre la demografía indoamericana y sobre la merma que en ella se produjo como consecuencia de la mortandad provocada por la Conquista. Baste decir que las cifras sobre la población americana anterior a la Conquista varían entre 8 y 80 millones de habitantes y que las estimaciones sobre la mortalidad causada por esta fluctúan entre el 25 y el 90 por ciento. De lo que no hay duda es de que hubo un número sustantivo de víctimas.

Pero tampoco hay duda, pues no lo cuestiona ninguna de las interpretaciones históricas que hasta ahora se han formulado, de que, pasado el choque, sin perjuicio de los dramas humanos que esa situación supuso, la sociedad que resurge inmediatamente después del impacto está constituida, en términos demográficos, por una aplastante masa de indígenas y un ínfimo número de europeos.

Ese es, a mi juicio, el aspecto de trascendencia insoslayable que, hasta ahora, no ha sido debidamente considerado en sus consecuencias históricas. La historiografía tradicional confunde, obnubilada por el propio discurso de los triunfadores, la derrota militar de las poblaciones autóctonas con su sustitución por otras de origen europeo. Confunde conquista militar con colonización, sin considerar que, más allá del nivel de destrucción que entendamos que hubo y de las conclusiones que saquemos sobre la capacidad de gestión de los triunfadores, los conquistadores fueron solo unos pocos cientos, que actuaron entre millones de indios.

A partir de esa confusión se establece que, terminada la Conquista, empieza inmediatamente, como consecuencia del duro golpe recibido por las culturas indígenas, el mundo colonial, en el que imperan la ideología, las prácticas políticas y la economía ibéricas. Me pregunto cómo se pudo siquiera imaginar esa situación. ¿Por arte de qué magia poblaciones indígenas con 12.000 años de historia propia podían transformarse de la noche a la mañana en españolas o portuguesas?

Lo que en realidad sucedió fue solamente —aunque ese *solamente* haya sido catastrófico en su desarrollo— la derrota militar, no política, de la cúpula que dominaba el escenario indoamericano. Pasada esa catástrofe e independientemente del número de víctimas, les tocó reconstruir el escenario a los supervivientes indígenas, quienes necesariamente respondieron de una manera india a las demandas de los vencedores.

La historiografía tradicional no vio, cegada por la idea de una inmediata sustitución cultural como consecuencia de la victoria, que la circunstancia de un invasor triunfante no era una situación nueva en la historia indoandina, ya que, durante siglos, élites invasoras fueron sustituyendo a élites locales. En ese choque, que siempre fue trágico, los invasores sustituyeron o intentaron sustituir unos aspectos superestructurales por otros, pero, pese a la catástrofe, las poblaciones vencidas siempre supieron restablecer su cotidianidad.

Las poblaciones indoamericanas ciertamente se inclinarán ante la espada, la cruz y los idiomas romances. Sin embargo, a la hora de reproducirse socialmente continuarán haciendo, porque no saben hacer otra cosa, lo que su desarrollo histórico les ha enseñado, incluso para incorporar las nuevas prácticas exigidas por los últimos vencedores, como la tributación en plata que veremos más adelante.

Pero, además, las cosas mal podían haber sido de otro modo porque el conquistador español era simplemente eso, un conquistador y no un colono. Se trataba de personas que, en función de su propia historia, venían a saquear primero y luego pretendían (aunque algunos simplemente se retiraban con su botín), como una necesaria prolongación del saqueo, obtener tributos de sus nuevos súbditos, para lo cual precisaban que estos siguieran produciendo.

Como consecuencia de este último factor, el único mecanismo idóneo que los europeos tenían para asegurarse el tributo era adaptarse a la realidad existente. Además, para ello bastaba —y es algo que habían aprendido en su experiencia conquistadora anterior— con sustituir como máxima autoridad a la cúpula de la élite indígena dominante y asociar al resto de sus integrantes, que eran los que controlaban los mecanismos de dominación, y a los nuevos aspirantes a ocupar los cargos vacantes a las ventajas inherentes a la nueva situación. En lenguaje llano: «Estimadas élites indígenas, hagan como les parezca, pero asegúrense de que los indios sigan tributando como lo hacían para el Inca».

Cualquier otra opción, como enseñar nuevas prácticas económicas a los iberoamericanos y forzarlos a adoptarlas, suponía una capacidad de organización y de trabajo de los conquistadores españoles superior a la que tenían —y a la que idiosincráticamente estaban dispuestos a usar—. Piénsese además que, con la tecnología de la época, no existía ninguna forma práctica que les hubiese permitido vigilar la totalidad de las poblaciones indígenas para asegurarse de que estas hicieran lo que se les ordenaba.

El hecho sustantivo, que no fue reconocido por la historiografía tradicional, es que tanto la Conquista como la capacidad de recuperación tras la derrota se inscriben en la larga duración sudamericana. Para las poblaciones indígenas la historia volvía a repetirse: derrota militar, sustitución de la élite, promoción de nuevos privilegiados, adaptación (en la medida de lo posible) de la estructura de producción existente a las nuevas exigencias, sustitución de elementos ideológicos tradicionales por los nuevos blasones de los vencedores, imposición de nuevas lenguas, etcétera.

Pero también, y es otro elemento sustantivo para entender la perpetuación de las formas indígenas de hacer, la Conquista se inscribe en la larga duración ibérica y castellana en particular. Los castellanos —y he ahí una de las explicaciones de su éxito militar en una empresa descomedida como la del asalto al Incario— eran profesionales de las conquistas. Cuando llegaron a América, conquista musulmana de la península ibérica mediante, hacía 700 años que practicaban el saqueo y la tributación forzada (y que habían sido víctimas de ello) y que ejercían el arte de entender actitudes culturales diferentes —de «entender al otro», diríamos ahora—, porque en esa comprensión les iba la posibilidad de la victoria militar (y del saqueo) y la sustentabilidad de los tributos.

Sin embargo, ha sido una gran moda de los últimos 30 años sostener la incapacidad del conquistador europeo para comprender al otro, al poblador indoamericano. La idea del choque de culturas, real en muchos aspectos, no implica necesariamente que la resultante fuese la sustitución de una cultura por otra, mucho menos cuando los abanderados de una de ellas sabían, por experiencia histórica, que la única garantía de estabilidad para su situación de privilegio era permitir que la cultura local siguiera funcionando. La consecuencia fue que, contrariamente a la versión tradicional, la conquista ibérica aportó profundos cambios en los aspectos superficiales de la cultura indígena y solo cambios superficiales en sus elementos estructurales.

Repasemos los aspectos sustanciales.

La «destrucción de las Indias»

La clave de la tesis que aquí se plantea reside en establecer el grado de destrucción de las culturas americanas resultante de la invasión europea. Si esa destrucción fue total, inevitablemente la América pos-Conquista deberá ser, literalmente, un Nuevo Mundo. Pero si el choque solo tuvo efectos circunstanciales en relación con la estructura reproductiva de las poblaciones americanas, la América pos-Conquista se seguirá inscribiendo, en lo esencial, en la larga duración preeuropea.

La visión tradicional, sobre la cual se ha construido prácticamente toda la historiografía americana, es que la Conquista —término que en sí ya implica la existencia de un triunfador y un derrotado— supuso, en América del Sur, la sustitución —en el sentido de pasar a determinar las prácticas culturales dominantes— de las culturas indígenas por la cultura ibérica. Y aunque evidentemente el indio no desapareció —mal podía disimularse esa realidad demográficamente aplastante—, pasó a ser, en esa concepción, un elemento marginal sometido a los dictámenes de la nueva sociedad ibérica que allí se desarrollaba hegemónicamente.

Esta construcción historiográfica se sustenta en diversos pilares, muchas veces contradictorios entre sí. Aquí discuto cuatro de esos pilares: 1) la exageración de los conquistadores de sus propias hazañas; 2) el discurso eclesiástico según el cual, como consecuencia de la brutalidad del conquistador y de que la Conquista no haya sido dirigida por la Iglesia, se produjo un aniquilamiento de los indios. A partir de esto, historiadores anglosajones construyeron una «leyenda negra» sobre los españoles, que termina quitándoles todo protagonismo cultural a los indígenas; 3) habrían sido las epidemias de viruela, y no las hazañas militares de los conquistadores, las que diezmaron a la población local, y 4) además de sus consecuencias demográficas, la Conquista supuso un choque de culturas en el que las culturas amerindias debieron forzosamente sucumbir ante las mayores capacidades de la cultura europea.

1) El primer basamento sobre el que se construyó la versión dominante de la historiografía americana reside en la exageración de las propias hazañas que los conquistadores, naturalmente centrados en la justificación de su carácter de tales, formulaban en las noticias que enviaban a Europa. Estas contenían un discurso político-militar cuya esencia consistía en destacar —y aquí se presenta una primera contradicción— cómo un puñado de heroicos guerreros habían sometido inmensas comarcas en beneficio del rey de España, y, principalmente, habían proporcionado innúmeros nuevos vasallos al Rey Católico (recordemos que esta denominación implica la responsabilidad del monarca en el sustento universal de la fe cristiana).

En dicho discurso, cuya principal pieza justificativa eran las toneladas de metales preciosos obtenidos como botín de guerra, era fundamental que los méritos —y consecuentemente los premios— fueran el resultado exclusivo del conquistador y de su hueste y, consiguientemente, que el escamoteo del indio, aunque ocasionalmente se mencionara la existencia de aliados, fuera lo más completo posible. Implícito en ese discurso estaba el hecho de que, para imponerse sobre tales masas de enemigos y sobre extensiones geográficas tan colosales, era imperativo que hubiesen logrado aniquilar la estructura política y el orden social en que esta se sustentaba. Naturalmente, la llegada de los tesoros a la corte reprimirá las dudas que pudieran existir sobre cuál era la verdadera realidad de la situación.

2) El segundo pilar de la idea de la sustitución de la cultura indígena por la española —según la historiografía dominante—, que es en buena medida el sustento de todos los posteriores hasta la actualidad, resulta del conflicto planteado por la contradicción existente entre el carácter individual de la empresa conquistadora —es el conquistador quien arriesga su fortuna y su pellejo— y su justificación estatal, ya que el conquistador actúa como brazo armado del Rey Católico con el fin de someter nuevos fieles al cristianismo. Recordemos que el propósito de imponer una creencia —que hoy en día debería parecernos descabellado— era, en el contexto de la época —y sin ignorar la hipocresía de los propósitos que normalmente se escudaban tras supuestos actos de fe—, el único camino —aunque la conversión, forzada o no, fuese lograda, bautizo mediante, momentos antes de la muerte— por el cual se podía acceder al perdón divino, ya que este, para la Iglesia católica, solo estaba reservado a los creyentes.

Pero si el propósito del conquistador es ganar vasallos para Su Majestad, estos y, fundamentalmente, los tributos producto de esa condición serán responsabilidad del rey. Surge así una pulseada entre el control efectivo de la situación, que le permite al conquistador (y a sus descendientes) la generación de un trofeo primero y de un tributo después, y el derecho del monarca —que en la práctica es teórico— a posesionarse de sus bienes.

Se plantea así un delicado juego de equilibrios políticos: la monarquía —y su aparato burocrático, del que se alimenta buena parte de la nobleza peninsular— tiene la necesidad de desprestigiar o desplazar a los conquistadores para sustituirlos por oficiales reales, pero, al mismo tiempo, sabe que no puede —a riesgo de quedarse sin nada— desmontar la estructura de poder montada por aquellos. En términos actuales: no resultaba políticamente correcto desprestigiar totalmente una empresa que se había hecho en nombre del rey y de cuyos resultados este pretendía aprovecharse.

En esas circunstancias —en las que, por un lado, se sostiene una empresa loable en sí misma (en términos de la época), como la de posibilitar la salvación de centenares de miles de almas que, de otro modo, estaban inexorablemente condenadas al infierno y, por el otro, se debe desplazar a sus ejecutores originales— se recurrirá, como tantas veces a lo largo de la historia de las monarquías medievales, a la Iglesia como organismo responsable de juzgar los desvíos morales de la cristiandad y como sostenedora del derecho del monarca a ejercer la justicia terrenal necesaria para combatir dichos desvíos.

Las iglesias ibéricas, y la española en particular, bajo patronato real[1] desde la primera década del siglo XVI, no tendrán ninguna dificultad para cumplir esa función. Desde su punto de vista, los conquistadores, pudiendo hacer el bien, fueron tentados por su codicia personal, se desviaron de sus cristianos objetivos y, en consecuencia, cayeron en el pecado. El corolario de esa situación es evidente: siendo malos cristianos no pueden ser responsables de la evangelización de los naturales (una de las denominaciones más comunes con la que se designaba a los indios en la documentación de la época), función que debe ser devuelta a su titular natural: el clero.

Por su parte, el clero sabe que no puede ejercer el poder temporal (político), ya que este debe ser asumido por los representantes de la monarquía. Finalmente, la monarquía, el clero y los conquistadores saben que hay un abismo entre el discurso y la realidad y que, si se quieren obtener los tributos de los que los tres dependen en las difíciles condiciones de los dominios americanos, es imperioso mantener un precario equilibrio entre todos los actores. No hay tributos sin el dominio político de los indios por los conquistadores; no hay dominio político sin el soporte de la corona; no hay soporte de la corona sin el control eclesiástico de los conquistadores, y no hay control eclesiástico sin la participación del clero en el tributo.

En ese contexto, las estructuras de la Iglesia que acompañan el proceso de invasión, representadas fundamentalmente por las órdenes franciscana y dominica, salen al cruce de los acontecimientos que se vienen desarrollando, denunciando, a veces hasta el escándalo, las barbaridades cometidas por los conquistadores al tratar de imponer su dominio político sobre los indios y tratando de establecer la evangelización como el único principio rector de todo el proceso.

En términos tan abstractos como utópicos, esta pretensión significaba dejar al clero, responsable de la conversión, como único protagonista del proceso de descubrimiento de nuevas poblaciones y de la conquista espiritual (de estas y de las ya dominadas). Naturalmente nadie lo pretendió realmente, ya que todos sabían que sin el poder temporal el cristianismo iba a ser rápidamente digerido, junto con sus tonsurados propaladores, dada la difusión de la antropofagia, en el estómago de los caribes y demás naturales.

Pero las consecuencias historiográficas del discurso eclesiástico fueron mucho más allá de sus intenciones, porque es este el que sienta las bases de la idea de que, como consecuencia de la brutalidad de una conquista realizada sin la dirección de la Iglesia, el resultado fue, acorde con la expresión utilizada por Bartolomé de Las Casas, la «destrucción de las Indias», el aniquilamiento de sus poblaciones y, consecuentemente, el aniquilamiento, para aquellos que en los siglos posteriores aceptaron esa idea, de toda la dinámica cultural preeuropea.[2]

Aniquilamiento cultural que, además, se da por partida doble, primero por las masacres perpetradas, que de acuerdo con el testimonio de algunos curas lindaban con el exterminio, y segundo porque, una vez abierta la puerta de la intervención de la Iglesia —gracias al efecto político que estas denuncias tuvieron en las monarquías ibéricas—, esta solo podía resultar —en el discurso que la justificaba y perpetuaba—, ahora en manos de profesionales, en la efectiva cristianización de la población americana.

De ese modo, en el contradictorio discurso eclesiástico, los indios, que pese a haber sido exterminados son millones de almas (recordemos que los honorarios del clero están vinculados con la cantidad de personas que curan), ahora, bajo el amparo de la Iglesia que los defiende de los malos españoles y de los malos portugueses, se vuelven definitivamente cristianos y, gracias a esa nueva condición, pierden la facultad de perpetuar sus prácticas culturales. A partir de entonces, se debe entender al Reino de Indias como definitivamente occidental y cristiano.

Pero para entender realmente el peso histórico que ese discurso (a todas luces inexacto, ya que nadie discute hoy, en pleno siglo XXI, que la realidad latinoamericana está profundamente marcada por su componente indio) tuvo como concepción historiográfica, hay que relacionarlo con el uso que de él hicieron los múltiples enemigos de la corona española (recordemos que esta se encuentra en plena confrontación con la Reforma protestante y con sus rivales europeos, que temen el crecimiento que aquella ha tenido como potencia). De ese modo, un discurso que debe entenderse como de entrecasa, porque estaba destinado a la política española, será inmediatamente aprovechado, dada su contundencia, por estos enemigos.

En particular, fue determinante la traducción a la mayoría de las lenguas europeas y su reedición constante hasta la independencia de las colonias americanas del opúsculo de Bartolomé de Las Casas titulado *Brevísima relación de la destrucción de las Indias*, de 1542, en el que clama ante el rey, mediante la descripción de hechos cruelísimos protagonizados por los conquistadores —a quienes califica de «fieras inhumanas»—, que detenga el inexorable exterminio de las poblaciones nativas americanas. Para los enemigos de España no es necesario más: a confesión de parte, relevo de pruebas, ya que es el propio obispo de Chiapas el que expone la realidad.[3]

De ese modo, la *leyenda negra* —como se conoce a la propaganda antiespañola basada en la conquista de América— se transformará en un aporte decisivo para quitar todo protagonismo cultural a los indígenas y reducirlos al rol de meros sobrevivientes.

3) El tercer fundamento de la versión dominante de la historiografía americana —que, de alguna manera, se nutre de la leyenda negra y la refuerza— resulta del descubrimiento, por los primeros intelectuales del mundo anglosajón que a partir de la segunda mitad del siglo XIX intentan establecer una historia del territorio latinoamericano, de que en los textos que sobre la Conquista produjeron distintos sacerdotes décadas después de instalado el dominio político hispano y que se inscriben en el tira y afloje entre el poder temporal y el religioso que acabamos de mencionar se señala como causa principal de la derrota de los indios, para restar mérito a los conquistadores, no las hazañas militares de estos, sino la existencia de mortíferas epidemias de viruela que habrían diezmado —y consiguientemente debilitado— a la población local antes y durante el combate.[4]

Como paralelamente estos mismos investigadores, gracias a las descripciones existentes en la documentación y al creciente descubrimiento de restos arqueológicos, dieron un espacio cada vez más destacado a las grandes civilizaciones americanas de aztecas, mayas e incas, generaron y popularizaron la hipótesis de que la violencia militar no hubiese podido, por sí sola, llevar a cabo tanta destrucción como la que supone la desaparición (que no se cuestiona) de civilizaciones que habían alcanzado ese importante grado de desarrollo. De acuerdo con esta teoría —inmediatamente tomada como válida—, lo que verdaderamente sucedió fue la derrota biológica de las poblaciones nativas, diezmadas por las enfermedades importadas de Europa, para las que no tenían los anticuerpos adecuados.[5]

No habrían sido entonces las armas españolas y portuguesas las responsables directas de la —igualmente incuestionada— destrucción de las Indias (nunca está de más quitarles méritos a los enemigos), sino los ejércitos de bacterias que, adelantándose a los propios conquistadores, redujeron a los pueblos indígenas, al provocar una catástrofe demográfica, a la impotencia frente a la avanzada europea. Esto sin restarle nada a la vocación homicida de los conquistadores, que, al desbaratar con sus violencias el normal funcionamiento de esas sociedades, volvieron todavía más letales enfermedades que no lo habrían sido si se hubieran podido aplicar los cuidados correspondientes. Es importante señalar el inadecuado uso de los aspectos biológicos en el que reiteradamente caen los historiadores, en particular la no comprensión del hecho de que la inmunidad no es hereditaria sino adquirida.

Esa composición de los hechos tuvo como consecuencia que aún a fines del siglo XX siguiera imponiéndose, sin mayores cuestionamientos, la idea del exterminio de las poblaciones indígenas (habrían muerto nueve de cada diez indios) y, consecuentemente, la de la reducción de las culturas americanas a un puñado de sobrevivientes a merced de la prepotencia europea, con lo cual la visión del aniquilamiento cultural se instala con total naturalidad.[6]

Sin embargo, por poco que uno se adentre en el tema, resulta muy difícil y aproximativo establecer cuál era la población de América al momento de la llegada de los primeros europeos, y, al ignorarse ese punto de partida, determinar en qué porcentaje disminuyó.

Pero lo trascendente para esta tesis no es la magnitud de esa disminución —que seguramente sucedió como resultado de la instalación, durante décadas, de una situación de guerra—, sino que ella no alteró sustancialmente los patrones culturales de la población sobreviviente. Muchos o pocos, los indios siguieron siendo indios, y en su condición de tales, como lo prueban las propias listas de tributarios en las que se basan los cálculos de población más catastróficos, generaron el tributo del que se apropiarían los españoles.

Muchos documentos hablan de la disminución de los indios tributarios (aunque señalando como causa principal su fuga y no su muerte), pero ninguno habla de que los españoles hayan tenido que ponerse a trabajar en su lugar. Algunos mencionan la existencia de epidemias, pero en aquellos casos en que puede seguirse la historia de grupos familiares indígenas particulares, rara vez se menciona el fallecimiento por esta causa. En otras palabras, pese a la catástrofe demográfica, la realidad americana subsistió, y, como en los plazos y términos de los que estamos hablando no es siquiera pensable la sustitución de una modalidad cultural por otra, también subsistió la cultura que la sustentaba.[7]

4) El cuarto basamento sobre el que se ha construido una historiografía de América Latina que considera a la cultura europea como el punto de partida de la realidad americana es que, además de sus consecuencias demográficas, la Conquista supuso un choque de culturas en el que las culturas amerindias debieron forzosamente sucumbir ante las mayores capacidades (cuando no cualidades) de la cultura europea.

El choque de culturas

Como en toda situación en que se encuentran fuerzas opuestas, la resultante de las dos fuerzas originales estará determinada por aquella más importante. En esa línea de pensamiento siempre se ha considerado que la cultura europea —como expresión del Renacimiento y del capitalismo, con todas las dinámicas económicas, tecnológicas y políticas que ello implica— entra en escena con una fuerza avasalladora que arrasa, inevitablemente, con el primitivo mundo indio.[8]

Pero además, en ese tipo de visión, los diferentes planos culturales enfrentados se sitúan en niveles tan separados que, en los hechos, es imposible la comprensión entre uno y otro. Sin siquiera posibilidades de contacto, obligatoriamente el mundo indígena se ve sometido por la fuerza a la nueva cultura europea.

De acuerdo con esa tesis, lo que de verdaderamente indígena queda en la realidad latinoamericana son solo bolsones de resistencia, es decir, unos pocos lugares privilegiados que, por su capacidad para sostener una guerra de guerrillas o por su aislamiento en medio de páramos o selvas impenetrables (o por la combinación de ambas situaciones), no son sometidos a la cultura europea. El resto —aunque notoriamente indígena en sus genes— está compuesto, por un lado, por el indio sometido, aculturado, integrado por fuerza al sistema occidental, pero que se aferra a sus prácticas rituales (folclore) como última forma de resistencia y, por otro, por el acomplejado mestizo, que quiere ser blanco pero no lo dejan.[9]

El tema central que planteamos aquí es que la valoración de esas fuerzas es antojadizamente eurocéntrica, se sitúa en la continuación de los planos discursivos que veníamos exponiendo y no desarrolla una teoría que explique, en relación con la dinámica cultural, por qué unos elementos son más trascendentes que otros.[10]

Por el contrario, la propuesta que formulo en este trabajo es que existe un núcleo duro de la cultura, un ADN cultural que se expresa en los comportamientos idiosincráticos, los que difícilmente son modificados —como veremos en el capítulo IV— como consecuencia de disposiciones políticas. Pero, sin entrar todavía en la discusión teórica, situándonos en un plano mucho más fáctico, de simple sentido común, que considera que para sobrevivir los hombres deben entenderse —y en el caso sudamericano ambos grupos sobrevivieron—, es claro que esas interpretaciones sobre el choque de culturas parecen haber olvidado el precepto latino de «hombre soy y nada de lo que es humano me es extraño».[11] Veamos entonces algunas de las modalidades de ese encuentro.

Mucho se ha hablado de la colaboración de los enemigos indígenas de aztecas e incas con las huestes castellanas, así como de los casamientos —consagrados o no— de los españoles con las hijas de las élites locales. Y mucho se ha hablado también de que ese fue el origen de los mestizos, a los que se interpreta como repartidos entre la cultura del padre y la cultura de la madre (en esencia una curiosa combinación genética de culturas que, en ese discurso, se autoexcluirían como el agua y el aceite). No obstante, poco se ha entendido que la supervivencia de los castellanos dependió de esa sutil trama tejida entre ellos y la población autóctona.

Tampoco se ha entendido que, aun con sus excepcionales dotes militares, los europeos sabían que no eran más que un puñado de atacantes rodeados por un océano de enemigos. Como también sabían que estaban a cientos o miles de kilómetros de sus bases de aprovisionamiento, que no tenían posibilidades de recibir refuerzos inmediatos y, finalmente, que en todas las ocasiones en que no pudieron establecer esa connivencia con las poblaciones indígenas, pese a las invocaciones al apóstol Santiago, fueron sistemáticamente derrotados.

Aunque la prepotencia fue siempre el gran argumento castellano, no era posible fiarse únicamente de ella para establecer, con un mínimo de sustentabilidad, las alianzas y los lazos de solidaridad indispensables para sobrevivir en condiciones tan precarias. La comunicación con la población nativa fue siempre imprescindible, y esta implicó, necesariamente, un esfuerzo de comprensión de lo que las cosas significaban para el otro y el establecimiento de un mínimo lenguaje común.

Para entender cómo eso fue posible, hay que situar los acontecimientos de la conquista andina en el proceso histórico, que abarca no solo la fundamental experiencia de la reconquista contra los árabes que ya mencioné, sino la propia experiencia americana. Es ilustrativo el contraste entre el lento, difícil y desastroso proceso de derrota militar de la población indígena de las Antillas, que se extiende durante casi 30 años,[12] y las rapidísimas derrotas de los mexica en cuatro años y de los incas en tan solo uno. Lo trascendente es que entre la llegada de Colón y la conquista de México Tenochtitlán transcurrieron 29 años, y entre esta y la caída de Cuzco, 12 años más.

Son los veteranos de la conquista de las Antillas los que conquistan Cuba, los veteranos de Cuba los que conquistan México y los veteranos de México los que conquistan el Perú. Esa continua sumatoria de experiencias acerca de la forma en que hay que entender al indígena, ese proceso de aprendizaje sobre la realidad americana y las claves para comunicarse con ella explican la aceleración del proceso y el de otro modo asombroso triunfo de Pizarro ante la eficientísima maquinaria del Estado inca.

El contingente español que en 1525 invade el mundo andino se sabe capaz, en función de la experiencia americana iniciada 33 años antes, de derrotar militarmente al contingente indio. Pero también sabe, en función de esa misma experiencia, que será totalmente dependiente de la estructura indígena para sostener el triunfo. Por lo tanto —contrariamente a lo que tanto se ha repetido—, no va a limitarse a conceptualizar y categorizar el mundo indígena en función de esquemas europeos, sino que, muy por el contrario, va a tratar de entender y reproducir las propias categorías indígenas, que son las únicas que, en ese contexto, tienen valor explicativo en el sentido de poder perpetuarse en esa realidad.

En el caso concreto de los Andes centrales (el Perú en su acepción colonial), eso significaba entender cómo funcionaban las cosas en tiempos del Inca, en la medida en que la victoria militar suponía la sustitución de la antigua élite incaica por una nueva, compuesta especialmente por los triunfantes conquistadores, pero también por sus nuevos aliados, las élites indígenas enemigas del Incario. Y por más que naturalmente los invasores trataban de que esas cosas les sirvieran en provecho propio, ellas debían ser aceptadas por la masa indígena y, para ello, era preciso reproducir las circunstancias tradicionales de esa sociedad. Debe entenderse entonces que el rasgo determinante de la Conquista fue la transformación de las huestes españolas en los nuevos jefes de la estructura inca. A partir de allí, por lo tanto, serán ellos los principales interesados en que esta no cambie.

Intentemos entonces el ejercicio de reproducir el pensamiento del conquistador, el proceso individual de su toma de decisión para entender mejor cómo la actitud colectivamente conservadora que en relación con el Incario acabamos de exponer fue, en cada caso, una necesaria opción personal.[13] Para eso partimos de la premisa de que, en cualquier época y en cualquier lugar, la toma de decisiones prácticas se basa en la inteligencia de la situación. Por esta entendemos la continua percepción de las variables en juego y la interpretación, razonada o refleja, de la forma en que actúan. Del ritmo con que se produzcan, del tiempo de que dispongamos para procesarlas, de nuestra experiencia, dependerá el resultado y, de este, la retroalimentación del sistema: vemos, oímos, sentimos, procesamos y actuamos; luego volvemos a ver, a oír, a sentir, a procesar...

En el caso planteado, el español, portaestandarte del catolicismo, podía tener mucha fe en la ayuda del Altísimo —y sin duda esa fe será un componente importante en su determinación—, pero antes de actuar siempre va a evaluar su situación y, en función de esta, va a determinar el próximo paso («estoy al borde del precipicio, doy un paso al costado y no al frente»). Para él, fundamentalmente, se trataba de un juego de relaciones humanas. La evaluación de la fortaleza o debilidad de la situación pasa por el procesamiento, en cada situación concreta —momento y ubicación geográfica—, de diversos factores, y esto en relación con todas y cada una de las personas involucradas.

El conquistador debe evaluar el poderío militar, es decir, la capacidad de ofender. Esta puede ser nula en un niño de pecho, pero no totalmente despreciable en el niño que puede escurrirse por las montañas y llevar un mensaje, y puede ser determinante en el caso de un experimentado y respetado general del ejército inca. Son segundos para decidir: «¿Elimino al general y al niño atropellándolos a ambos con mi caballo o me juego la parada de intentar capturar vivo al general y dejar ir al niño con una noticia que sea desmoralizante para el enemigo?».

Debe evaluar el tipo de relacionamiento existente entre los individuos actuantes, esto es, la capacidad de solidarizarse y de comunicarse. Estimará, con alta probabilidad de acierto, que el esclavo (yanacona), que se encuentra en una posición de sometimiento a los ojos de cualquiera —de Oriente a Occidente—, es poco solidario con su amo (aunque puede aparentar serlo mientras este pueda ejercer su poder), mientras que hermanos o parientes cercanos serán, *a priori*, muy solidarios. ¿Qué debe hacer? ¿Fomentar la traición o el respeto de las jerarquías? También sabe, por experiencia, que no todos los servidores son iguales. Le conviene disponer de un poco de tiempo para tratar de entender su condición. ¿Prisioneros? ¿Nobles? ¿Plebeyos? ¿Cómo lo averigua? ¿Quién traduce? Los hermanos no siempre son unidos, ya que hay celos, rivalidades.

Asimismo, debe evaluar los recursos de que disponen los individuos actuantes. ¿Qué disponibilidad de bienes tienen, propios o ajenos? Un esclavo que huye con su botín en comida tiene asegurado un almuerzo, pero solo uno. Por otro lado, si el curaca ordena, los indios lo (los) sirven.

Debe evaluar el grado de adhesión que puede lograr, cuán aliado o enemigo será el indio. En un caso, se trata de alguien al que he saqueado, pero le consta que logró esconder algo; en otro, de una persona a quien también saqueó, pero a la cual, además, le violó y mató a una hija. ¿Cuánto tiempo permanecerán aterrorizados? ¿Cómo escapar a la perpetua emboscada que supone un odio infinito?

Esa interacción es permanentemente ponderada por la experiencia anterior: el Señor siempre los ha favorecido y, así, desde la Española hasta el Perú, han logrado derrotar a los indios por poderosos que parezcan. Pero la clave del éxito militar siempre ha estado en el *divide et impera*, en la masiva participación de huestes indígenas. Por lo tanto, lo primero que tiene que hacer es conseguirse aliados, pero con la condición necesaria de que, a la larga, lo respeten. O también: como le es imposible enfrentarse a todos a la vez, debe lograr enfrentarlos uno por uno, aunque, para sostener sus líneas sobre distancias cada vez más lejanas, precisa de la estructura de abastecimiento existente y, para ello, asegurarse de alguien que la mantenga. ¿A qué precio?

Decíamos todos y cada uno de los actores; no solo los indios, también sus compañeros, y el peso, otra vez en este caso, de la experiencia anterior: en las otras «entradas» no consiguió nada importante; en esta se tiene que hacer rico para poder volverse a España. Su interés principal está en el saqueo; oro y joyas en un golpe de suerte. Pero tiene que alcanzar para todos o, como ya ha sucedido, solo los más poderosos podrán disfrutar del botín. Hay que seguir avanzando, pero entonces habrá más enemigos, mayores distancias, necesidad de mejores aliados, etcétera.

También está la experiencia, mucho más conservadora y acorde con lo que venimos planteando, de aquellos que, habiendo dispuesto momentáneamente de un caudaloso botín, se encuentran rápidamente, como consecuencia de la expresión inflacionaria de su súbita riqueza, sin nada. El conquistador piensa que no le va a volver a pasar, que lo que precisa es «hacerse de un estado», de una posición de riqueza permanente, y asegurarse un tributo como el que logran los curacas.

Finalmente se convence de que las prebendas más duraderas y más prestigiosas son los puestos y títulos que garantiza la propia corona con cargo al quinto real, a las contribuciones que ella misma recibe. Pero los cargos y los títulos deben comprarse. En este caso, el conquistador debe reunir los recursos suficientes, sea por saqueo —primero de los indios y luego de sus propios compañeros saqueadores— o por «servicios prestados al rey» —en detrimento de sus jefes actuales— ayudando al monarca a ejercer su voluntad recaudadora a miles de kilómetros de distancia.

El ejercicio, en su arbitrariedad, pretende transmitir la idea de que no existieron muchas opciones para procesar la situación concreta. Todos y cada uno debieron realizar procesos muy similares: entender un territorio desconocido y evaluar la correlación de fuerzas, demostrar su potencial bélico y, a partir de esa demostración, sostén de sus alianzas internas y externas, acceder a menos o más botín.

De manera correlativa, ese proceso debió llevar a un mejor conocimiento de los aliados indígenas —y también a una permanente evaluación, por estos, de cuáles eran sus chances de sacar provecho de la situación— y, fundamentalmente, al convencimiento del invasor del carácter altamente estructurado del espacio conquistado y de la imposibilidad de gestionarlo autónomamente (sin la colaboración del *otro*). Por último, es posible que haya despreciado al otro —no tanto a la *otra*—, pero lo necesitaba.

En ese complejo proceso van pasando días y meses mientras las reglas de la cotidianidad se sumergen cada vez más en el universo indígena. Allí se debe tratar con nobles —victoriosos o rendidos—, con sabios —sin los quipucamayos no es posible saber cómo está organizado ese mundo—, con jefes tradicionales y con jefes nuevos —posiblemente mucho plebeyo ascendido a favor del conflicto—, y, de manera fundamental, con mujeres, nobles y plebeyas, que le abren o cierran al invasor, como verdaderas dueñas del transcurrir cotidiano, el acceso a tal o cual estamento o situación.

Si el español, individual y colectivamente, más allá de las circunstancias particulares del Incario, ya trae la experiencia del descubrimiento del otro, de cuán diferente puede ser, de qué tipo de reacciones puede esperar, pues lo viene haciendo —se viene sorprendiendo— desde 1492, muy diferente será la situación para el indígena andino. Para este, el desembarco de Pizarro y de sus huestes será el primer contacto con el europeo. En su experiencia histórica anterior no encuentra claves precisas sobre cómo manejarlo. Solo cuenta con la propia historia del Incario, con sus grupos triunfantes y sus grupos derrotados, con las permanencias y las transformaciones que las sucesivas imposiciones de grupos triunfantes suponen, con haber experimentado la indudable capacidad de los incas de llegar con su poder hasta las zonas más remotas.[14]

Entonces, ¿cómo reaccionar? A diferencia del campo español, en el que las posibles reacciones son mucho más uniformes, pues está compuesto, ante todo, por un pequeño grupo de aventureros, en el mundo andino cada uno tendrá que reaccionar desde su situación diversa: de género, de etnia, de adscripción en la estructura dualista —sea a la mitad *hanan* (de arriba) o a la mitad *hurin* (de abajo)—, de posición social, de roles, etcétera.

Para todos, el español rápidamente demuestra que es capaz de algo que, hasta entonces, solo el Inca podía hacer: ejercer un poder arbitrario en cualquier parte y en cualquier momento.

Lo primero será entonces el relacionamiento con ese grupo militarmente tan poderoso. Los primeros pactos —explícitos o sobreentendidos por los indios— resultan del hecho de que, ayudando al español, se ponen, circunstancialmente, en un pie de igualdad con él. La falta de palabra del español y su permanente cambio de aliados, vista la historia andina, no deben de haber sido forzosamente una sorpresa para ellos.

También debieron entender, rápidamente, que los españoles, como ellos mismos, asignaban un rol fundamental a la mujer en relación con el vínculo con el *otro*, y en particular a las mujeres de los nobles derrotados o muertos. Estas eran, de acuerdo con la experiencia histórica del grupo español, a la vez que una presa valiosa, la puerta de entrada al entramado social local. Supongo que muchas de las que se encontraron en la situación de renegociar el poder social de su familia y consolidarlo tuvieron que reforzar —y no combatir— la situación de poder y el carácter poderoso de su nuevo consorte.

La derrota militar del Inca solo hace desaparecer el poder personal del derrotado, pero su familia, su panaca, su estatus social siguen en pie. De alguna manera, aquel toma conciencia, porque el propio español así lo reclama, de que pese a la brutal eficacia militar del invasor, este tiene que tomar aliento, tiene que tener a alguien en quien confiar mínimamente, alguien que le asegure sus líneas de comunicación, su aprovisionamiento.

La condición de aliado con el español, por circunstancial que sea, muy probablemente excluye a ese indio —y definitivamente a la india que con él se une— de su regreso a posiciones de poder puramente indígenas, pero le permite generar nuevas lealtades y nuevas actitudes.

Es razonable pensar que, en medio del caos generado por la Conquista, por las violencias y por los saqueos, cada uno haya tratado de hacerse reconocer en función de su posición tradicional, de la importancia simbólica y práctica del cargo ocupado. El español debe jugar entre sostener lo arbitrario de su poder —nadie está fuera de su alcance—, con el reconocimiento de posiciones adquiridas, y la garantía de su permanencia, hasta que el indio entienda cómo razona el europeo.

Esa conceptualización será, sin duda, el producto de un duro aprendizaje. El español es esencialmente arbitrario y, por lo tanto, difícilmente aprehensible para los representantes del orden inca, pero esa arbitrariedad tiene algunos límites o contornos más precisos. A saber:

1. La inagotable sed por los metales preciosos. Hace cualquier cosa por un tesoro que le cambie la suerte (como pensó Atahualpa, quien trató de comprarlo). Su suministro no garantiza nada —basta ver lo que le sucedió al propio Atahualpa—, pero franquea algunas inmunidades más o menos circunstanciales: un perdón, evitar algún castigo físico, la integración al mundo blanco. Depende de cuándo, cuánto y cómo. Pero también asegura funcionamientos más permanentes: el tributo en plata le simplifica la vida al indio y lo exime, protege —por la conciencia que tiene de que puede perder todo—, de servicios todavía más costosos.

2. La posición circunstancial del español a la cabeza del sistema o de cualquiera de sus partes. Por encima hay una entelequia, el rey, que puede sacarlo de dicha posición cuando quiera. Por lo tanto, la amenaza del poder real es un factor cierto de compulsión frente al invasor. Este factor se puede combinar con la desmedida ambición por la plata, ya que normalmente cargo administrativo y plata son sinónimos. El indio puede usarlo muy superficialmente en los niveles más altos del poder porque allí coparticipa, pero bastante eficazmente en los más bajos donde no tiene nada que perder. De ahí la vocación pleiteadora que rápidamente desarrollan los indios.

3. La Iglesia. En realidad, hay que considerar este punto y el anterior como un único factor que podríamos denominar *superestructura ideológica*. Ni el rey ni el papa son tangibles para el indio, pero este percibe claramente las consecuencias de su existencia. La justificación de la Conquista pasa por la expansión del catolicismo. Esta lógica obliga a la Iglesia a integrar a los indios como parte de su grey, teóricamente en igualdad de condiciones con el español. El indio aprenderá a entender la sutil relación entre Iglesia y poder y la empleará en su beneficio. Recordemos que en su propia experiencia histórica normalmente —como estaban haciendo los incas con el culto al Sol— los obligaban a incorporar el culto del triunfador. Además, como para el andino coexisten varios planos de la realidad (por ejemplo, las momias viven en uno de ellos), no le resultará tan difícil integrar la ideología católica, para la cual también existen mundos paralelos como el Cielo y el Infierno, ni crear su propio nuevo mundo. Finalmente, como señalé, en un plano más político, el indio entiende que la Iglesia también tiene sus vías de comunicación directa con el rey, distintas de las del sistema administrativo, y no dejará de recurrir a estas en su búsqueda de un nuevo orden que sustituya al que perdió. En síntesis, para el indio, el español es un ser colérico, arbitrario, criminal, que se desvive por conseguir plata y que está, potencialmente, sujeto a la estructura del poder real y religioso. Negociando esa ambición y jugando con las condiciones que le impone la dependencia con el poder real y religioso, el indio puede encontrar un terreno en el cual moverse con cierta seguridad.

Pero el factor determinante para esa negociación va a ser la toma de conciencia, particularmente por las élites andinas, de la necesidad que tienen los españoles —primero los conquistadores, pero luego, dada la necesidad de asegurar una constante remesa de metales preciosos, también la lejana monarquía y sus representantes en el Perú— de reinventar el Estado inca —en el sentido de mantenerlo, aunque bajo la apariencia de un puro dominio español— como única forma de mantener la producción del precioso metal.

Lógicamente esa reinvención no hace más que reconocer el rol imprescindible de la élite inca, incluyendo sus mandos medios. Se genera así una situación de indefinición en relación con el estatus de los diferentes protagonistas que será clave en la nueva conformación de las élites coloniales. Ya señalé el prestigio y las oportunidades concretas de enriquecimiento que les daba a los conquistadores su vinculación directa —generalmente a través de sus mujeres— con el estrato superior del Incario, los llamados *orejones*. Recíprocamente, estos (mayoritariamente estas), conservando esa condición (mantienen sus títulos de colla o *ñusta*, pero con nombre y algún apellido español), se mimetizan o integran directamente al grupo español conquistador, que cada vez más, con el pasar de los años, se vuelve criollo y mestizo.

Paralelamente, la gran mayoría de la población andina, a medida que se reformula esa nueva élite indoespañola y que esta ajusta sus pretensiones (inicialmente exorbitantes) en materia de expropiación de excedentes, va entendiendo que la mejor estrategia de supervivencia es seguir siendo indio y aceptar unas reglas de juego que tienen por base lo que se hacía en tiempos del Inca. Entendamos que sobre el indio común recaen todos los tributos, aunque esa misma condición le garantiza que no se van a sobrepasar los límites que, según se postula, correspondían a la realidad pre-Conquista.

Humildad y eficiencia parecen ser las claves de la supervivencia de los menos fuertes. Esto podría reproducirse en el siguiente pensamiento: «Soy tan humilde que podrías hacer conmigo cualquier cosa, pero mi eficiencia productiva me hace imprescindible. Sin mí no hay agua, leña ni comida. Yo establezco cuánta leña puedo acarrear, cuánta agua puedo cargar, cuánta comida puedo dar, y si me piden de más, no doy nada o doy leña pero no agua». Se usan cientos de tácticas para mantener niveles mínimos de supervivencia, porque cualquier exceso es inmediatamente requisado por aquellos que están esperando los excedentes. Ergo, hay pocos excedentes, prolijamente disfrazados en los imprescindibles rituales que marcan la condición de indio tributario, que piensa: «No como carne porque soy demasiado pobre, pero hago el sacrificio ritual de una llama y, de paso, me la como en un banquete».

Entre la élite y el campesino comunitario —y siempre tratando de situarnos en la posición de los indios— queda abierto un abanico de posibilidades que no ofrecen las garantías que trae aparejadas ser un indio de comunidad, pero sí desarrollos personales, como cuando se pueden brindar servicios particulares a la élite (algo similar ya pudo haber sucedido en tiempos prehistóricos con la figura de los servidores conocidos como yanaconas). Esta nueva categoría social, que, de alguna manera, rompe con la condición de indio, tenderá naturalmente a españolizarse y consolidar su nueva situación adaptando prácticas de conducta propias de los españoles: dependencia del trabajo asalariado, control de cargos con alguna cuota de poder (carcelero, por ejemplo), es decir, el ejercicio de los cargos que convienen al mundo blanco, que a la larga termina integrándolos. Esa estrategia parece concentrarse en las nuevas formas que adopta el yanaconazgo. Dentro de este, debemos incluir diversas formas de servicio personal, algunas de las cuales implican un alto grado de confianza y de conocimiento recíproco.

Ese proceso debe de haber implicado, como también señalamos para la élite, importantes diferencias de género. Si para la mujer existe la posibilidad de ser directamente demandada por un mundo español notoriamente falto de féminas, el hombre debe buscar estrategias alternativas para escapar a la condición de indio tributario. Es un campo que, a mi entender, no ha sido todavía investigado y que genera numerosas preguntas del tipo: ¿Quiénes tenían esa ambición, notablemente individualista en un contexto colectivista? ¿Qué significaron cuantitativamente? ¿En qué medida su existencia y su número dependieron del grado de opresión soportado? ¿Con quiénes se casaron los salidos del contexto del ayllu? ¿Con mujeres que ya estaban por fuera del sistema indio y aproximándose al mundo español? En otras palabras, ¿cómo recuperaban un rol social reconocido? ¿Qué peso fueron adquiriendo en la constitución de esa nueva sociedad?

Por otra parte, es lógicamente comprensible que, en el contexto político español en que se suceden las expediciones de conquista, el conquistador solo pueda mostrarse como un completo triunfador. En su discurso, ha obligado —y sin ningún tipo de atenuantes— a las poblaciones locales a reconocer su vasallaje ante el rey de España en su condición de Rey Católico, es decir, de responsable de velar por la difusión universal de la palabra de Cristo, que le da, con la anuencia del papado, jurisdicción sobre todo el mundo no cristiano. Y, consecuentemente, ha salvado de las eternas llamas del infierno, mediante su incorporación a la grey cristiana, a decenas de miles de almas indoamericanas. De la noche a la mañana, las masas indígenas se transforman en fieles vasallos y católicos practicantes. En compensación por esas hazañas, el rey de España reconoce oficialmente, mediante títulos y cargos, las prebendas en riquezas, tierras y súbditos que el conquistador y sus secuaces se han autoatribuido. Esto, seguramente, es estimulado por la llegada a Madrid del quinto real, la parte del saqueo que corresponde a las siempre quebradas arcas del monarca.

Comienza así una de las más caras tradiciones posteriores a la invasión europea: el carácter fantasioso de casi toda la documentación oficial. Tradición que, significativa y sistemáticamente —por las dificultades que esas características imponen a la hora de discernir la realidad—, ha demorado la adecuada comprensión del proceso histórico que aquí se desarrolla.

¿Cómo ha podido, durante tanto tiempo, confundirse la derrota militar de la élite gobernante indígena con una conquista? Conquistar es la acción de establecer un dominio privado sobre algo, de someterlo a la voluntad del vencedor. Pero ¿qué dominio puedo tener si dependo de sutiles alianzas para asegurar mi subsistencia? Tras la derrota militar del Inca, el dominio español se limitó —prácticamente— a obligar a las poblaciones indígenas a entregar los metales preciosos que habían acumulado durante siglos. Sin embargo fue incapaz de obligarlos a cambiar su modo de vida, ni su forma de relacionarse, ni su forma de pensar, ni de comer, ni de vestirse, ni de establecer alianzas, etcétera.

En algunos casos —el más notorio es el de la religión—, logró imponer los aspectos superestructurales, pero no los contenidos. Por su parte, la adopción de la lengua española, la lengua del vencedor, como antes la adopción del quechua impuesta por el Inca, expresa la vocalización particular —el español de América— de cabezas que siguen pensando en amerindio.

Aclaro para evitar confusiones: esa incapacidad para lograr una transformación profunda no quiere decir que la derrota militar y la continua invasión europea que a partir de allí se establece hayan sido sin consecuencias: lo sucedido fue un verdadero terremoto que afectó todos los planos de la vida andina (como, a menor escala, en su momento lo había sido la conformación del Imperio inca). Lo que es necesario entender es que dichas consecuencias, por catastróficas que hayan sido, fueron procesadas (asimiladas) por la población indígena al modo indígena, puesto que ellos eran casi toda la población y ese era el único modo que conocían de hacer las cosas (del mismo modo que los países sometidos a catástrofes naturales logran recuperarse de estas). Si a eso le sumamos la conducta necesariamente conservadora que debieron adoptar los invasores y la intermediación de la élite indígena para el cumplimiento de las exigencias de estos, el resultado fue que, en lo esencial, la sociedad indígena siguió funcionando de acuerdo a sus pautas históricas. Sucedió el terremoto, la destrucción fue terrible, pero, poco a poco, como siempre sucede, los sobrevivientes reconstruyeron, ahora también con la participación de los nuevos actores europeos, el teatro de sus actividades.

La trascendencia histórica del Incario

En los hechos, para la gran masa de la población andina compuesta por campesinos, los cambios culturales —es decir, en las pautas de conducta que rigen la cotidianidad— fueron inicialmente sutiles y solo se sentirán en el mediano y largo plazo. El campesino comunitario ya era tributario desde siglos, quizás milenios, antes del Incario. El sistema establecido en el desarrollo de la historia andina suponía que ese tributo se pagaba con trabajo —en el caso del Incario, cultivando las tierras del Sol y del Inca, o participando en la mita, el trabajo por turnos— y no con productos. La realidad colonial no alteró sustancialmente esa situación, salvo que ya no se trabaja para el Inca sino para el encomendero, o para el dueño de la mina, o para el rey. La organización del trabajo, tanto en los aspectos prácticos como en la dirección de las operaciones, sigue siendo totalmente india.

La introducción de nuevas tecnologías, rápidamente incorporadas por sus ventajas comparativas o por la exigencia de su uso por parte de los europeos, fundamentalmente basadas en la utilización del hierro y de animales de tiro, no cambia la cualidad social del trabajo sino la cantidad y el tipo de producción.

Qué otra cultura podían reproducir las poblaciones andinas, herederas de sus mayores, radicadas en sus tierras, insertas en el mismo paisaje físico y arquitectónico en que se formaron, que la tradicional de las culturas andinas. Esa es la base de la gran mentira del discurso «colonial» (que supone la aparición de una sociedad esencialmente distinta de la anterior) que se perpetúa hasta nuestros días, la realidad fue que fueron los españoles quienes debieron adaptarse a ella y no a la inversa.

Cómo suponer que, en ese contexto, una minoría europea, literalmente sitiada en sus campamentos militares (hábilmente situados dentro de las antiguas ciudades indígenas hacia donde, desde siempre, convergían los abastecimientos), podía modificar radicalmente, simplemente por la vía de sus exigencias cumplidas y negociadas por interpósita persona, una cultura que expresaba un desarrollo histórico milenario.[15]

La tesis de que la Conquista, destrucción mediante, borró a las sociedades indígenas presupone un control completo de las poblaciones supervivientes y una oposición radical a toda forma de supervivencia de la cultura indígena. Cómo evitar, en esas circunstancias, que todo indio sea un enemigo. Cómo evitar ser envenenado por su concubina, cómo evitar que lo asesine o pierda el guía que lo lleva por las montañas, cómo evitar que sistemáticamente sean asaltadas las caravanas que envía con sus productos. Para ello hubiese sido necesario que el puñado de europeos triunfadores se transformasen en un cuerpo de policía a tiempo completo, que pudiesen vigilarlo todo, sospechar de todo, que los propios indios cuyas capacidades niegan les sirviesen de policía secreta.

La simple descripción de las dificultades que supone una intervención de ese tipo hace innecesario pormenorizar la total incapacidad práctica en que se encontraban para llevarla adelante. De hecho, nunca se lo plantearon, y es significativo de esa situación que, cuando en circunstancias particulares, como cuando durante el sitio del Cuzco (1536 y 1537),[16] por errores políticos, se rompió la alianza con los indios, no hubo español que pudiera circular libremente por el Perú.

Aún más claramente se manifiesta esa situación de impotencia cuando la comparamos con las dimensiones y la vitalidad alcanzadas por el Incario en todos los planos. Es imprescindible tener presente que la intromisión de los españoles en los Andes se produjo cuando en estos se estaba viviendo un período de florecimiento de tradiciones políticas, económicas y culturales que llevaban milenios de desarrollo, y que, con el nivel de consolidación alcanzado, podían hacer frente en todos los planos —salvo circunstancialmente el militar— a las pretensiones castellanas.

Para entender el escenario es necesario especular sobre la trascendencia del Imperio inca al momento de la Conquista. Recordemos que aquel no había sido el primer intento de someter a los Andes centrales a un único dominio político, pero que era el que había alcanzado su mayor desarrollo geográfico y, seguramente, porque de otro modo no se explica ese éxito, también en los planos ideológicos, políticos, sociales y económicos. Su área de influencia directa se extendía desde el Ecuador hasta el centrosur de Chile, y del Pacífico a los contrafuertes atlánticos de los Andes, comprendiendo así las áreas más densamente pobladas del subcontinente.

Pero su fama, basada en las representaciones mentales provocadas por esa enorme acumulación de poder, sus logros tecnológicos (en particular la metalurgia y los textiles), sus construcciones y obras de ingeniería, había trascendido por lejos esos límites geográficos.[17] Pero no es solo la fama; la expansión inca no pudo hacerse sin perturbar a las poblaciones limítrofes con el Imperio. Las perturbaba primero por el desplazamiento —o intento de desplazamiento— hacia fuera de sus límites de los grupos que preferían emigrar a enfrentar la opción del sometimiento al Inca. Las perturbaba también porque, una vez instalado, pasaba a ser —por su poderío— un vecino prepotente para aquellos que pasaban a quedar en sus fronteras. En este último sentido es interesante señalar cómo las poblaciones mapuches que, al sur del centro de Chile, se habían enfrentado al avance del Incario, cuando se produce la invasión española llaman a estos *huincas*, o sea, 'nuevos incas', integrando los nuevos acontecimientos en el marco de un conflicto secular.[18]

El Incario, además de su influencia directa, marcó a todo el continente como ondas concéntricas que se expanden del centro a la periferia, cada vez más débiles a medida que se alejan de su origen (la perturbación del vecino inmediato suponía la de este a los suyos y etc.).[19] Hubo también, seguramente, una influencia ideológica —quizás sea mejor llamarla *programática*— en el sentido de que planteó nuevas expectativas de comportamientos políticos y económicos, aun en los grupos más alejados.

Tal fue el prestigio del Incario que, décadas y siglos después de su derrota, todo aquel que en la región andina se sublevó contra la situación vigente, indio o no indio, exintegrante del Incario o no, reclamó siempre el título de Inca —y nunca un título español— como sinónimo de gobernante. Es más, la casi totalidad de los gestores del movimiento independentista de comienzos del siglo XIX pensaron, como la forma más natural de conformar un poder ejecutivo panamericano, en poner la conducción de los destinos americanos en manos de un nuevo inca.

Es en esa perspectiva que debemos pensar lo que habría podido significar la propuesta de los conquistadores de sustituir esa figura —y tradición— con una organización política puramente española. De hecho ni lo intentaron; es más, se cuidaron bien, durante los primeros 40 años de Conquista, de que existiese, además de la figura política, la propia persona física de un inca como encargada de ir traduciendo el «poder» español a sus súbditos.

Los conquistadores siempre tuvieron muy en claro que solo conservando el prestigio del Incario y mostrándose ellos como sus verdaderos defensores podían conservar su posición de privilegio. Fue de ese modo que, desde sus primeros pasos en tierra peruana, levantaron el estandarte del depuesto Huáscar —el Inca legítimo para sus intereses— en contra del «usurpador» Atahualpa, insertándose cien por ciento en la realidad política y social del Incario.[20]

Tan íntegramente incaica es la inserción de los conquistadores que el reparto de sus nuevas posesiones —bajo la forma de *encomiendas*— se hizo asociando a los recién llegados a las vigentes jurisdicciones incaicas. Para hacerlo utilizaron, con la ayuda de los correspondientes funcionarios indígenas y con la anuencia de sus aliados, los prolijos registros (quipus) y mapas que estos poseían, adjudicándose sus nuevas «posesiones» mucho antes de haber llegado a pisar esos terrenos.

Pero el testimonio más elocuente de esa necesaria integración es que, pasados los momentos más críticos para la supervivencia de los conquistadores (en los que su descollante superioridad militar fue su principal argumento), para asegurar en el tiempo su condición de privilegio, recurrieron, como única justificación valedera frente a la población local, al argumento de que «así se hacía en tiempos del Inca».

Es notable que una historia que se ha escrito partiendo de la base de que la Conquista fue un borrón y cuenta nueva que impuso la sustitución de la cultura nativa por la cultura europea, y que, en términos generales, ha dado como un hecho la imposibilidad del español de comunicarse con el *otro* no reparare en el hecho de que, durante décadas, la principal actividad intelectual de los conquistadores castellanos fue recabar toda la información posible sobre la realidad del dominio inca con el fin de servirse de ella para demostrar a sus nuevos súbditos que sus actuales privilegios y exigencias eran la natural prolongación del Incario.

Ese proceso ideológico de sustitución de la autoridad inca por la autoridad española, realizado en el marco de los cánones culturales andinos, terminará produciendo en la masa indígena la asimilación del rey de España como el necesario continuador de la figura del Inca. Recordemos que el proceso es paralelo al de sujeción política de los propios conquistadores por parte de la corona española, y que, de alguna manera, a lo largo de esos 30 años de rebeliones y guerras civiles, la figura del monarca logra imponerse —al igual que la del Inca— como la del garante del orden necesario para el funcionamiento del mundo.

Pero, en el discurso de la historiografía tradicional, ese entramado de relaciones, en las que todos —indios y españoles— son protagonistas de la construcción de la nueva realidad, fue, sin embargo, sustituido por la idea de la *destrucción* del mundo andino y su sustitución por los patrones culturales europeos o, en una versión más realista, por la pretensión de imponerlos —puros y duros— a una derrotada e impotente cultura indígena.

Sin embargo, las investigaciones históricas contemporáneas empiezan a socavar fuertemente ese mito. Entre ellas, recomiendo muy en particular, por la profundidad y sutileza de su análisis, por la amplitud de las fuentes y bibliografía consultada y por su carácter reciente (2008), la llevada adelante por Gonzalo Lamana en su libro *Dominación sin dominancia*.[21]

Allí, no solo se exponen temas que se insertan directamente en la tesis que aquí vengo sosteniendo, en el sentido de que la historiografía tradicional ha confundido dominio militar con sustitución cultural,[22] sino que se analizan en detalle contextos que demuestran el alto grado de comprensión del funcionamiento de la cultura indígena que tenía la hueste conquistadora y su constante recurso a la inserción en esta —la cultura efectivamente dominante— como única forma de imponerse.

La notable contribución de Lamana consiste en mostrar que, si bien, lógicamente, las fuentes hispanas buscan destacar la —para ellos— racionalidad de la imposición de la cultura cristiana sobre la de los bárbaros andinos, en las mismas fuentes, pero analizadas con la perspectiva aquí planteada, se descubren claves —que Lamana equipara a los *lapsus* de la teoría psicológica— de cómo, en los hechos, las racionalidades no son esencialmente distintas tratándose de seres con iguales necesidades, iguales temores e iguales deseos.[23]

El resultado de esas circunstancias fue que, desde el comienzo, los conquistadores, para poder sustentar su dominio, debieron abrir la participación en él al elemento indígena, generando así lo que Lamana llama una *conciencia mestiza* —en el sentido de estar compuesta por elementos de ambas vertientes—, que será determinante en la conformación del «orden colonial» (las comillas son, justamente, porque, de acuerdo con lo dicho, no puede ser únicamente colonial en el sentido de dominio).[24]

La aparatosa imposición española, con sus cañones, cruces y banderas, y los contradictorios pero concurrentes discursos que establecen el hecho como total y definitivo han ocultado durante siglos la realidad de la estructura puesta en funcionamiento en el área andina. De acuerdo con la visión tradicional, la organización política española sustituyó a la incaica, la religión católica a las religiones andinas, la economía protocapitalista a la economía del Incario, la moneda al trabajo recíproco, etcétera. De ese cúmulo de sustituciones resulta que la sociedad se organiza esencialmente en torno a ellas y que lo que sobrevive del pasado —la gente, por ejemplo— son elementos necesariamente marginados ya que han sido puestos aparte de la verdadera realidad. En otras palabras, lo real, lo determinante de la historia andina pos-Conquista, es lo que aportaron los invasores, y el resto —aplastantemente mayoritario en todo sentido— es incluido en el folclore o en diversas formas de «resistencia» —añorantes de un pasado por siempre jamás concluido— a la imposición capitalista.

Nuevamente es necesaria la crítica al discurso historiográfico sobre la base del cual, desde el siglo XVI, se ha ido construyendo esa visión. Discurso que, como no podía ser de otra manera, desde su inicio buscó autojustificarse. Lo curioso de ese discurso es que todos, conquistadores, monarca, Iglesia, enemigos de la monarquía española y hasta los indígenas derrotados, por motivos diversos y generalmente contradictorios, tienen interés en sostenerlo.

El tributo en plata y las reformas del virrey Toledo

En ese marco interpretativo se destacan las reformas del virrey Francisco Álvarez de Toledo, de 1572, que siguen siendo entendidas como una decisiva intervención del monarca para reorganizar, según un modelo europeo, sus dominios andinos, pero que en realidad consistieron en darle vigencia legal al sistema incaico, «restableciendo» (entre comillas, pues, en rigor, nunca dejó de existir) la regla fundamental del Incario y de la tradición andina: un sistema de reciprocidad en el que la contribución individual se expresa colectivamente mediante la contribución en trabajo de las respectivas comunidades. Reformas que, además, singularmente, requieren para su aplicación de la connivencia de toda la red de mandos indígenas, los llamados curacas, desde siempre responsables de esas tareas. Curacas que, desde que están al mando de mil o más indios, como no están obligados a tributar (en el caso andino no están obligados a realizar labores manuales), son claramente parte integrante del estamento que debemos considerar privilegiado.

La incapacidad de situar los hechos en su verdadero contexto lleva a esa interpretación historiográfica a afirmar que el virrey Toledo —como se lo conoce— fue quien introdujo en los Andes, en 1572, la mita, el trabajo por turnos, aquel que, justamente, es característico de las sociedades andinas. Lo que Toledo hizo fue reorganizar la ya existente práctica de la mita, dirigiéndola hacia la explotación minera del «cerro rico» de Potosí. El principal yacimiento de plata del continente y, consiguientemente, una fuente de metálico imprescindible para una monarquía en permanente bancarrota. El sistema era el mismo, solo que, en lugar de participar en las obras públicas o en el servicio militar del Inca, el comunero andino participa ahora —como ya lo había hecho, en menor escala, en tiempos del Inca— en la explotación minera.

Es que, para entender cabalmente la obra de Toledo, hay que entender que entre todos los propósitos que se le cometen realizar durante su virreinato hay uno que determinó el sino de todos los demás y que es fácilmente comprensible en una monarquía que siempre estaba al borde de la quiebra: recuperar, costara lo que costara, la producción de plata, que había empezado a declinar.[25]

Es que, para los conquistadores (y sus descendientes criollos), para la Iglesia, para el monarca español, para los otros monarcas y comerciantes europeos vinculados al tema, el dominio del Perú es el punto de partida de un contundente flujo de plata (Ag) capaz de determinar el destino político y económico de cualquiera de ellos.[26]

Flujo al que todos aspiran —con derecho o sin él— y del que todos se benefician. Sin Perú no hay plata y, para todos ellos —aunque los enemigos de España la cubran de oprobio—, sin el dominio de España sobre el Perú (equivalente al dominio europeo para muchos) no habría extracción de plata. Conclusión: España conquistó el Perú e impuso allí sus instituciones, entre ellas la principalísima del tributo en plata a su monarca, pero también los diezmos, los inevitables desvíos de plata internos, con la posibilidad de canjearla por mercancías o de tomarla por la fuerza como botín de guerra, y para ninguno de los diversos actores es cuestión de volver sobre ello.

Para los indios, como veremos, el tributo en plata es la garantía del *statu quo* establecido tras la derrota militar del Incario y, fundamental a los efectos de esta tesis, la garantía —como parte de ese mismo *statu quo*— de conservar sus patrones culturales de conducta. Pero además, también es típicamente andina la forma en que el mitayo interviene en la minería, ya que los indios tributarios la interpretarán como una forma de continuar la tradición de servir únicamente mediante una contribución en trabajo (en eso consiste cualquier mita), pese a que, en las cuentas fiscales (y también en la práctica), ellos estarán contribuyendo con monedas (reales) de plata. Veamos sus principales componentes.

Como ya señalé, la corona española tuvo como elemento principal de su política en relación con América del Sur el lograr un control efectivo de lo que sucedía en el Virreinato del Perú en detrimento de la élite conquistadora y sus descendientes. Para ello desarrolló una estrategia política —aliada con la Iglesia— basada en intentar separar indios de blancos, con el propósito de constituir un monopolio de la relación con los indios. Se procuró así consolidar lo que se conoció como *república de indios* y *república de españoles*, dos entidades que funcionarían por separado, mediadas por el rey y la Iglesia. La reiteración de la idea de que la existencia de esas repúblicas correspondía a la realidad de la situación, pese al contexto de permanente miscegenación que acabamos de describir, es otro de los elementos fundamentales para comprender cómo fue el proceso de construcción de la falacia historiográfica.

El intento de establecer una relación directa entre el monarca y sus súbditos indígenas estaba fundamentalmente destinado a asegurar —como la casi totalidad de las políticas proactivas que la corona española intentó en América— el flujo de caudales hacia España. Para ello era necesario lograr, en la mayor medida posible, el control directo de la explotación minera por la burocracia real. Control a todas luces imposible, como lo habían demostrado las primeras décadas de «dominio colonial», cuando, pese a su triunfo formal en las guerras civiles, resultó claro que nada se podía hacer sin la colaboración de la nueva élite criollo-indígena.

El principio rector de esa política, en términos prácticos, fue: «de los indios (de los que se dependía totalmente para la extracción de metales preciosos) se ocupa el rey». Principio que, en realidad, significaba: «de los metales preciosos se ocupa el rey», pero, «como el rey no lo puede hacer personalmente, ni tampoco se puede fiar de sus súbditos criollos (los que, en la documentación, son llamados *españoles*), tiene que pedirles a los indios que lo hagan por él. El corolario es una permanente lucha entre la burocracia estatal y la élite andino-criolla, la cual, justamente, se había constituido como sucesora del Estado inca y, por lo tanto, como distribuidora y principal utilizadora de la fuerza de trabajo indígena.[27]

Para entender la imposibilidad de esa imposición por decreto de las dos repúblicas, es importante que el lector recuerde que, desde la derrota de Atahualpa en 1532 hasta que el poder de los representantes del rey pudo empezar a ejercerse con un mínimo de acatamiento (1554), se sucedieron 32 años (una generación) de guerras civiles (que se presentan como entre españoles, pero que solo pudieron desarrollarse gracias al involucramiento de las élites andinas), en las que se llega a la decapitación pública, a manos de los propios conquistadores, del primer virrey del Perú, Blasco Núñez Vela, en 1546: guerras civiles que recién se resolvieron cuando la consolidación de la nueva élite andino-criolla alcanzó un punto de equilibrio.

Nuevo equilibrio que es el resultado de un auténtico proceso de mestizaje genético y cultural. Mestizaje que, en el plano de la cultura, implicó por parte de los indios la aceptación de elementos superestructurales españoles, como los que corresponden al idioma, la religión y los cargos de gobierno, pero también que los «españoles» aceptaran (las comillas se debe a que son cada vez más mestizos) la permanencia de los elementos estructurales —modo y relaciones de producción— andinos relativos a las formas de producción. Frente a esta reestructuración de las élites peruanas, la corona, con el apoyo militante de la Iglesia (como ya vimos en relación con Las Casas), levantará un doble argumento.

Por un lado, el de la «defensa de los indios», los cuales, sin su protección, serían aniquilados por la irrefrenable voracidad de los encomenderos (los españoles, recién mencionados) y de la aún mayor voracidad —en una curiosa práctica de autodestrucción— de sus propios caciques (los peores de todos en materia de explotación indígena, según reza en múltiples documentos).

Por el otro, estaba el argumento racista de que los indios, aunque se los intente «civilizar», siguen siendo indios y, como tales, padecen de una incapacidad intrínseca para la vida civilizada. Por consiguiente, según esta postura, tienen la necesidad de ser tutelados —como si fueran menores de edad— por el monarca. El peso de esta argumentación recayó (interesadamente) en la Iglesia, que pretendió demostrar, mediante el llamado proceso de *extirpación de idolatrías*,[28] que, pese a décadas de prédica bajo la tutela de los encomenderos, los indios no habían sido capaces de adoptar un verdadero cristianismo.

Es en ese contexto que, en 1569, se hace cargo del virreinato Francisco Álvarez de Toledo, a quien, sellando la falacia historiográfica de la sustitución de la realidad indígena por la europea, se le atribuye el carácter de *supremo ordenador del Perú*.[29] Lo cierto es que Toledo, un extraordinario funcionario, incorruptiblemente fiel a su monarca, inteligente, valiente e incansable trabajador, logró el portento político de consolidar las instituciones sociales y económicas incaicas como si fueran directivas del monarca español y, gracias a ello, asegurarse la complicidad de la sociedad peruana —entonces aplastantemente indígena— incluida —bajo permanente protesta— en la nueva élite andino-criolla, logrando así el propósito de sostener un ininterrumpido flujo de plata hacia las arcas del monarca, objetivo central de sus instrucciones.

Las famosas *ordenanzas* del virrey Toledo son, sin duda, el caso más patente de la tergiversación historiográfica que he venido exponiendo. Las ordenanzas son de Toledo —y constituyen el punto de partida de la relativa estabilidad colonial del Virreinato del Perú—, pero su contenido —y, consecuentemente, la explicación de su aceptación en un contexto en el cual, hasta entonces, no se habían obedecido las disposiciones reales— es incaico.

Lo singular, con relación a su uso historiográfico, es que el propio Toledo no lo oculta.[30] Desde que puso el pie en el Perú su principal preocupación fue recuperar toda la información posible sobre cómo se funcionaba en tiempos del Inca. No como curiosidad antropológica, sino porque los antecedentes que ha podido racionalizar de los 30 años de historia peruana que lo preceden le hacen comprender que la única solución política posible para asegurarle al monarca el flujo de metales preciosos es intentar sustituir la omnipresente figura del Inca por la del propio rey.

Sin restarle mérito a Toledo, era evidente para todos aquellos observadores directos de la realidad peruana que el Incario seguía en funcionamiento y que, si lo que se buscaba era salir de la situación de inestabilidad causada por la Conquista, pero sin repetir el dominio político de los incas, había que «ordenar», en términos españoles, la herencia que el rey, por derecho de conquista, había usurpado a aquellos.

Probablemente el más lúcido de esos observadores fue Juan Polo de Ondegardo, quien llegó al Perú en 1543 y permaneció allí, oficiando diversas actividades, tanto públicas como privadas, hasta su muerte en 1575. Destaquemos, antes de avanzar, que *lúcido* no quiere decir *objetivo*, pues los múltiples intereses que desarrolló (fue acaudalado encomendero y propietario de minas en Potosí) lo implican en las generales de la ley de los acontecimientos que entonces se desarrollaban. Su lucidez reside en haberse dado cuenta de que la esencia del funcionamiento incaico residía en el respeto del orden andino, que la alternativa que presentaba la nueva élite hispanoincaica librada a sí misma era completamente caótica y que, por lo tanto, la única forma de lograr la estabilidad —y, por lo mismo, poder disfrutar de los beneficios de la situación— era un compromiso con el poder del rey.

El rey debía aparecer entonces como el garante del —supuesto— orden andino, para lo cual había que fijar, expresándolas de la forma que se pareciesen lo más posible a un orden inmutable, las prácticas y costumbres que habían regido al Incario. Idea que expresa con total claridad, reiteradamente, en un informe de 1561 en el que señala que, pese a reiterados intentos, los españoles han sido incapaces de disciplinar a los indios y que solo les hacen casos aquellos que ya estaban «disciplinados en el orden del Inca». Señala también, en forma contundente, que les es totalmente imposible, so pena de quedarse sin tributarios, sacar a los indios comunitarios del mando de sus caciques.[31]

El testimonio de Ondegardo es concluyente: para quien conoce la realidad peruana es evidente que esta solo funciona y puede funcionar respetando la autoridad de los caciques, la cual, a su vez, se basa en el respeto de la estructura comunitaria y de las motivaciones que allí se generan. Diez años después lo vuelve a expresar aún con mayor contundencia en un escrito dedicado específicamente al tema, titulado *Relación de los fundamentos acerca del notable daño que resulta de no guardar a los indios sus fueros*.

Debo aclarar que lo notable de ese propósito ordenador —si bien pretende fijar, como toda normativa, algo que está en permanente transformación— es su carácter práctico y, en ese sentido, lo que representa en un proceso de indianización de los españoles y no a la inversa. Un ejemplo entre varios es el del consumo de hojas de coca. Denunciado como idolátrico por el clero —y sin duda lo era/es—, es uno de los principales «desórdenes» que el virrey Toledo tiene orden de reprimir. Al tomar conciencia de que sin coca no hay minería, dispone rápidamente su «regulación» oficial, o sea, en la práctica, su aceptación absoluta.[32] El tema es, para los españoles, si quieren que las cosas sigan funcionando, entender cómo se resuelven los problemas en el día a día. Cómo se procede, por ejemplo, con el reclamo de un indio mitimae desplazado de su tierra, cómo se fija la participación en la mita, cuáles son las reglas que determinan el reparto de tierras, etcétera, etcétera.[33]

Subrayemos que estas no son ideas exclusivas de Ondegardo, quien fue uno de los principales asesores del virrey Toledo, sino que, como veremos en el caso de Potosí, se repiten en cada uno de los observadores de esa realidad.

Por su parte, el virrey Toledo, quien, desconfiando de sus interesados asesores, realiza sus propias averiguaciones, llega a las mismas conclusiones y, mientras calladamente copia en sus ordenanzas el vigente orden incaico, se preocupa, en el plano político local (andino), por destacar lo que llamó «tiranía de los Ingas».[34] La denuncia del origen tiránico del poder incaico le sirve para demostrar —apoyándose en las resistencias que todavía permanecían al reciente dominio incaico y en la efectiva derrota militar de este— la arbitrariedad de ese poder, argumentando así en contra de la «necesaria» permanencia de este en el trono, como sostenía la propaganda inca, y sosteniendo las incomparables ventajas de sustituir a un tirano por, nada menos, el propio Rey Católico, una auténtica bendición para sus nuevos vasallos.

Por eso también es que, una vez que logra expresar en sus ordenanzas las reglas del Incario, hace ejecutar al último Inca, Túpac Amaru, quien, por lo menos simbólicamente, seguía siendo el soberano de los peruanos. A partir de entonces, el nuevo «ordenador del mundo», el nuevo Inca, es el rey de España y a él habrá que apelar en contra del permanentemente acechante desorden.[35]

La importancia de las reformas de Toledo no está en su contenido —esencialmente andino, como vimos—, sino en que, políticamente, gracias a ellas, ante la población indígena la garantía de la permanencia del sistema incaico aparece cada vez más relacionada con la figura del monarca. Este, al igual que el Inca, es, cada vez más, el responsable del mantenimiento del orden cósmico, del equilibrio andino y, en esa medida, el soberano «natural» de la imprescindible élite indígena.

Para esta nueva élite, ahora andino-española, este es un camino de síntesis, se mantiene la tradición pero se desdibuja la idea de un Inca nativo. Entre las masas indígenas, la representación mental pasa a ser la del rey de España como neo-Inca, como el nuevo sustentador del tradicional ordenamiento inca. Es que el orden superior representado por el monarca es, como otrora el del Inca, el que permite la vida.

Entiendo que es la solidez generada por esa continuidad ideológica la que explica la extraordinaria lealtad de los indios, y de las élites en particular, a la figura del monarca. Esta se expresa claramente en el permanente reclamo —expresado en innumerables pleitos legales— para que, desde su poder absoluto, corrija todas las incontables manifestaciones de «desorden», constantemente promovidas por el elemento criollo-español. Se expresa también, simultáneamente, en la fidelidad a sus órdenes, mantenida durante 300 años y puesta a prueba cada vez que se puso en juego su dominio: desde la represión a los encomenderos en las primeras décadas del régimen colonial hasta el combate a los independentistas de comienzos del siglo XIX, pasando por la represión de los propios alzamientos indígenas como el de Túpac Amaru en 1781.

Empero, donde más patente se hace la mistificación histórica de presentar al mundo colonial andino como una creación europea, es en el tema de la producción de plata. Es en este plano en donde mejor se expresa la tergiversación de lo que realmente sucedió en la región y, en consecuencia, la incomprensión de la génesis de las sociedades sudamericanas.

No hay ninguna duda de que, tanto para la monarquía española como para sus súbditos que intentaban la aventura americana, el único objetivo potencialmente satisfactorio era la apropiación de metales preciosos, entendidos como un medio de pago para satisfacer sus necesidades europeas.

Pero tampoco hay duda, por poco que se relean los documentos de época, de que la única forma de asegurar esa producción fue dejándola, tras una categórica declaración de impotencia por parte de los colonizadores, en manos de la propia población indígena, sujetándose y/o estimulando sus tradicionales pautas culturales.

Naturalmente, si la sociedad indígena —y en particular su nueva élite andino-española— acepta la exigencia de que la contribución que deben como vasallos del rey (y que antes aportaban al Inca) se vuelque en forma de plata (en lo posible amonedada), es porque encuentra una clara conveniencia en ello. Conveniencia que deriva del hecho de que con esa nueva *tasa* —como se decía entonces— se termina con la fase de incertidumbre que había seguido al derrumbe del poder incaico y se restablecen, ahora con el respaldo de un contundente mandato español, las tradicionales formas andinas de contribución en forma de trabajo comunitario.

Las comunidades pueden ahora satisfacer la demanda de tributo en plata, tanto el que se vuelca al Estado como el que corresponde a los encomenderos, y para ello les basta, en la medida en que, por razones de distancia, les sea posible, en contraposición con la engorrosa contabilidad que suponían las primeras tasas pos-Conquista basadas en productos locales, con participar en la mita minera. Asimismo, a muchas comunidades que no pueden participar en ella, la extraordinaria demanda de insumos que las particulares condiciones de la minería impone les facilita, por medio del trueque de insumos por plata, hacerse con el metálico necesario para cubrir sus tributos.[36]

Es notable cómo, por tratarse de la producción de metales preciosos —en parte amonedados—, la historiografía se ha cegado en ver al mundo andino como sumergido en el naciente capitalismo europeo, cuando, en los hechos —y así lo dicen sin contradicción los testimonios de época—, lo que se hizo fue reforzar las formas tradicionales de relacionamiento social indígena para asegurar esa producción.[37]

Naturalmente —aclaro por las dudas que pueda generar—, esto no pretende significar que la economía colonial sea la prolongación de la economía incaica. Es indudable que, en cuanto a estímulos, modalidades y circuitos comerciales, los cambios fueron importantes. Lo que quiero decir es que a todos esos cambios el mundo andino respondió con sus propias herramientas culturales y, en general, los procesó a través de los mecanismos de reciprocidad comunitaria tradicional.[38]

Como punto de partida debemos recordar que las poblaciones andinas ya tenían integrada la necesidad de producir un excedente para ser tributado, y que esa lógica, aunque cambie la naturaleza del tributo, no es esencialmente alterada por el hecho de que ahora deban buscar la forma de conseguir plata. Lo que cambia, y confunde, es que ese tributo en plata pasa a alimentar el desarrollo del capitalismo mercantil en el ámbito europeo, y que será luego, con el correr de los siglos, ese mismo desarrollo, al globalizarse, el que afectará las posibilidades económicas de la propia región andina. Asimismo es importante destacar que, a diferencia de lo sucedido durante el Incario, el esfuerzo realizado para producir el excedente que será tributado en plata fue, en una importante proporción, exportado fuera de la propia economía andina.

En todos los casos, en las circunstancias andinas, esta nueva situación, basada en la imperiosa necesidad de mano de obra para las minas, supone aumentar la capacidad de negociación indígena con relación a la fracción del trabajo comunitario que deben dedicar a la producción de la contribución que deben al encomendero y al Estado.[39]

El virrey Toledo, como en tantos otros casos, consolidará un proceso que ya se venía dando naturalmente, posibilitando la conversión de la tasa en productos por su equivalente en plata.[40] Al posibilitar el cobro en plata por los encomenderos —que es lo que en definitiva les interesa—, Toledo consigue el apoyo de estos para la reconversión de la mita, que pasa de ser un servicio prestado en las propias encomiendas a ser un servicio estatal (como en tiempos del Inca) que debe ser prestado en las minas.

A su vez, desde el punto de vista indígena, la vuelta a un sistema más claro, en el que solo participa por turnos la séptima parte de la población activa, beneficia a las comunidades que, como explicaremos, rápidamente se adecuan.[41]

Finalmente, el aumento de la producción y circulación del metal permite al fisco español hacerse, directa o indirectamente, en América o en la propia España (destino final de la mayoría de la plata que había sido escamoteada a los controles fiscales), de los inmensos caudales que requieren los desmesurados gastos del Estado (de los que una parte muy significativa corresponde a la propia administración colonial).[42]

En definitiva, sí hay una monetarización forzada del mundo indio, pero esta solo es posible porque le resulta conveniente.

La minería indígena en Potosí

La prueba más contundente de que el impulso a la producción de plata se hizo basada en el reforzamiento de las pautas culturales andinas la tenemos en la propia minería del cerro rico de Potosí.[43]

Allí, el punto de partida es el reconocimiento de que nada puede hacerse sin la colaboración indígena, porque no hay cómo forzarlos a trabajar a más de 4.000 metros de altura, y que dicha colaboración solo era posible si los indios obtenían ventajas suficientes. Y las obtuvieron.[44]

Antes de proseguir y sospechando las virulentas críticas que esta visión —tan contraria a la tradicional del indio forzado a morir en la mina— va a despertar, vuelvo a llamar la atención sobre el necesario ejercicio de intento de reubicación en la realidad de la época: las condiciones de vida y de trabajo fueron, a nuestros ojos y sin duda también objetivamente, indudablemente espantosas.[45] Eso no impide tratar de entender que, en el balance general de las circunstancias que entonces vivían, para las poblaciones indígenas esta apareció como una opción menos mala y, en función de ello, aceptaron su protagonismo.[46]

Sin embargo, nadie discute que durante esa primera etapa la explotación del cerro es enteramente india. Son los indios que excavan, los que acopian el mineral y luego lo funden en las tradicionales *huayras* indígenas (hornos de barro precolombinos).[47] Incluso algunos denuncian minas —de acuerdo con el sistema español— y se vuelven propietarios de ellas.[48] Sucede, y esa lógica se prolongará durante toda su explotación, que el control español sobre el proceso minero, en las condiciones de Potosí, en un páramo casi inhabitable a más de 4.200 metros de altura, era imposible en la práctica.

El hecho es que la explotación minera fue primero enteramente indígena y luego, con la introducción de la amalgama[49] —asegurada gracias al monopolio estatal de la mina de mercurio de Huancavelica introducido por Toledo—,[50] fue solo parcialmente compartida con los *azogueros* (los dueños, generalmente españoles, de los ingenios en donde se hacía la amalgama), ya que siguió siendo indígena toda la parte minera en lo que respecta a la extracción del mineral del cerro.[51]

Esto es tan es así que no solamente son los indios los encargados de la ingeniería de la explotación, proporcionando la dirección técnica necesaria y la mano de obra correspondiente, sino que hasta el propio vocabulario minero siguió estando fundamentalmente en el idioma quechua y se necesitó un diccionario para que fuera comprendido por los españoles.[52] Ese control indígena llega al punto de preferirse los quipus al registro en papel y al hecho de que el propio control de los turnos de la mita estaba en manos de los caciques.[53]

Sobre esa base es natural que todos los documentos que se refieren a este proceso, sin excepción, concuerden en afirmar que el sistema minero dependió totalmente de la participación indígena. Esta es la protagonista de la extracción directa del mineral para su posterior procesamiento, así como de asegurar el abastecimiento de la ciudad. Abastecimiento que, a su vez, soporta todos los requerimientos de la fuerza de trabajo empleada en las minas.

Pero lo fundamental es que durante ese proceso, esencialmente autocontrolado, los indios consiguen hacerse de una parte sustancial del mineral extraído, de la plata que precisan, no solo para pagar el tributo anual de su comunidad de origen, sino también, gracias a la plata que introducen en el sistema mediante el comercio de los insumos necesarios para la producción, la que necesitan las comunidades alejadas del circuito minero.[54]

La acumulación de plata por los indios —generalmente bajo la forma de mineral— resulta de la acumulación del salario que les corresponde como mitayos, del mayor salario aún que cobran como *mingados* (asalariados no mitayos) y, principalmente, de desvíos varios, de los cuales el más notable es el que resulta del hecho de que el mineral extraído los sábados le corresponde al propio indio. Es fácil imaginar que la productividad de ese día no era equivalente al del resto de los días de la semana. Esas son las condiciones que se establecen para que nunca falte mano de obra, para que se repita el cumplimiento de la mita y, principalmente, para que parte de los indios de las comunidades permanezcan en Potosí, empleándose como mingas, en un régimen que, con una falta crónica de trabajadores, les es siempre favorable.[55]

La tendencia política a dejar las cosas como están se retroalimenta también por la desidia de los principales mineros criollos, que son, asimismo, los dueños de los ingenios (los llamados azogueros) en donde se muele el mineral y se extrae la plata por el método de la amalgama. Estos saben que, por ineficiente que sea el sistema propuesto por los indios, tarde o temprano, el mineral de plata tendrá que pasar por sus manos, asegurándoles sus beneficios sin necesidad de riesgosas innovaciones. Finalmente, como la mayor parte del mineral debe ser sellado para cobrar valor legal, termina, gracias al quinto real que le corresponde al monarca, también en manos del fisco. A todos les sirve.[56]

En síntesis, el esquema sería el siguiente. Se saca plata de las minas, principalmente de Potosí. Una proporción —difícil de determinar porque en su mayor parte debe de consistir en plata no sellada e incluso en mineral sin tratar— es retenida por los indios que allí trabajan mediante los distintos sistemas que se desarrollan para ello, desde el salario, obligatorio para el mitayo, pasando por el sábado de beneficio personal y terminando con los mineros asalariados. A ese volumen de plata que va directamente a las manos indias hay que agregarle la que cobran por abastecer a Potosí. En parte es la misma, porque el minero debe pagar para subsistir, pero en parte es extra porque son cosas que requiere el sistema minero en su conjunto, incluido el mantenimiento de los dueños de minas y sus familias. Esa plata escurre entonces para los ayllus de donde provienen los mitayos y para los ayllus de los indios abastecedores. Estos, a su vez, por intercambio, deberían hacerla fluir hacia otros más alejados del sistema minero —por ejemplo, los productores de coca—.

Esa alimentación permanente de metal fue suficiente tanto para pagar los tributos como para actuar de moneda entre los propios indios. Lo recaudado como tributo servirá para pagar a los encomenderos, a la Iglesia y a una costosa administración, desde el virrey hasta el último funcionario civil o militar, la cual, entre otros gastos, debe pagarles a los propios mitayos (los «indios de servicio»), quienes, también de acuerdo con la tradición incaica, deben ser mantenidos durante sus turnos de mita.

Que quede claro: la historia sudamericana sí cambió y con ella la vida y el destino de los indios, sus principales protagonistas. Se juega ahora en un nuevo escenario marcado por la imperiosa necesidad de la monarquía española de hacerse del metal que, teóricamente, debía devolverle la solvencia financiera, y, en la misma proporción, por la intervención en los acontecimientos de todos aquellos que pretendieron beneficiarse —o se beneficiaron— de esa situación. Pero, aunque el escenario ya no volverá a ser el mismo, en el plano de las conductas de la inmensa mayoría de los participantes locales (las masas indígenas y sus descendientes mestizos por la sangre o por la cultura) se seguirá procediendo, porque no ha habido posibilidad de poner en marcha otros, con los mismos mecanismos que se habían establecido en tiempos prehistóricos.

El corolario de este y otros ejemplos es que la llamada colonización española se basó, en cuanto a organización del trabajo, en la utilización y adaptación del sistema inca a sus necesidades y, por ende, en la perpetuación, con las adaptaciones del caso a la nueva situación, de la cultura andina.[57]

Comunidades, ritos y la perpetuación de la idiosincrasia andina

En ese contexto solo era dable esperar la perpetuación de los reflejos idiosincráticos que se habían ido estableciendo en el transcurrir de los milenios anteriores. Es más, es necesario hipotetizar que, siendo estos reflejos un mecanismo adaptativo que facilita la reproducción de las condiciones necesarias para la existencia, enfrentados a los trastocamientos producidos por la invasión europea, se haya producido una consolidación de aquellos reflejos tradicionales —es decir, los conocidos por su eficacia— que resultaran particularmente adaptativos a la nueva situación.[58] Proceso de consolidación que actúa como un reflejo conservador inhibiendo el surgimiento de reflejos innovadores que, por no tener probada eficacia, aparecen como sumándose al caos de las nuevas circunstancias. Esto es exactamente lo contrario de lo que podría esperarse cuando la cultura como un todo debe adaptarse a nuevas condiciones planteadas por la invasión europea.

Es en esa diferencia de ritmo de cambio entre reflejos idiosincráticos y manifestaciones superestructurales de la cultura que reside la explicación del constante descubrimiento de falsas apariencias, repetidamente expuesto en la documentación colonial: ¿cómo indios que parecían fieles vasallos resultan arteros traidores?; ¿cómo los que parecían dóciles miembros de la grey católica resultan perjuros idólatras?; ¿cómo los que parecían aplicados jornaleros resultan borrachos, haraganes e irresponsables? Etcétera, etcétera. ¿Cómo no confundirse sobre su real adscripción cultural, su grado de mestizaje (dirían los textos clásicos), cuando saben hablar en castellano, utilizan prendas europeas, participan de la cultura letrada y asisten religiosamente a la iglesia?

Es que, en esas circunstancias, el ser «indio» (las comillas son en atención de todos aquellos que, no considerándose tales, lo eran, por lo menos en parte, por su conducta y/o por sus genes) pasa a ser la garantía del *statu quo* que les permite sobrevivir.

En los Andes, en un reflejo de siglos —si no de milenios—, la clave de la supervivencia de las clases populares fue su identificación con el trabajo recíproco desarrollado en el seno de una comunidad. Las comunidades, como gestoras y reproductoras de la fuerza de trabajo, son, por esa condición, la base estructural sobre la que reposa la élite. Se instala así un mecanismo de equilibrio entre las tensiones disgregantes producto de las exigencias de la élite y la necesaria cohesión de la comunidad para poder reproducirse. La élite, en sus exigencias, no puede ir más allá de la reproducción comunitaria. Como corolario, todas las conductas que se muestren necesarias a la reproducción de la comunidad deben ser reconocidas por la élite.

Hay más. En el contexto andino, por encima del descarnado análisis que acabo de exponer, está el hecho de que, por lo menos hasta el Incario, la élite afirma su condición en el mismo basamento ideológico subyacente en el principio de trabajo recíproco. La élite recibe porque da, y lo que da (orden cósmico y redistribución de bienes materiales) lo da en beneficio de esas mismas comunidades que son la base de la estructura social y de su propia justificación ideológica. La reafirmación de cada una de las partes de esta estructura se expresa en la sistemática práctica de un sinnúmero de rituales destinados a delimitar las funciones de cada uno.

La Conquista puso en jaque y destruyó buena parte de los rituales de la élite vencida, pero, concomitantemente, tuvo que aceptar y asistir impotente al reforzamiento de los que hacían a la reproducción identitaria de las comunidades, que seguían siendo las generadoras de la fuerza de trabajo. Recordemos que estas encontraban en sus ritos, en un mecanismo que parece haberse desarrollado a lo largo del proceso de estratificación social, la última defensa para sus condiciones de subsistencia frente a las pretensiones de los estratos privilegiados. Considerando el conjunto del área andina, pasada la Conquista, las estructuras básicas de reproducción social, en particular la comunidad campesina, el ayllu, seguían siendo las mismas que durante el Incario y lo siguieron siendo pese a los nuevos requerimientos de los invasores.[59] En ese contexto no hay ninguna base para pensar que la expresión social más conservadora, la idiosincrasia, pudiera haber sufrido transformaciones significativas. Para la nueva élite pos-Conquista, como para la élite incaica, sin comunidades no hay trabajadores y sin ritos no hay comunidades.

En esa dialéctica residen los componentes esenciales de la idiosincrasia andina. Esta tiene, por un lado, un reflejo hacia lo gregario, pero que no se expresa en términos de simple solidaridad intergrupal, sino a través de mecanismos de ritualización. La función social es siempre parte de un rito, y sin rito la actividad no se entiende como función social.

Junto a ese componente hay otro, también fundamental, que es una consecuencia directa de la estratificación social, que podría expresarse en lo que se ha dado en llamar *cultura de la pobreza*, el rechazo a toda forma de acumulación —salvo aquella destinada a solventar los ritos—, porque la acumulación, en lo individual, supone una ruptura del principio de reciprocidad y en lo colectivo está destinada a ser irremediablemente usurpada por las élites. El andino es un pobre que se reconoce colectivamente a través de los ritos.

Distinta será la evolución de las élites sobrevivientes del Incario, ahora asociadas a, o intermediarias de, los invasores europeos. Como dijimos, seguirán fungiendo como agentes ordenadores del cosmos, tal como lo hacían en tiempos del Inca, y, en ese sentido, serán las más fieles aliadas del monarca español. Pero, simultáneamente, deberán convivir con una ruptura radical del criterio de reciprocidad, criterio que es antagónico al ideal del invasor europeo, educado en el ejercicio despótico de los privilegios.[60]

Esta ruptura es la que las llevará a conformarse como oligarquías, duchas en el manejo de una legalidad arbitraria que resultaba de la infranqueable distancia a la que se situaba el rey para ejercer un poder efectivo y de la venalidad de sus representantes. El Inca era un déspota que aseguraba, interviniendo directamente, el orden establecido y la naturaleza de las cosas. Por su parte, el rey de España pontifica, Leyes de Indias mediante, sobre una perfecta legalidad que es la garantía del mantenimiento de ese orden natural, pero envía para sostenerlo a personajes que —en su gran mayoría— solo interpretan las leyes en beneficio propio.

Desde el punto de vista idiosincrático, si a las grandes masas andinas nos referimos, no habrá cambios sustanciales durante todo el período colonial. Tampoco los aportará la independencia, costosamente impuesta a la realidad andina por las caballerías de la América atlántica. Salvo la definitiva pérdida de rumbo de la élite indocriolla, que ahora, sin la referencia de un monarca supuestamente ordenador, competirá entre sí por su sustitución, reproduciendo —aparentemente— el panorama de guerras civiles característico del resto del continente y poniendo en jaque, con niveles de explotación que ya no encuentran límites que los contenga, la supervivencia de las estructuras comunitarias.

Por su parte, las comunidades, agudizada la lucha por su supervivencia, reforzarán aún más sus reflejos idiosincráticos, reforzamiento que generará un aumento de las rigideces en el sentido de la pertenencia o no pertenencia a ellas. A su vez, la restricción en las estructuras comunitarias implica reforzar los procesos de exclusión de estas (procesos que, como dije, se habían acelerado en las nuevas condiciones político-económicas), y abre así un nuevo escenario andino en el que se vuelve cada vez más significativa la participación de gente que ha sido excluida de las estructuras tradicionales y que va constituyéndose en un nuevo tipo de habitante. Nuevo tipo de poblador andino que, seguramente, es también portador de una nueva forma idiosincrática —sobre la que no tengo suficientes elementos para pronunciarme— que, necesariamente, supone una reelaboración de las pautas andinas tradicionales.

---

[1]   Quiere decir que el monarca, autorizado genéricamente por el papa, quien teóricamente tiene la última palabra, interviene directamente en la estructura de la Iglesia, nombrando o desplazando a las jerarquías eclesiásticas en sus dominios. Dicho de otro modo: la monarquía no pone obstáculos al fortalecimiento de la Iglesia en la medida en que esta respete su dominio político; y la Iglesia no tiene problemas en sostener al poder monárquico, en la medida en que este respalde su crecimiento.

[2]   El principal aporte a esa propaganda anticonquistador lo hará el obispo dominico Bartolomé de las Casas. Bartolomé de las Casas sigue siendo considerado al día de hoy, por sus denuncias sobre la conquista española, un destacado luchador por los derechos humanos. Si nos ubicamos en el contexto de la época, vemos que lo que De las Casas realmente predicaba era una posición ortodoxa de la Iglesia desde sus inicios: el derecho universal al cristianismo (recordemos que una de las claves del triunfo del proselitismo cristiano fue el hecho de extenderlo por fuera de la comunidad judía, de ahí su denominación de *Iglesia católica*), complementado con la evidencia de que masacrando a los candidatos a fieles ese principio no se iba a lograr. Sobre esa base, y siempre tratando de no apartarnos del contexto de la época, no debemos olvidar que De las Casas era un dominico, un *domine cane* ('perro guardián del Señor'), miembro de una orden que, por su sapiencia en materia teológica (son los «predicadores»), era el sostén ideológico de la Inquisición. Suena raro incluir entre los paladines de los derechos humanos a un inquisidor, pero, siempre para no descontextualizar, recordemos que la Inquisición —en esencia el control de cuán fieles son los fieles— es el espejo de lo que la Iglesia planteaba como propuesta política para los dominios americanos: ella —y no los encomenderos— debía ser la responsable de la nueva fe de los indígenas americanos, y el poder temporal del rey debía ser el responsable de sostenerla y de castigar los desvíos que en esa labor se constatasen (recordemos que una vez determinada la culpabilidad de sus acusados, la Inquisición los entregaba al poder temporal para que los ejecutara).

[3]   Como expuso Lewis Hanke: «It is a tremendous irony of history that the writings of this single sixteenth century Spaniard, addressing his own people in an effort to shock them into turning aside from

their ungodliness, came to be published in so many lands and so many languages that they served to crystallize for centuries hostility against Spain». En «Bartolomé de las Casas and the Spanish Empire in America: Four Centuries of Misunderstanding», *Proceedings of the American Philosophical Society*, vol. 97, n.° 1 (Feb. 14, 1953), 26-30, American Philosophical Society.

4   Entre esos autores se destaca William Hickling Prescott, con sus *A History of the Conquest of Mexico* (1843) y *A History of the Conquest of Peru* (1847). Dice en la primera de las obras que el cacique tlaxcalteca aliado con Cortés había muerto víctima de «... that terrible epidemic, the small-pox, which was now sweeping over the land like fire over the prairies, smiting down prince and peasant, and adding another to the long train of woes that followed the march of the white men». Véase también, como referencia contemporánea: Francis J. Brooks, «Revising the Conquest of Mexico: Smallpox, Sources, and Populations», *The Journal of Interdisciplinary History*, vol. 24, n.° 1 (Summer, 1993), 1-29.

5   Es vasta la lista de obras sobre el tema, entre ellos: William M. Denevan (ed.) *The Native Population of the Americas in 1492*, University of Wisconsin Press, 1992; Robert McCaa, «Spanish and Nahuatl Views on Smallpox and Demographic Catastrophe in Mexico», *The Journal of Interdisciplinary History*, vol. 25, n.° 3 (Winter, 1995), 397-431; Clark Spencer, «In the Wake of Columbus: Native Population Biology in the Postcontact Americas», *Yearbook of Physical Anthropology*, 37: 109-154 (1994); Noble David Cook, «Smallpox or Bartonellosis?»: Comment on «Epidemics and Demographic Disaster in Colonial Latin America: A Reassessment»; Robert McCaa, Aleta Nimlos y Teodoro Hampe Martínez, *Why Blame Smallpox? The Death of the Inca Huayna Capac and the Demographic Destruction of Tawantinsuyu (Ancient Peru)*; Robert McCaa, «¿Fue el siglo XVI una catástrofe demográfica para México? Una respuesta basada en la demografía histórica no cuantitativa», *Cuadernos de Historia*, n.° 15 (diciembre 1995), 123-136. También es muy interesante la observación realizada por Ambrósio Fernandes Brandão (apud A. Metcalf: *Go-betweens and the Colonization of Brasil, 1500-1600*, University of Texas Press, 2005, 144), propietario de un ingenio azucarero en Pernambuco a comienzos del siglo XVII, de que la viruela afectaba por igual a todos los nacidos en el Brasil, fuesen indios, blancos, mestizos o negros, y que se manifestaba muy rara vez en los que habían nacido en el Viejo Mundo.

6   Véase, como ejemplo, su generalizada aceptación en múltiples artículos y libros publicados con motivo de los 500 años del «encuentro entre culturas». Véase Francis J. Brooks, «Revising the Conquest of Mexico: Smallpox, Sources, and Populations», *The Journal of Interdisciplinary History*, vol. 24, n.° 1 (Summer, 1993), 1-29.

7   Es imprescindible entender, antes de manejar los datos, que los documentos que hacen referencia a situaciones de despoblación deben ser rigurosamente situados en el contexto de la época, porque todos ellos se encuadran en una singular negociación sobre el destino que les correspondía a las poblaciones existentes. Cito, por ejemplo, un documento de 1632 («Medios propuestos por D. Ant° de Barrasa y Cárdenas al Virrey para la reducción de los indios», Sica Sica, B. N. Madrid, ms. 1982, 236, apud Thierry Saignes, «Las etnias de charcas frente al sistema colonial (siglo XVII). Ausentismo y fugas en el debate sobre la mano de obra indígena, 1595-1665», *Jährbuch fur Geschichte Lateinamerika*, n.° 21, 1984, 58): «... la opinion asentada de que **al presente ay mas yndios que quando visito el señor don francisco de toledo porque su naturaleza es fecundísima y multiplican como conejos** y con mas libertad que en el tirano y riguroso gobierno del ynga que no los dejava un punto osiosos y por un alzar de ojos mataba cuatro o seis mil e ynfiero esta bien fundada y también que **no ay cacique que no sepa donde estan todos sus yndios sino que por ocultallos y que se escurezca su memoria los ausentan y con aparentes demonstraciones piden requisitorias para rreducirlos y hazen ynformaciones falsas de que son muertos sin que traingan ninguno sino conocimiento de todos para roballos** y conforme a esto y a la experiencia que tengo de que **con violencia es ymposible reduzillos...**». Énfasis míos. A. Metcalf, en su trabajo *Go-betweens and the Colonization of Brasil, 1500-1600* (University of Texas Press, 2005), tratando el tema de las posibles consecuencias del contagio de enfermedades en la colonización del Brasil, menciona (p. 132) la existencia de epidemias, pero concluye que estas no tuvieron las consecuencias catastróficas que se señalan para el Caribe y que, contrariamente a lo que allí habría sucedido, las poblaciones locales lograron superarlas sin desintegrarse socialmente. Véase también: Cook, Sherburne F. y Woodrow Borah, «The Historical Demography of Aboriginal and Colonial America: An Attempt at

Perspective», en William M. Denevan (ed.), *The Native Population of the Americas in 1492*, Madison, University of Wisconsin Press, 1976, 13-34. El área de México es aquella para la cual más se han profundizado esos estudios. Véanse, por ejemplo, Márquez Morfín, Lourdes, «La evolución cuantitativa de la población novohispana: siglos XVI, XVII y XVIII», en *El poblamiento de México: Una visión histórico-demográfica*, t. II: El México colonial, México, Comisión Nacional de Población, 1993, 36-63; Rudolph A. Zambardino, «Mexico's Population in the Sixteenth Century: Demographic Anomaly or Mathematical Illusion?», *Journal of Interdisciplinary History*, XI (1980), I-27.

8   Véase, por ejemplo, a Enrique Dussel en *1492, El encubrimiento del otro. Hacia el origen del mito de la modernidad*, La Paz, Editorial Plural, 1994. También: Guillaume Boccara, *Mundos nuevos en las fronteras del Nuevo Mundo. Relectura de los procesos coloniales de etnogénesis, etnificación y mestizaje en tiempos de globalización*, 2001.

9   A los hijos de español y de india o de indio y española, nos llaman mestizos, por decir que somos mezclados de ambas naciones; fue impuesto por los primeros españoles que tuvieron hijos en indias, y por ser nombre impuesto por nuestros padres y por su significación me lo llamo yo a boca llena, y me honro con él. Aunque en Indias, si a uno de ellos le dicen «sois un mestizo» o «es un mestizo», lo toman por menosprecio. (Garcilaso de la Vega, 1609, 505)

10   A este respecto, para no entrar en desarrollos complicados, formulo algunas preguntas a título de ejemplo (al lector se le ocurrirán muchísimas más) relativas a la espectacular inserción de China en el mercado mundial: ¿es que los chinos han sustituido la cultura «oriental» por la «occidental»? ¿Se puede entender la cultura china con un manual en inglés, ya que en ese idioma rotulan todos sus productos?, etcétera. No parecen existir tesis que expliquen esa situación por la sustitución de la cultura china por la cultura occidental, sino, más bien, abundan las relativas a la extraordinaria adaptación de ese *otro* a un mundo que, aparentemente, le era ajeno.

11   *Homo sum, humani nihil a me alienum puto.*

12   Siguiendo la lógica arriba expuesta, resulta claro que allí fue donde hubo más dificultades para establecer canales de comunicación. Primero por la ignorancia de las respectivas lenguas, y luego por la inexistencia de una estructura política basada en la estratificación social, que era la única en la que los españoles podían encontrar interlocutores adecuados. Fue, consecuentemente, una de las más costosas en términos de disminución de la población originaria y, ante la magnitud de la catástrofe, el lugar en donde surgirán las primeras manifestaciones occidentales de protesta ante esos hechos, como la muy conocida de Bartolomé de las Casas.

13   La historia puede entenderse como una sumatoria de decisiones individuales, y si es tan fácil perderse cuando intentamos hacer esas sumas, debido, fundamentalmente, a la imprecisión de las variables que manejamos, no lo es tanto cuando intentamos comprender el comportamiento de cada individuo aislado. Es el principio por el que opera el poder judicial al considerar que es posible contextualizar suficientemente la acción de un individuo particular como para llegar a establecer cuánto se ha apartado de una norma general.

14   La crónica inca recoge repetidamente la expresión *pachacutec*, con un significado que va del cataclismo geográfico a la revolución política; es el epíteto con el que calificó al más prestigioso de los incas.

15   Curiosamente, los mismos autores que se complacen en repetir la idea de que las exigencias de los conquistadores tuvieron como consecuencia la «destrucción del reino de Indias» y, en consecuencia, el comienzo de una nueva cultura (la «colonial») no dudan en aceptar la vitalidad de la cultura africana, pese a que esta se tuvo que expresar en el modo de ser y hacer de esclavos arrancados de su entorno social, deportados sin consideración, aislados en la inmensidad del continente y sometidos a un completo dominio.

16   En esa oportunidad los expedicionarios españoles y un pequeño grupo de indios aliados fueron sitiados dentro del Cuzco por las fuerzas comandadas por el Inca Manco. Inca cuya entronización habían asegurado los propios españoles luego del asesinato de Atahualpa en 1533.

¹⁷ Prueba de ello es que, como ya mencionara, cuando los europeos logran hacer contacto con las poblaciones indígenas de la costa atlántica en la zona de Pernambuco —una de las más alejadas de los Andes centrales—, reciben de estas la información de que al interior del continente reside el «rey blanco» (nuestro Inca), llamado así por la prodigiosa abundancia de plata con que se rodeaba.

¹⁸ Esto no debe sorprendernos si recordamos que los españoles llegan allí como aliados del Inca Manco Capac y junto con una importante fuerza militar indígena liderada por Paullo, su hermano y futuro Inca. *Chile* significa 'final' en quechua, y su utilización como topónimo deriva de que hasta allí había llegado la extensión del Incario. Es bastante evidente que los incas, al dirigir a la fuerza expedicionaria española hacia Chile, buscaban arrinconarla en los confines del imperio y enfrentarla a un poderoso enemigo.

¹⁹ En ese sentido está firmemente establecida la práctica, por parte de las poblaciones tupiguaraníes de la costa atlántica, de la organización de expediciones de rapiña a los dominios incaicos y, recíprocamente, la creación de una frontera fortificada por estos. Asimismo, en el plano de las continuidades históricas, los chiriguanos, pobladores de la frontera a la que hacíamos referencia y descendientes de los mencionados expedicionarios, serán luego heredados como enemigos consuetudinarios por los castellanos como sucesores del Imperio.

²⁰ Como mencionamos en el capítulo I, el levantamiento de Atahualpa seguramente estuvo marcado por la pretensión de Huáscar, fundada en la necesidad de procurarse bienes propios para sustentar a su propia panaca, de extender sus dominios al norte de Quito. La nueva élite castellano-inca estará integrada fundamentalmente por los sobrevivientes de la dura represión practicada por Atahualpa.

²¹ Traducción propia de «Domination without Dominance: Inca-Spanish Encounters in Early Colonial Peru» (Duke University Press, 2008), ya que lo que el autor quiere expresar es, como veremos, «dominación política sin dominación cultural». Asimismo destaco el aporte fundamental, con relación a la continuidad de la historia indígena, de la *Cambridge History of the Native Peoples of the Americas* (vol. 3, partes I y II), editada por Stuart B. Schwartz y Frank Salomon, Cambridge University Press, 1999. También, de Caroline Cunill: «La negociación indígena en el imperio ibérico: aportes a su discusión metodológica», *Colonial Latin American Review*, vol. 21, n.º 3, December 2012, 391-412. Y Harvard University, *En torno al indianismo, indigenismo y neoindigenismo*, 2006. A veces el cuestionamiento se da por caminos curiosos. Véase D. T. Juif y J. Baten, «On the human capital of Inca Indios before and after the Spanish Conquest. Was there a "Pre-Colonial Legacy"?» , *Explorations in Economic History* 50 (2013), 227-241.

²² Tesis que, según Lamana, se basa «on a fallacy that makes it look reasonable: the translation of military superiority into cultural superiority and, in terms of the unfolding historical process, of domination into dominance» (p. 14, el formato «kindle» en que dispongo del libro no me permite mayor precisión en la cita).

²³ «There is, however, a second way in which difference appears in conquerors' accounts: in the form of *snapshots*, flashes of alterity *tangled with* the Spaniards' actions. These are the passages I focus on. They differ from long descriptive sections because they are short sentences, followed by no elaboration, and because *they do not pause the plot but are part of it*» (p. 99, las cursivas son del autor). Para Lamana, la primera forma de interacción es la imitación y, al analizar la «cadena de actos miméticos» manifestados durante el «sitio de Cuzco» (1537), se manifiesta que «… Incas and Spaniards had more in common than sixteenth-century narratives (and most current ones) are willing to concede» (p. 158).

²⁴ Así lo explica el propio Lamana:

> Although the failure of Manco's war can make it appear reasonable to think that «that was it» (an illusion sixteenth-century Spanish narratives sustain), the argument of this chapter has been that dominance could only have been elusive to the conquerors after the war. The challenge to mastery that mimetic chains pose and the diverging political agencies during the siege challenged the conquerors' hegemonic pulsations and resulting subject positions. In other words, the war made evident that the Viracochas could not be defeated, nothing less, nothing else. That is why, rather than opening a period of stability, the end of the siege opened up a time of heightened uncertainty and radical improvisation. As a consequence the conquest

> took a spectacular turn: instead of moving toward accomplished Spanish mastery,
> what followed was the emergence of a new mestizo consciousness that, as it snarled
> up with the open conflicts among Christians and their radically diverging projects,
> effectively competed for the capacity to define the order-to-be (p. 195).

Traducción propia: «Si bien, la derrota militar de Manco [habla del "sitio de Cuzco", levantado por Almagro en 1537, quien provocó la huida del Inca Manco Capac y de sus fuerzas], puede hacer aparecer como razonable el pensar que "aquello fue todo" (una ilusión sustentada por las narraciones españolas del siglo XVI), el argumento de este capítulo ha sido que la dominancia solo pudo haber sido elusiva para los conquistadores luego de la guerra. El desafío que para el dominio plantean las cadenas miméticas y las diversas agencias políticas [indígenas y españolas, es entonces cuando aparecen tanto un Inca sustentado por los conquistadores como los enfrentamientos entre almagristas y pizarristas] manifestadas durante el sitio desafiaron las pulsaciones hegemónicas de los conquistadores y las resultantes posiciones subjetivas. En otras palabras, la guerra hizo evidente que los Viracochas [los españoles] no podían ser derrotados, nada menos y nada más. Es por ello que, en lugar de abrir un período de estabilidad, el final del sitio abrió un tiempo de aguda incertidumbre y de radical improvisación. Como consecuencia la conquista tomó un giro espectacular: en lugar de desplazarse hacia un total dominio Español, lo que sucedió fue la emergencia de una nueva conciencia mestiza la cual, al combinarse con el conflicto abierto entre los propios Cristianos y sus radicalmente divergentes proyectos, pudo competir efectivamente para definir [cómo debía ser] el orden de las cosas».

[25] Al igual que sus lejanos descendientes latinoamericanos, Felipe II, al asumir el trono y encontrarse con las arcas vacías, utilizó el recurso de pagar únicamente los vencimientos inminentes y saldar los otros con deuda a más largo plazo (y mayor interés), y finalmente terminó dando quiebra —pese al aumento de las remesas enviadas desde América— en el año 1576.

[26] Aproximadamente un quinto del ingreso fiscal llegó a provenir, a fines del siglo XVI, de la plata que se remitía del Perú. Véase C. B. Kroeber, «The Mobilization of Philip II's Revenue in Peru, 1590-1596», *The Economic History Review*, New Series, vol. 10, n.º 3, 1958.

[27] La forma que se fue dando ese proceso de apropiación del Incario es parte de la evidencia de la necesidad de respetar su modo de funcionamiento. Destaco como práctica incaica las *visitas* a las diferentes regiones del eximperio, realizadas ahora por funcionarios españoles en lugar de por el propio Inca o de sus *tocricoc* o *inspectores*. Las visitas —que en el contexto castellano son un procedimiento esencialmente religioso— consisten en tratar de evaluar económicamente, quipucamayos mediante, las potencialidades de cada región. Véase, de María Diez-Canseco, «Visitas de Indios en el siglo XVI», en *Cahiers du monde hispanique et luso-brésilien*, n.º 7, 1966, 85-92. Es curioso que no se haya destacado el hecho de que, en un contexto similar, dicha práctica no tuviese la misma relevancia en los dominios mexicanos.

[28] Campaña basada en la tardía e interesada (las órdenes religiosas entre sí y todas contra el clero secular —acusado de cómplice— se disputaban a «sus ovejas» y al diezmo y los bienes que estas aportaban) denuncia de que, pese a llevar medio siglo de cristianizados, los indios seguían «adorando a sus ídolos».

[29] Tomado del título de la obra del historiador argentino Roberto Levillier: *Don Francisco de Toledo, supremo organizador del Perú, su vida, su obra (1515-1582)*, Buenos Aires, Porter Hnos., 1935-1940.

[30] Así empieza la «Relación Sumaria de lo que se Contiene en la Información de la Tiranía de los Ingas S.C.R.M.»: «Entiendo **lo que importa al servicio de V. M., orden y asiento y conservación destos reinos del Pirú,** y para que con más facilidad se puedan plantar la doctrina cristiana y luz evangélica en los naturales dellos, y para la buena gobernación de sus repúblicas **y mirar la orden que se podría dar,** así en esto como para que fuesen mantenidos en paz y justicia y se excusasen **las vejaciones y molestias que se ha entendido questos naturales han recibido y cada dia van recibiendo de sus caciques y mayores,** que son muchas y dignas de remedio; demás de ir proveyendo el que para esto ha sido necesario en esta visita general que voy haciendo en todas las provincias del hasta llegar á la ciudad del Cuzco, mandé hacer y se ha hecho una Información con número de cien testigos destos naturales, de los más viejos y ancianos y de mejor entendimiento que se han podido hallar, de los cuales muchos son caciques y principales, y otros de la decendencia de los Ingas que hubo en esta tierra, y los demás indios viejos de

quien se entendio que con más claridad y razón la podrían dar para los efectos arriba dichos [...]». Énfasis míos. La aclaración de que esa fue su estrategia para «ordenar» el Perú es repetida en numerosos documentos.

[31] «Informe del licenciado Juan Polo de Ondegardo al licenciado Briviesca de Muñatones sobre la perpetuidad de las encomiendas en el Perú», *Revista Histórica*, t. XIII, 125-196, Lima, 1946. «**Resulta eficaçísima causa para no tocar a la orden que estos naturales tienen** bastaría entender que todo **los indios que estavan fuera de la orden del inga** que después se ha procurado ponellos debaxo del dominio de su magestad y que siruan y sean xpianos, ni emos podido salir con ello, si avn empeçádolo hasta que todos se an acabado entresimismos o pocomenos, y a sido neçeszario conquistallos muchas vezes, como los de Chili del rrío de Maule para adelante, y lo de los Bracamoros, y los Llanos, y otros. **Finalmente, no ay ningunos de que se pueda hazer caso sino los hallamos diçiplinados ni industriados en la orden del inga, ni nosotros los podemos poner en ella, ni tenemos aparejo ni industrias para ello**; y çierto siendo esto así y aviéndolo visto por vista de ojos, **no acabo de entender quién tracta de medios en lo que está tan bien ordenado...**» Énfasis míos. «Informe del licenciado Juan Polo de Ondegardo...», 178-179. Es importante destacar que cuando Ondegardo habla de respetar el orden incaico, no lo hace como referencia general, sino a los detalles prácticos de su funcionamiento, a la necesaria inserción de los españoles en el ámbito cultural andino: «De todo esto se entiende mejor las Razones que se pueden dar y **la prinçipal y verdadera es aver tractado estos indios y conosçer su condiçión** [...] y así que **todas las vezes que sacaremos esta comunidad de poder del caçique y a cada vno de poder de la comunidad para que por su interez procuren que acudan el el trabajo que le cabe** para cumplir con la taza y se meta en contribuçión, en siendo de hedad, lo qual todos negoçían y procuran por la orden que agora tienen, **no ay duda ninguna ni yo la tengo, sino que muy poco tiempo se perderían...**». Énfasis míos. «Informe del licenciado Juan Polo de Ondegardo...», 180-181.

[32] Véase a este propósito *Mujeres indias y señores de la coca: Potosí y Cuzco en el siglo XVI*, de Paulina Numhauser, Madrid, 2005.

[33] Véase, por ejemplo, el artículo de J. Villarías Robles y I. de Mamán «El encomendero Polo de Ondegardo y los *mitimaes* del valle de Cochabamba: los interrogatorios contra los indios de Paria y Tapacarí», *Anuario de Estudios Americanos*, t. LV, 2, 1998, 631-651. Nuevamente, en el interrogatorio que figura en el apéndice, se expresa la permanencia del mundo incaico bajo realidad «española»: «VII. Iten, si saven, etçétera, que, devaxo de la encomienda del dicho Rodrigo de Orellana, están los indios mitimaes quillacas y los mitimaes carangas y los mitimaes chilques y collas y de Asángaro, [...] y están en las mismas tierras que se venefiçiaban para el Inga y acuden con sus tributos al dicho [...] su encomendero».

[34] Tomado de la «Relación sumaria»: «[...] se prueba con estos testigos que el dicho Topa Inga Yupanqui, padre de Huaina Capac, fue el que primero conquistó y **sujetó tiránicamente á todos los naturales destos reinos**, desde esta ciudad de Cuzco hasta las provincias de Chile, y que de aquí para abajo hasta la provincia de Quito, **haciéndoles muy cruda guerra y matándolos y asolando las tierras é indios que no se le querían sujetar y reconocerle por Señor, y otras muchas crueldades; y mudando á unos indios de sus tierras á otras para asegurarlos, porque no se tornasen á levantar contra él; y asi tiránicamente sujetó y puso debajo de su obediencia todo lo que está dicho**». Énfasis mío. Véase también «Francisco de Toledo and His Campaign against the Incas», de Catherine Julien, *Colonial Latin American Review*, vol. 16, n.º 2, December 2007, 243-272.

[35] También sobre este tópico hay múltiples ejemplos, como el siguiente tomado del «Memorial que D. Frco. de Toledo dio al Rey Nuestro Señor del estado en que dejó las cosas del Perú después de haber sido en el Virrey y Capitán General trece años que comenzaron en 1569». El memorial tiene 31 apartados y, en prácticamente todos, realiza la comparación entre la situación que él encontró y la que dejó. Singularmente no hay cambios, es siempre la misma, antes y después, con la única diferencia de que, si bien siguen haciendo lo mismo, ahora lo hacen por «orden de su Magestad». Veamos un ejemplo del apartado XVII: «[...] gobernábanse y tenianlos sujetos los Caciques que fueron sucediendo en ese servicio, desde el tiempo de la tirania de los incas, y cuando estos morian, heredaban y subcedian sus hijos que fuesen cristianos que no [...]», agregando unas pocas líneas más abajo los resultados de su intervención: «[...] dié-

ronseles á todos los Caciques títulos de sus cacicasgos en nombre de V.M. por los cuales entienden que han de estar y están pendientes de V.M. y de vuestros ministros, y que han de ser preferidos en la subcesion [...] los que fueren de mayor cristiandad [...]». Siguen gobernando los Caciques y el único cambio pasa a ser una hipotética preferencia por «los más cristianos».

36 En particular el consumo de coca que dio lugar a un verdadero enriquecimiento de parcialidades indígenas. Véase a este propósito *Mujeres indias y señores de la coca: Potosí y Cuzco en el siglo XVI*, de Paulina Numhauser, Madrid, 2005.

37 El tema de las características que adoptó la economía colonial, en la medida en que es considerado determinante de políticas actuales, ha generado notorios debates y una voluminosa bibliografía. Menciono, porque permite ponerse al día con esa discusión, «Economía del período colonial temprano», t. 2, del *Compendio de Historia Económica del Perú*, editado por Carlos Contreras, Banco Central de la Reserva del Perú e Instituto de Estudios Peruanos, Perú, 2009. No es el propósito de esta tesis entrar en esa polémica en sus aspectos técnico-económicos, sino señalar el hecho de que esas modalidades, como se apoyaron en la base cultural existente, no pudieron afectar esencialmente las características idiosincráticas, y que son estas las que, en última instancia, determinaron los resultados del «feudalismo», «mercantilismo» o «capitalismo» andino. Uno de los más destacados exponentes de ese tipo de postura es Carlos Sempat Assadourian; véase *El sistema de la economía colonial, mercado interno, regiones y espacio económico*, Instituto de Estudios Peruanos, 1982.

38 También es importante advertir que, por su trascendencia mundial, se ha tendido a exagerar la importancia que la producción de metales preciosos tuvo en el conjunto de la economía americana. Tal como dice John R. Fisher en *Relaciones económicas entre España y América hasta la independencia*, Mapfre, Madrid, 1992: «[...] el hincapié que hacen los estudiosos en el desarrollo y el mantenimiento de la industria minera, [...] tiende a obscurecer un dato muy importante: que, a lo largo del período colonial, como también en la centuria que siguió a la independencia, la mayoría de los americanos dependía para su subsistencia y su organización social en la producción y el intercambio de mercancías agrícolas, y que, incluso a fines del siglo XVIII, cuando la producción minera llegó a cifras sin precedentes, el número de hispanoamericanos que se dedicaban **directamente** al trabajo de minería no pasaba probablemente de 75.000 en una población que ya llegaba, aproximadamente, a 17.000.000». Énfasis del autor.

39 Describo muy rápidamente, para que se entienda mejor, la forma en que se desarrolló el proceso —durante los primeros 50 años pos-Conquista— que termina con la generalización de la contribución en plata.

Para ello debemos situarnos a nivel de la masa de la población, los indios de comunidad, quienes en los inicios del proceso, como súbditos del Inca, tributan en trabajo, cultivando las tierras del Sol y del Inca y en las diversas mitas que se les requieren. Para la enorme mayoría de ellos, todos los que no residían sobre las principales vías de circulación y los centros poblados sobre los que se desarrollaron los episodios de la Conquista, esta última, en términos prácticos, con relación a su cotidianidad prácticamente no existió. Siguieron cultivando las tierras del Estado y sirviendo por turnos a sus curacas.

Paulatinamente, a medida que se van concretando los repartos de encomiendas y que se diluye la presencia de la demanda estatal (cae la organización incaica pero demorará mucho en ser reemplazada por el Estado español), irá produciéndose un doble proceso de empoderamiento de esos excedentes, fundamentalmente por parte del encomendero, pero también de los caciques locales (ambos actúan generalmente en complicidad), quienes se autodestinan el producto de las tierras estatales o de los bienes que antes reclamaba el Estado incaico (siempre en forma de trabajo, por ejemplo tejidos, para los cuales aportaba la lana y la comunidad hacía el tejido, contribución que pasa a conocerse como *obrajes*). Pero también de la propia comunidad, que, debilitada la estructura del poder por la catástrofe de la Conquista, aprovecha para renegociar su —forzada, no lo olvidemos— contribución en trabajo.

Algunas de esas encomiendas tienen el privilegio de encontrarse en zonas mineras y, al igual que el Inca, reciben en metales el producto del trabajo de sus comunidades. Hacia ellas convergen inmediatamente los celos de los encomenderos y la avidez fiscal del Estado español, convocado por los apabullantes tesoros enviados por Pizarro. Veinte años de guerras civiles entre españoles y sus circunstanciales aliados indígenas caracterizan esa disputa.

Finalmente estas se resuelven por un acuerdo entre el Estado español, los encomenderos y los jefes indígenas (recordemos que estos en buena medida se han ido fundiendo, en los estratos superiores, en una nueva élite andino-criolla), basado en el reconocimiento de los privilegios de cada una de las partes. Los encomenderos seguirán siendo encomenderos (se les había querido quitar las encomiendas), pero deben reconocer, en la práctica, que la autoridad política del monarca se expresa en su derecho a exigir contribuciones a los indios; contribuciones que, necesariamente, reducen la cuantía de lo que, hasta entonces, encajaban los propios encomenderos. Los jefes indígenas conservan su papel y, como tales, la responsabilidad de organizar la sociedad indígena sobre la base de una contribución fija en productos, la que se conoce como *tasa*. Esta tasa se impone a las diversas comunidades repartidas en las encomiendas.

La tasa, aunque aparenta una revolución con relación al sistema de contribución incaico basado en el trabajo comunitario, no es más que la expresión en términos fácilmente contables de este. Según el testimonio de quienes la hicieron, la tasa consistió únicamente en traducir cantidades de trabajo en cantidades de producto. En términos prácticos, si las tierras del Sol y del Inca producían x cantidad de maíz, lo que se le pide a la comunidad es esa cantidad, y lo mismo en minerales, en tejidos o en coca, etcétera, de acuerdo con la productividad del tiempo que dedicaban a esas labores.

De esa manera, contando con cantidades, era posible determinar *a priori* qué parte le tocaba a quién, al fisco, a la Iglesia, a los encomenderos y a los caciques. Sin embargo, al pretender fijar algo que por su carácter de producción natural era extremadamente variable, la tasación dio lugar a permanentes conflictos y, aparentemente, a una sobreexplotación de los comuneros que, independientemente de los resultados físicos, eran exigidos en el cumplimiento del tributo. Situación caótica que afectaba a todos los indios menos a aquellos privilegiados que, por tributar en plata —tributo fuertemente estimulado por el fisco y por quienes ambicionaban volverse a España con sus riquezas—, solo dependían de su turno de trabajo en las minas y no de los caprichos de la naturaleza.

[40] Luis Capoche, en un informe al virrey del año 1585 (*Relación general de la Villa Imperial de Potosí*, Madrid: Biblioteca de Autores Españoles, 1959, 135), considera este proceso como una consecuencia del descubrimiento de las minas de Potosí: «[…] mientras hubo el aprovechamiento e interés que se seguía de la guaira [también *guayra*, es el procedimiento indígena de extracción de la plata, que solo es aplicable a minerales muy ricos], los caciques y encomenderos enviaban indios de los repartimientos [encomiendas], porque con los de aquí [Potosí] pagaban la parte de la plata que tenían de tasa y los indios de los pueblos daban el ganado y ropa [contra plata, a los que trabajaban en las minas].

[41] Situación que empieza a ser reconocida por los investigadores: «Visto de esta manera, y con los números que surgen del esquema teórico correspondiente a la institución de la mita, 1/7 de los tributarios utilizaban ⅓ de su capacidad individual de trabajo para pagar el correspondiente a todo el repartimiento. Esto significa destinar 1/21 de la capacidad de trabajo del grupo para cumplir con las exigencias tributarias. ¿Dónde está la explotación medida como extracción de excedente?». Tomado de H. O. Noejovich y E. C. Salles, «La deconstrucción y reconstrucción de un discurso histórico: a propósito de la mita toledana», *Fronteras de la Historia* 11, ICANH, 2006, 432. De manera similar lo expresa Thierry Saignes en «Las etnias de charcas frente al sistema colonial (siglo XVII). Ausentismo y fugas en el debate sobre la mano de obra indígena, 1595-1665», *Jährbuch fur Geschichte Lateinamerika*, n.° 21, 1984, 29, quien, al referirse a las medidas impuestas por Toledo, se pregunta si estas «¿No traducen más bien nuevas estrategias indígenas frente a las presiones del mercado y las coacciones coloniales?».

[42] Recordemos que, en pleno apogeo de la llegada del metálico americano, la corona española dará quiebra dos veces.

[43] Potosí, en la actual Bolivia, fue el principal yacimiento argentífero de América y, como tal, el centro de atención de toda la empresa colonizadora. Así lo describe fray Reginaldo de Lizárraga en la última década del siglo XVI: «Este cerro es conocidísimo entre mil que hobiera; parece que la naturaleza se esmeró en criarle como cosa de donde tanta riqueza había de salir; es como el centro de todas las Indias, fin e

paradero de los que a ellas venimos. Quien no ha visto a Potosí no ha visto las indias. Es la riqueza del mundo, terror del Turco, freno de los enemigos de la fe y del nombre de los españoles, asombro de los herejes, silencio de las bárbaras naciones. Todos estos epítetos le convienen. Con la riqueza que ha salido de Potosí Italia, Francia, Flandes y Alemaña son ricas, y hasta el Turco tiene en su Tesoro barras de Potosí». En *Descripción breve de toda la tierra del Perú, Tucumán, Río de la Plata y Chile.*

Se calcula en 17 millones de toneladas la cantidad de plata que de allí se extrajo. Expresado en moneda fueron unos 607.000 millones de pesos de plata, cifra que hay que multiplicar por 23 para aproximarse a su valor en dólares actuales.

Es por todos conocida la importancia de Potosí en el contexto de la historia colonial americana. Sin embargo, lo que ha sido muy poco estudiado son las circunstancias de la propia historia potosina, que, como corolario de su trascendencia estratégica, no pudo dejar de tener un efecto significativo en la conformación de todo el mundo sudamericano. A este respecto es el momento de señalar mi deuda con la obra de Bartolomé Arzáns de Orsúa y Vela, *Historia de la Villa Imperial de Potosí*, escrita hacia 1705, la cual, en buena medida, es el punto de partida de este trabajo. Es una obra singular, de difícil lectura —no se destaca por su redacción—, pero que, por su ingenuidad, nos enfrenta sin ambages con las múltiples facetas de un mundo por lo menos dicotómico y que, hasta entonces, se presentaba como el centro del interés «español». Enterarme, entre muchas cosas, de que allí, durante las celebraciones oficiales, junto a los emblemas de la monarquía española seguían desfilando representaciones de las momias de los reyes incas y que en el teatro tanto se exhibían representaciones clásicas como historias de indios me hizo ver que la versión ortodoxa de un dominio cultural europeo era, por lo menos, imprecisa. Utilicé principalmente la edición de Lewis Hanke y Gunnar Mendoza (Brown University Press, Providence, 1965), que incluye un interesante prólogo del primero. Con respecto a la minería específicamente, véase, por ejemplo, para una descripción general de la situación: *Indian Labor in Potosí*, de Peter Bakewell, University of New Mexico Press, Albuquerque, 1984.

44 El único recurso alternativo disponible, el esclavo negro, no sobrevivía en esas condiciones. «En julio 26, 1608, la Corona inquirió si sería conveniente introducir esclavos negros por Buenos Aires para relevar a los indios en la labor de las minas. La respuesta, de febrero 18, 1610, dice que los negros no eran útiles en las minas. Archivo General de Indias, Charcas 35.» Apud nota 111 del prólogo de Lewis Hanke a la *Relación general de la Villa Imperial de Potosí*, de Luis Capoche, Biblioteca de Autores Españoles, Madrid, 1959.

> Desde el descubrimiento y fundación de este asiento y villa de Potosí, ha sido costumbre muy guardada, Excelentísimo Señor, entre los naturales, de tratar y contratar con libertad en los metales que sacan del cerro, vendiéndolos en plaza pública (que para solo este ministerio tienen señalada), en la cual se junta gran concurso de indios e indias a vender lo que han adquirido y sacado, y otros a comprarlo, así lo rico para la guaira, como los metales que se benefician por azogue.
> (Luis Capoche, *Relación general de la Villa Imperial de Potosí*, Biblioteca de Autores Españoles, Madrid, 1959, 150)

45 Véanse las famosas descripciones expuestas en *Las venas abiertas...*, de Eduardo Galeano, con sus millones de indios forzados a ser, literalmente, tragados por la montaña. Descripciones que todavía repiten los guías indígenas afectados al circuito turístico por el que se visita el «cerro rico». Sin duda que la montaña, más rápido o más despacio, los mató —como a todos los mineros del mundo que trabajaron en condiciones insalubres y en jornadas agotadoras—, pero, antes de matarlos, también aseguró las condiciones de subsistencia y de reproducción del grupo al que pertenecían. Dice Galeano: «En tres centurias, el cerro rico de Potosí quemó, según Josiah Conder, ocho millones de vidas. **Los indios eran arrancados de las comunidades agrícolas y arriados, junto con sus mujeres y sus hijos, rumbo al cerro**. De cada diez que marchaban hacia los altos páramos helados, siete no regresaban jamás». Eduardo Galeano, *Las venas abiertas de América Latina*; énfasis mío. Las difíciles condiciones son testimoniadas por el empresario minero Luis Capoche, en el año 1585: «Y así está el hospital [lleno] de indios heridos, y mueren cada año más de cincuenta, que esta fiera bestia [el cerro de Potosí] se traga vivos. Y al presente, se están siguiendo más de setenta causas criminales de muertes de indios en los tribunales de juez de naturales y alcalde de minas». *Relación general de la Villa Imperial de Potosí*, Biblioteca de Autores Españoles,

Madrid, 1959, 159. No tiene mucho sentido contabilizar un drama, pero, a título comparativo con los 8 millones de muertos arriba postulados, la estimación de Capoche, en pleno apogeo de la mina, daría unas 15.000 a 20.000 víctimas fatales.

[46] Nuevamente, casi toda la documentación relativa al tema habla abiertamente de ello. Cito al licenciado Matienço en su *Memoria al excelentíssimo señor don Francisco de Toledo visorrey [...] sobre el labrar de las minas*, publicada en la Colección de Documentos Inéditos relativos al Descubrimiento, Conquista y Organización de las Antiguas Posesiones Españolas de América y Oceanía, t. XXIV, Madrid, 1875, 152 y sgts.: «Lo sexto, que se tenga quenta con dar medios para que los indios saquen plata, y la que sacaren la puedan sacar de poder los españoles [...] El remedio para sacar plata los yndios, se proveen de dos maneras, dandoles la manera con que la saquen y proveyendo de donde la puedan sacar la manera como la saquen, [...] y para que no les falte la materia ni de donde les puedan aver, se les puede mandar pagar en el mismo metal que sacasen [...] También paresce que los yndios no paguen en este asiento [está hablando específicamente de Potosí] ni en los demas asientos de minas, al español ni a otra persona alguna, en plata quintada ni en reales, sino en plata corriente por quintar, porque desta manera saquen plata nueba; y para esto servirá tambien el pagarlos en metal, de donde se ynfiere, que no parece convenir mandar que los ynidos que estobieren en los asientos, hagan reales ni quiten [«quinten», acto de legalizarla mediante el sellado y momento en el que se extrae el «quinto real»] la plata que sacaren, pues la an de quintar los españoles sino fuese en solo dos casos, que es quando hazen barras para pagar su tasa, o quando sacan fuera del asiento la plata [...]». Todavía a fines del siglo XVIII se puede constatar la adhesión de los indios a esa propuesta. Así lo expresa Pedro Vicente Cañete y Domínguez en su *Guía histórica, geográfica, física, política, civil y legal del Gobierno e Intendencia de la Provincia de Potosí* (1791), Editorial Potosí, 1952, 513-514: «Después de la conquista, [...] El cultivo de las tierras se trocó en cultivo de las minas y se hizo preciso emplear en su trabajo una gran parte de **los indios. Luego que estos observaron el ansia con que todos corrían al rescate de los metales, sin necesidad de buscar ellos compradores, juzgaron a la minería por la más importante y más útil de las artes; y desde entonces hasta ahora conservan esta errada preferencia,** por más acomodada a su índole ambiciosa y lerda, **por la facilidad con que en un día recogen una o dos libras de metal, que reducen a plata efectiva** con que se emborrachan y tienen un día bueno, **sin haber tenido los cuidados, los gastos y las esperas que necesita la agricultura** para dar provecho al labrador». Énfasis míos.

[47] La *huayra* es un hornillo de barro, como una olla con numerosos agujeros en su base y sus costados, que se rellena de combustible (bosta de llama y carbón de ramas de arbustos), de mineral de gran pureza y de tierras salitrosas que sirven de mordiente, y que, colocada en las alturas logra, gracias a los fuertes vientos que soplan en la montaña, la temperatura suficiente para extraer el metal.

[48] El sistema de denuncia es complicado. Se partía de la localización de una veta en la superficie del cerro y de su identificación en el plano —se marcaba un cuadrilátero con las dimensiones suficientes para acceder a las partes subterráneas de la veta—, luego se prolongaba por su proyección en el volumen del cerro, proyección que, generalmente, no coincidía con la orientación que las vetas tomaban en el interior de este, dando lugar a múltiples conflictos con relación a los derechos de propiedad sobre el mineral que llegaba a la superficie.

[49] Para extraer la plata se molía el mineral, se hacía una pasta agregándole mercurio y hierro molido, se mezclaba hasta que el mineral de plata se combinara con aquel, se eliminaba el polvo de roca sobrante con una corriente de agua que arrastraba los materiales más ligeros y luego se recuperaba la plata evaporando el mercurio con calor. Es el procedimiento conocido como *amalgama*.

[50] El monopolio del mercurio fue otra notable decisión política del virrey Toledo, seguramente la que mejor aseguró a la corona su participación en la extracción de plata. A saber: como el mercurio se volvió imprescindible para la extracción de plata, los mineros —los azogueros, como justamente se los conocía— debían comprarlo sí o sí al monopolio estatal (aunque esa plata fuese destinada —como lo era en una gran proporción— a diversas formas de contrabando y no a su sellado por la autoridad fiscal), y, por esa vía, estaban obligados a volcar parte de la plata que producían al circuito fiscal.

51 Luis Capoche, en su *Relación general de la Villa Imperial de Potosí*, de 1585 (Biblioteca de Autores Españoles, Madrid, 1959), historiando el proceso de la minería colonial, señala reiteradamente el protagonismo de los indígenas en el proceso de descubrimiento y explotación de las minas y, claramente, la conveniencia que en ello veían: «Andan los indios tan codiciosos de sus aprovechamientos [de las minas] y granjerías que, conociendo la libertad en que los tiene Su Majestad y que son señores de sus haciendas y de los descubrimientos de las minas que hacen como los españoles [...]» (p. 133). Además menciona, en un caso en que nos muestra lo peligroso que es tratar esquemáticamente una compleja situación, como denunciante de una mina, a «Catalina Arupo, india natural del Cuzco» (p. 131), india y mujer.

52 *Diccionario y maneras de hablar que se usan en las minas y sus labores en los ingenios y beneficios de los metales*, de García de Llanos, fechado en Lima en el año de 1611. Es notable que de los 258 términos del diccionario, 160 (el 62 por ciento) provengan del quechua o del aimara; y no son términos marginales, sino aquellos, como los que se refieren al contenido en plata de los diferentes minerales, esenciales en el funcionamiento de todo el sistema. García de Llanos fue minero en Potosí, donde también, por su conocimiento del oficio, se desempeñó oficialmente como veedor de las minas. La obra, por su precisión, es un documento fundamental para entender el funcionamiento del sistema minero colonial. La versión que manejamos es la editada por el Consejo Superior del Colegio de Ingenieros de Minas, Madrid, 2009. Véase también: *Terminología minera de origen americano en el arte de los metales (1640) de Álvaro Alonso Barba*, de María Teresa Cantillo Nieves.

53 El control indígena del proceso minero es recogido en todos los documentos que lo describen. Así lo expresa Luis Capoche, en su *Relación general de la Villa Imperial de Potosí*, de 1585 (Biblioteca de Autores Españoles, Madrid, 1959, 138. «[...] nombró Su Excelencia [el virrey Toledo] seis indios principales por procuradores, con título de capitanes, y que fuesen caciques por la calidad de sus personas para que tuviesen el gobierno y la administración de todos estos indios [los que iban a la mita minera] [...] y nombrando alguaciles [también indios] y quipocamayos, que son contadores de la comunidad, que tienen cuenta y razón por unos hilos de diversos colores [...] en los cuales por unos nudos que van dando se entienden de manera que no les hace falta la letra para la cuenta de las tasas y negocios. Y aunque tengan indios ladinos que sepan leer y escribir, como los hay en los repartimientos, no les encargan ni fían de la tinta y papel esta razón.»

54 Así lo destaca, hablando de Potosí, el propio virrey Toledo en su *Memorial que D. Frco. de Toledo dio al Rey Nuestro Señor del estado en que dejó las cosas del Perú después de haber sido en el Virrey y Capitán General trece años que comenzaron en 1569*, apartado XXX: «[...] porque al celo de la plata que se saca, acuden á aquel asiento de mas de la cantidad de indios que yo repartí y mandé que fuesen [con la mita minera], muchos á sus granjerías y contrataciones, porque allí tienen salida de todas las cosas que hacen y se crian en sus tierras y ganan sus jornales los que por alquiler quieren estar sirviendo, pagados en buena moneda de reales [...]».

55 El detalle de todo el sistema es interesantísimo pero nos desvía del objetivo de este texto. El mineral extraído es tasado —en plata amonedada— en función de la cantidad de plata pura que se estima debe contener —lo estiman los propios indios que son los expertos—, menos los costos del azoguero. Lo curioso es que, tras esa valoración nominal, el indio se cobra su trabajo en el mismo mineral de plata —hay denuncias de que se aprovechaba del sistema reteniendo para sí el de mejor ley— que muchas veces utiliza directamente en el mercado o termina cambiando por plata en lingotes o amonedada. Es el momento de aclarar que una proporción importante, pero muy difícil de precisar, de la plata no se «sellaba», es decir, no se declaraba con fines fiscales y circulaba bajo forma de *piñas* —el metal que queda luego de extraer el mercurio—, por eso con mayor número de impurezas, o de metal fundido —ya más puro—, tanto en forma de lingotes como de objetos. La plata se sellaba en la casa de la moneda de Potosí, en donde, con métodos rudimentarios, se estimaba la «ley», la proporción de plata pura presente en un metal que siempre contenía impurezas (partes de cobre, en particular).

56 Privilegios que, o se mantienen o los indios no trabajan, dicho por ellos mismos (énfasis mío): «[...] y **si nos quitasen el aprouechamiento que tenemos destos metales sería causa de que todos los que tienen aprouechamyento nos ausentaríamos desta uilla y los capitanes padescerían trauajos**

para poder proueer de yndios a las dichas minas e yngenios y ansí pedimos nos dexen libremente traujar y traer el dicho nuestro aprouechamiento [...]». Firman: Juan Colque, Martín Cari y Manuel Guachalla. En «Conclusión» del «Extracto de la probanza sobre venta de metales» (Potosí, noviembre de 1579, *AGI, Charcas*, 78 n.° 27, ff. 1-21 v), publicado como apéndice 2 del trabajo de Josep M. Barnadas *Una polémica colonial: Potosí 1579-1584*, 46. La misma publicación reproduce en el apéndice 6 el «Parecer sobre el rescate de los metales de la villa de Potosí del Padre fray Joan de Valençuela carmelita - Presentado en sancta Teulugía», (1583), *AGI, Charcas*, 35 n.° 5, 64, un claro testimonio de la imposibilidad de imponer reglas al trabajo indígena (énfasis mío): «Otros yndios ay que llaman mingados o alquilados, que voluntariamente se alquilan; a éstos, por particular concierto entre ellos y los señores de minas, se les paga cada día a cada uno quatro reales **y se les permite a éstos que lleuen una corpa o piedra de la mina donde trabajan, la qual dan los señores de minas contra su voluntad, mouidos de temor que no se les vayan, por ser gente que trabaja con libertad de yr quando quieren»**.

[57] La excepción son las áreas costeras donde fue posible combinar el progresivo desplazamiento (y/o asimilación a los intereses criollos) de la población indígena y la introducción de los negros africanos como mano de obra esclava.

[58] En un mundo vuelto aún más caótico por efecto de la invasión europea, el recurso al rito como elemento ordenador del cosmos y, en particular, de las funciones sociales debe haberse reforzado. Véase con relación a la función del rito, por ejemplo, de John D. Kelly y Martha Kaplan, «History, Structure, and Ritual», *Annual Review of Anthropology*, vol. 19 (1990), 119-150.

En ese sentido es muy interesante el análisis que hace Shiddarta Vásquez Córdoba del texto de Bartolomé Arzáns de Orsúa y Vela, *Historia de la Villa Imperial de Potosí* (1705), en el cual, aplicando la metodología del análisis de redes, concluye que la historia está organizada en base a una secuencia determinada por la sucesión de una situación de caos, seguida de un rito de invocación para remediarlo, al que sigue un milagro que le pone fin y culmina con otro rito, ahora de agradecimiento (*La crónica de Potosí y sus milagros: Complejidad cultural y modelación de las relaciones simbólicas*, tesis de doctorado, University of Western Ontario, Canadá, 2010, 69).

Con relación a nuestro tema, es notable cómo el autor, que identifica a la gran mayoría de los protagonistas como de origen indígena (*indígenas, mujeres, pueblo de Potosí, mestizos, indios criollos*), con una significativamente escasa participación de *españoles* y *criollos*, entiende que esa ritualidad se enmarca plenamente en la tradición católica, sin sospechar que, muy por el contrario, lo que se está evidenciando, a través de la persona de Arzáns, es que es la idiosincrasia indígena la que ha sido incorporada a la realidad criolla.

Aclaremos que también llamaban *criollos* a los indios nacidos en Potosí. ANP. Derecho Indígena (D. I.) L. XXIV C. 706. 1786. Autos promovidos en virtud del decreto expedido por el Superior Gobierno para que se empadronasen a los indios llamados ausentes con los originarios. Apud Ward Stavig en «Continuing the Bleeding of These Pueblos Will Shortly Make Them Cadavers: The Potosi Mita, Cultural Identity, and Communal Survival in Colonial Peru», *The Americas*, vol. 56, n.° 4 (Apr., 2000), 543.

Vuelvo a enfatizar en la influencia de Arzáns en la idea de esta tesis. Cómo es posible que él, escribiendo en el siglo XVIII, relatara con total naturalidad, describiendo las celebraciones hechas en honor de la virgen en 1555, que, como parte de los festejos, se presentaron «[...] ocho comedias: las cuatro primeras representaron con general aplauso los nobles indios. Fue la una el origen de los monarcas ingas del Perú, en que muy al vivo se representó el modo y manera con que los señores y sabios del Cuzco introdujeron al felicísimo Mancco Ccápac I a la regia silla, cómo fue recibido por inga (que es lo mismo que grande y poderoso monarca), [...] La cuarta fue la ruina del imperio inga: representóse en ella la entrada de los españoles al Perú; prisión injusta que hicieron de Atahuallpa, [...] tiranías y lástimas que ejecutaron los españoles en los indios; la máquina de oro y plata que ofreció porque no le quitasen la vida, y muerte que le dieron en Cajamarca. Fueron estas comedias [...] muy especiales y famosas, no solo por lo costoso de sus tramoyas, propiedad de trajes y novedad de historias, sino también por la elegancia del verso mixto del idioma castellano con el indiano» (*Historia de la Villa Imperial de Potosí*, t. I, 98-99, Brown University Press, 1965). Piénsese que Arzáns no pone ningún matiz al escribir —y yo omití la temática de las otras dos, también referidas a los momentos de gloria del Incario—, es decir que le resulta natural: los «nobles

indios», «señores y sabios del Cuzco», «felicísimo Mancco Ccápac» —evidenciando la pronunciación quechua—, la «prisión injusta de Atahuallpa (ídem), las «tiranías» de los españoles, y finaliza destacando la
calidad teatral de la obra, incluido el uso de ambos idiomas. Agrego que esto es solo una muestra de las
innumerables veces que, a lo largo de toda la obra, Arzáns, nativo de Potosí, habla de y describe a los
indios con admiración.

Por qué, si no es por el peso ideológico de la historiografía tradicional, pudo pensar el autor de la tesis,
todavía en el 2010, que el sincretismo religioso que allí se produjo —y que él reconoce— pudo tener por
basamento cultural al catolicismo, cuando los testimonios de época, producidos por la propia Iglesia, no
hacen más que reconocer la casi imposible conversión de los indios.

Transcribo en particular el de Cristóbal de Albornoz, un especialista de la «extirpación de idolatrías», en
un documento dedicado especialmente a este tema y que da idea del nivel de conversión al catolicismo
existente hacia 1585 (énfasis míos):

> Asimismo ha [se] de tirar y destruir todos los basos antiguos que tienen con figuras y
> mandar que nos hagan ningunos en la dicha forma porque **se les rrepresenta en
> todas las fiestas que hazen todo lo antiguo** y para eso los tienen. **E sacan a
> estos bailes en muchas provincias las divisas** de los vencimientos de las
> naciones que han debelado, **en especial de las armas del inga y sus dibisas**, ansi
> en bestidos como en armas, y de los capitanes valerosos que ha havido entre ellos,
> como son sus bestidos axedrezados o en culebras pintadas que llaman amaros, o
> alguna porra de guerra que llaman chambi, o algún caracol que suena como
> trompeta o alguna lanza o adarga o otros géneros de armas **porque las reverencian
> y mochan** ['ofrendan/adoran', en quechua] y a sola aquella figura hazen el bayle o
> borrachera o taquí y lo aplican a otros huelgos **que los padres** [curas] **les dan
> licencia, pidiéndolas fingidamente; y es cierto en sus bailes e taquis** ['baile', en
> quechua] **los comutan a nuestras pasquas y fiestas** sacando las divisas dichas y
> otras sobre que se ha advertir.

Tomado de Duviols Pierre, «Un inédito de Cristóbal de Albornoz : La instrucción para descubrir todas
las guacas del Pirú y sus camayos y haciendas». *Journal de la Société des Américanistes*, tome 56 n.° 1, 1967,
22.

[59] Sobre la supervivencia del ayllu —como célula imprescindible para el funcionamiento social—, pese a
todas las modificaciones, véase Thierry Saignes, «Las etnias de Charcas frente al sistema colonial (siglo
XVII). Ausentismo y fugas en el debate sobre la mano de obra indígena, 1595-1665», *Jährbuch für Geschichte
Lateinamerika*, n.° 21, 1984, 73-74.

Es significativo que aun las visiones que consideran que la mita fue una invención de Toledo y que sus
consecuencias fueron catastróficas estimen que todos esos factores, en lugar de destruirla, reforzaron a la
comunidad campesina. Así lo expresa Ward Stavig en «Continuing the Bleeding of These Pueblos Will
Shortly Make Them Cadavers: The Potosi Mita, Cultural Identity, and Communal Survival in Colonial
Peru», *The Americas*, vol. 56, n.° 4 (Apr., 2000), 531: «Thus, while the mita seriously destructured communities at one level, at another level it also provided special impetus to villagers to reinforce communal
solidarity. In this way the most destructuring force in the Southern Andes next to epidemics, the mita,
also functioned to maintain or develop structures of identity and solidarity that allowed communities to
cope with the problems created by the mita». También, con relación a la permanencia de las modalidades
indígenas tradicionales, es significativo este comentario de Cañete, de fines del siglo XVIII: «En el cúmulo
de estos medios [reformas propuestas tras los alzamientos indígenas de los años 1780], que, al parecer
conducirán a nuestra población por grados, a la felicidad, se descubre un inconveniente muy poderoso,
originado del mismo carácter nacional de estos países. Sus gentes [los indios], que mantienen hasta ahora
el sabor de aquella primitiva simplicidad en que se criaron, según la índole de su antiguo Gobierno [el del
Inca], se contentan todavía con tejidos groseros y con los pobres alimentos de granos, legumbres y carnes
de carneros de la tierra, [...], sin procurar otras comodidades para sus habitaciones, que unas pequeñas
cabañas, donde en una sola pieza viven los matrimonios, con los hijos; allí duermen sobre el suelo, sin
más cama que un asqueroso cuero, en compañía de los perros, entre la paja y el humo de la lumbre en

que se calientan». En *Guía histórica, geográfica, física, política, civil y legal del Gobierno e Intendencia de la Provincia de Potosí* (1791), Editorial Potosí, 1952, 513.

[60] Como oportunamente formulé, uno de los temas a mi juicio más complicados de entender es el de cómo se constituyó y qué características tuvo la nueva élite pos-Conquista. Un interesante análisis que ilustra sobre la complejidad de la nueva realidad social se encuentra en el trabajo de Thierry Saignes «Las etnias de Charcas frente al sistema colonial (siglo XVII). Ausentismo y fugas en el debate sobre la mano de obra indígena, 1595-1665», *Jährbuch fur Geschichte Lateinamerika*, n.° 21, 1984, 27-75.

No hay duda —y numerosos son los testimonios documentales— de que, como parte de la estrategia de dominación española, y habida cuenta del extraordinario nivel de organización del Incario, el recurso político de alianza con la élite local fue perentorio durante las primeras décadas de la Conquista.

Lo mismo se puede decir, a la inversa, para los estratos superiores de la élite inca (incas por nacimiento, incas por privilegio y curacas de 10.000 vasallos para arriba), que tuvo que convencerse, a la fuerza, de que debía compartir el poder.

Es a partir de fines del siglo XVI que esa integración comienza a desdibujarse. Con el paso de los años, la sucesión de generaciones y el uso preferencial de nombres y apellidos españoles van haciendo cada vez menos evidente el origen mestizo de esa nueva élite. Véase, como ejemplo: *Orígenes de los linajes de La Plata (Audiencia de Charcas), 1540-1640. La familia Hinojosa, Extremadura y América en clave mestiza*, de Ana María Presta.

No porque haya desaparecido: los vecinos *feudatarios*, los descendientes de los conquistadores, siguen siendo el grupo político de más peso en la sociedad virreinal —pese a la erosión que han sufrido como consecuencia de la paulatina consolidación de la burocracia imperial—, y recordemos que esas familias se originan —cultural y genéticamente— en aquella alianza (véase, por ejemplo, «Peruvian Encomenderos in 1630: Élite Circulation and Consolidation», de Fred Bronner, *The Hispanic American Historical Review*, vol. 57, n.° 4, 633-659, Duke University Press, 1977). Lo que sucede es que la base indígena se desdibuja en un grupo humano que se reivindica a sí mismo por su carácter de español americano. En ese contexto, todos los mestizos que puedan hacerlo optarán decididamente por ser considerados dentro de esa «república». Sobre la sociología del Perú colonial y, en particular, la situación de los mestizos, véase, de Ana María Lorandi, «Crónica de una emancipación anunciada. Rebeliones y conflictos en el Perú del siglo XVII», Primer Congreso Internacional de Peruanistas en el Extranjero, Harvard University, 1999. También: «Andean Activism and the Reformulation of Mestizo Agency and Identity in Early Colonial Peru», de Felipe E. Ruan, *Colonial Latin American Review*, vol. 21, n.° 2, August 2012, 209-237. Será la avidez fiscal de la corona la que, nuevamente, abra las puertas de la «república de españoles» a los mestizos, al aceptar, contra nuevos tributos, que estos puedan acceder a los mismos bienes que los españoles. Véase «The Mobilization of Philip II'S Revenue in Peru, 1590-1596», de C. B. Kroeber, *The Economic Historic Review*, New Series, vol. 10, n.° 3, 443.

Desdibujamiento al cual contribuye fuertemente la política imperial basada en intentar separar la «república de españoles» (en cuya cúspide está dicha élite) y la «república de indios» (con el objetivo de que estos tributaran solo al monarca). Separación más burocrática que real, ya que, salvo en el caso de Lima, en el resto del área la república de españoles se reduce a una ínfima minoría concentrada en los centros administrativos urbanos. Minoría que, en los hechos, debe participar de las reglas de la república de indios si quiere obtener resultados prácticos. No he hecho hincapié en ello, pero es evidente que la persistencia —y aun multiplicación— del uso del idioma quechua —la lengua administrativa del Incario— es una evidencia contundente de la pervivencia de la cultura indígena, pero más aún lo es el hecho de que los españoles debieran aprenderla para lograr obtener algo de sus «súbditos». A propósito, cito un documento, todavía de fines del siglo XVIII, en el cual Ignacio de Castro, cura en el Cuzco, sostiene: «[…] que sea preciso, se predique y enseñe la Doctrina Christiana en la Lengua Indica; pues a más de que esta en los Indios, es casi la única, también la entienden todos los Españoles […]». Apud José Luis Rivarola, «Bilingüismo histórico y español andino», *AIH, actas IX*, 1986, 153-163.

Esto genera una situación ambigua para aquella fracción de la élite indígena que, no habiéndose emparentado con los conquistadores o no habiéndose integrado —adoptando los estereotipos culturales hispanos— a la nueva élite urbana, ha mantenido su *statu quo* en alianza con los encomenderos y que ahora es solicitada —pero reducida en sus aspiraciones sociales— por la burocracia estatal. No está previsto el paso de una república a la otra. Es interesante señalar que dentro de las estrategias desarrolladas por los indios para reducir su carga como contribuyentes se señala, entre aquellos que —protegidos por sus encomenderos con el fin de que trabajen solo para ellos— huyen de sus comunidades, la estrategia de volverse mestizos y acceder a los beneficios de esa condición. Véase *Guía histórica, geográfica, física, política, civil y legal del Gobierno e Intendencia de la Provincia de Potosí (1791)*, de Pedro Vicente Cañete y Domínguez, Editorial Potosí, 1952, 115.

Esa situación ambigua se expresa claramente cuando los integrantes de dicha élite reclaman tanto los privilegios que les corresponden como «caciques» como aquellos que derivan de la condición de hidalgos que, de acuerdo con las Leyes de Indias, les corresponde por ser tales.

Transcribo dos párrafos de un interesante documento de 1575 que ilustra notablemente la situación. En él se puede apreciar cómo —contrariamente a lo que se ha querido afirmar con la noción de *otredad*— el cacique comprende perfectamente las circunstancias legales occidentales —basando sus pretensiones en la legalidad histórica, que se ofrece a probar— y muestra la fácil asimilación que puede hacerse de esos preceptos desde una perspectiva inca y la rápida incorporación de los elementos de prestigio europeos. Asimismo, la mención a sus hermanos con nombres y apellidos totalmente europeos, más la descripción del personaje que luego hace el corregidor de Potosí, permite apreciar la dificultad para trazar la línea —cuando de élite se trata— entre las «dos repúblicas». Se trata de las pretensiones presentadas al rey por el cacique principal de los Charcas —la región de los principales centros mineros— «Don Fernando Ayavire y Velasco»:

> 2. Lo otro. Demás de doscientos años a esta parte mis pasados y antecesores fueron señores de los ingas y después de ellos, porque soy hijo de Don Alonso Ayauire y nieto de Coysara [que fue quien se sometió a Francisco Pizarro] y bisnieto de Cooco y tataranieto de Copacatiaraca y chusma de Haraca y otros muchos señores naturales que fueron de la nación de Los Charcas y de toda esta prouincia de Los Charcas de línea recta de varón como es público y notorio y me ofrezco a prouarlo. **Pido y suplico a Su Majestad sea seruido de hacerme bien y merced como a su vasallo menor de mandarme dar los priuilegios que los caualleros de España concedidos por los católicos reyes de España mandando que seamos caualleros y hijosdalgo yo y mis hijos reseruados de pechos y alcaualas y lo mismo mis tres hermanos llamados don diego de Zúñiga y don Martín de Zúñiga con sus hijos y mis primos hermanos y sus hijos y toda mi descendencia, pues desde tiempo inmemoriable y advenescio somos caualleros e hijosdalgo como los duques condes y marqueses de España y en toda nuestra uida hemos sabido qué cosa era trauajar porque siempre éramos seruidos de nuestros súbditos y vasallos referidos arriba.**

> 3. Lo otro. Suplicamos a Su Majestad sea seruido de hacerme merced como nuestro rey y señor natural de que **yo y mis hijos podamos traer armas ofensivas y defensivas así espadas, dagas, rodelas, cotas y arcabucez y lanzas y partezanas para defensa de nuestras personas y que podamos traer cauallos y muías con jaeces como los demás caualleros de España, y que podamos traer y tener negros y negras para nuestro seruicio y casa, atento que somos caualleros y hijosdalgo como es público y notorio».**

Petición seguida del informe del corregidor de Potosí, quien señala:

> Y **saue que el dicho don Francisco Ayavire es hombre virtuoso,** de vergüenza, y hombre de verdad porque le ha prouado en muchas cosas en las cuales **le ha hallado ser hombre de honra y como tal es capitán, uno de los que hay en esta Villa,** y el de más razón de los capitanes y hombre que no se emborracha contra él ha hallado ni oído decir ni tal ha sido público y notorio de más de siete años y persona que favorece muncho la doctrina y tiene muy particular cuidado que

se junten a ella sus súbditos e de corregirlos y reprehenderlos y le tiene Su Merced y todos le tienen por buen cristiano y hombre virtuoso. **Y saue que su persona es muy necesaria en esta Villa para el gouierno y pulicía de los naturales e que no solamente los indios de su capitanía le respetan pero todos los demás como a señor que sauen que es** y como a hombre virtuoso y de entendimiento. E ansimesmo **Su Merced saue que anda en háuito de español** e cuanto ha que Su Merced le conoce le ve tratarse como hombre honrado **y saue que come con pulicía de español, comiendo en mesa con sus manteles e aderezos como los demás españoles, y tiene mula, y finalmente se trata como hombre honrado y principal y por tal le tiene. Y en tal opinión es tenido entre todos los españoles y muy aficionado al servicio de Su Majestad.**

Nuevamente encontramos, en la pluma del corregidor, la expresión clave de este proceso: «**su persona es muy necesaria en esta Villa para el gouierno y pulicía de los naturales e que no solamente los indios de su capitanía le respetan pero todos los demás como a señor que sauen que es**». El sistema no funciona sin los indios ni estos sin sus «jefes naturales».

Tomado de «Memoria de la Merced que Mande Hacer el Muy Ilustre Señor Doctor Barros, mi Señor en España con Su Majestad y su Real Consejo de las Indias por su Hijo Don Fernando Ayauire y Velasco, Cacique Principal de la Nación de Los Charcas y del Repartimiento de Sacaca. Es lo Siguiente:» (AGI, Legajo 45, Sección Audiencia de Charcas), tomado de Edwin Claros Arispe, «El memorial de Charcas (1582)», *Ciencia y Cultura* n.° 27, Universidad Católica Boliviana, diciembre de 2011, 52 y 60.

Capítulo III. La América atlántica y la invasión europea

Naides es más que naides.

(Expresión popular rioplatense)

Introducción

Al mediodía del 2 de febrero de 1536, don Pedro de Mendoza, primer adelantado del Río de la Plata, dio estocadas al aire y al suelo, arrancó hierbas a puñados y desafió a singular combate a cualquiera que se opusiera a la fundación de Nuestra Señora del Buen Aire.[1] Así comienza, para la historiografía tradicional, la colonización del Río de la Plata y la consiguiente construcción de un enclave europeo a orillas del Atlántico.

Lo que la historia no destaca es que, cinco años más tarde, y a despecho de que la de Mendoza, con sus 1.800 soldados, fuera la expedición conquistadora más poderosa que España enviara a América, los escasos 360 participantes que habían logrado sobrevivir debieron buscar refugio 1.630 kilómetros al norte de allí, junto al río Paraguay, en el poblado indígena guaraní de Lambaré, rebautizado como Nuestra Señora de la Asunción (actual Asunción).

Es así que, paradójicamente, la «conquista» del Río de la Plata comenzó con la mayor derrota militar de todo ese proceso (en realidad es la segunda derrota española en estas tierras; ya en 1529, Sebastián Gaboto —quien había unido sus fuerzas con la expedición de Diego García— había tenido que huir de la zona luego de que los indios destruyeran el fuerte de Sancti Spiritu que aquel había construido en la confluencia del Carcarañá con el Paraná) y, también paradójicamente, que los conquistadores derrotados debieron su supervivencia a la buena voluntad de las poblaciones guaraníes del Paraguay. Buena voluntad obtenida gracias a las estrechas vinculaciones que los llamados *náufragos de Solís* —sobre los que me extiendo más adelante—, radicados en el entorno de Santa Catalina (Brasil), tenían con las poblaciones guaraníes del Paraguay, a quienes identificaban como *parientes*.

¿Cómo interpretar entonces una conquista que comienza con una derrota y que se continúa con un pedido de asilo?

Lo notable es que también la «conquista» portuguesa de la costa atlántica del actual Brasil comienza con derrotas militares y con necesarias alianzas con las tribus locatarias, que, también en ese caso, se lograron gracias a la mediación de los pocos europeos —náufragos, deportados y desertores— que allí residían. La similitud entre los procesos de conquista portugués y español de las tierras americanas adyacentes al Atlántico sur responde a circunstancias históricas similares a nivel europeo, pero, principalmente, en lo que hace a la tradición cultural común de las culturas indígenas que poblaban esa región. Vale la pena detenerse entonces en estos primeros años de conquista de la costa atlántica, pues en sus características está el germen de todo el desarrollo posterior del área.[2]

La expedición de Pedro de Mendoza, así como la similar protagonizada cinco años antes por el capitán portugués Martim Afonso de Sousa, había sido motivada por las noticias propaladas al retorno de Sebastián Caboto (1529) de que por el «Río de la Plata» (sic) se podía alcanzar la «sierra de la plata», el reino del «rey blanco» (por el color de la plata), ya que llegaron a la península ibérica cuando todavía no se sabía que ese mítico rey era el mismísimo Inca, que sería capturado en 1532 por Francisco Pizarro.

La expedición portuguesa de Martim Afonso de Sousa (1530) también pondrá en juego, con la participación de un miembro del séquito del rey y con el envío de cinco navíos, los mayores recursos que nunca Portugal destinara a la «costa del Brasil», nombre con el que fue conocida inicialmente la región.[3] Martim Afonso, además de procurar alcanzar la sierra de la plata, debía expulsar de aquella costa a los franceses, fuertemente interesados en el comercio del «palo brasil» (de la misma raíz etimológica que *brasa*, se lo llamó así por usarse como ingrediente para el teñido de las telas de rojo; de la «costa en donde crece el palo brasil» pasaremos a la «costa del Brasil» y, finalmente al actual Brasil). La competencia no era esencialmente por apropiarse del famoso «palo», sino que, instalados en la costa atlántica, los franceses podían amenazar el sistema de la *vuelta de África* mediante el cual Portugal se comunicaba con sus dominios en la India, verdadero motor del sistema colonial portugués.

Ligeramente desfasadas en el tiempo, ambas expediciones establecen, a los ojos de las monarquías española y portuguesa, el mismo criterio político para la colonización del área atlántica y de sus cuencas fluviales. Criterio que estará signado por la convicción de que por allí no hay un fácil acceso a las riquezas del interior del continente, ya que estas, en realidad, son las mismas que las del recién «conquistado» Perú (me refiero al *Perú* en la forma genérica en que se refieren a él los documentos coloniales, es decir como el equivalente al Incario), a la que se suma, aun si se perseverara en esa ruta, el tremendo costo que tendría intentar derrotar militarmente a las poblaciones locales.

El corolario de esa constatación, desde el punto de vista de las respectivas coronas, es que la costa atlántica pasa a ser un sector marginal en sus procesos de consolidación de imperios coloniales. Sustancialmente, tanto para una como para la otra, el interés principal en la zona radicará en impedir que allí se instale cualquier otra potencia competidora. El control de la costa es impostergable para Portugal, pues su pérdida suponía una amenaza al sistema de navegación alrededor del África establecido en el contexto de los enormes esfuerzos económicos que significaba la puesta en marcha del «Estado da India». Pero también se vuelve necesario para Castilla, que descubre que por allí pueden desviarse los metales preciosos que la corona quiere que se encaminen hacia la metrópoli por la vía del —supuestamente más controlable— *sistema de flotas y galeones* montado en el mar Caribe.

En los hechos, ser marginal al proceso de expansión imperial significará que hacia allí se verterán el menor número de recursos posible, tanto en el plano económico como político y cultural.

Si a la falta de voluntad política que de esas circunstancias deriva sumamos la resiliencia de las estructuras culturales indígenas que —como explicamos en el capítulo I— caracterizaban al área atlántica, estaremos en condiciones de comprender las particulares bases idiosincráticas que determinan el desarrollo histórico de la región.

La imposible victoria

Un primer tema fundamental para comprender el desarrollo histórico del área atlántica luego de la invasión europea es el de la incapacidad de estos europeos de imponer una derrota militar decisiva. Sin embargo, esa realidad, que es correctamente atribuida por la historiografía tradicional a la forma de organización social de las poblaciones locales (ausencia de aparato estatal y de fuerzas militares jerárquicamente organizadas), fue siempre tomada como un factor anecdótico que de ninguna manera —ni siquiera ha sido planteado— afectó la noción misma de *conquista*. En esa concepción, al ser «conquistadas» por los reinos ibéricos, las poblaciones del área atlántica pasan, «naturalmente», a ser sometidas al «dominio» europeo y a sufrir, culturalmente, la pérdida de sus principales características a favor de pautas de conducta europeas.

No parece percibirse que, en los hechos, la intrascendencia militar de las sucesivas mínimas victorias logradas por los invasores suponen, en su acumulación, la negación misma de la idea de conquista, pues no se puede dar por conquistado a un enemigo que se renueva constantemente y que, poco a poco, va agotando los recursos de que disponen los invasores. Sin derrota no hay dominio, sin dominio no hay servicios personales y sin servicios personales no hay abastecimientos. Y así sucesivamente.

Baste con el ejemplo de la mencionada expedición de Pedro de Mendoza del año 1536, la más grande de las expediciones de conquista enviadas por España a América y la única en que participa la nobleza española. Cuenta con sus 14 embarcaciones y 1.800 hombres, que incluyen mercenarios y soldados veteranos de las guerras europeas. De ella, al cabo de cuatro años de permanentes hostilidades con los indígenas y un sinnúmero de «victorias», solo sobreviven unos 350, los que, además, están a punto de morir de inanición.[4]

Lo notable, con relación a esta incomprensión historiográfica, es que no se trata de un fenómeno aislado, en parte explicable por la propia sobredimensión de aquella expedición, puesto que unos años antes en el mismo Río de la Plata ya habían sido derrotadas —pese a haber sumado sus fuerzas— las expediciones de Sebastián Gaboto y de Diego García (1527-1530), como también había sido derrotada la expedición enviada Brasil adentro por Martim Afonso de Souza, en el año de 1530. Casi contemporáneamente con estos acontecimientos, serán derrotadas, salvo dos, todas las expediciones organizadas para la conquista y ocupación de las 15 capitanías generales en que la corona portuguesa repartió la costa del Brasil a partir de 1534.[5]

Es lógico plantearse, entonces: si no fueron capaces de lograr una victoria militar, ¿qué dominio pueden haber instalado? Aún más, la verdadera pregunta es: ¿cómo lograron sobrevivir?

Lo trascendente es entender que, en los hechos, esa incapacidad militar significó una verdadera derrota de los europeos que obligó a sus sobrevivientes, para no perecer, a insertarse en el ambiente cultural tupiguaraní, que, como vimos en el capítulo I, más allá del origen particular de las diferentes etnias que pueblan el escenario, dominaba la región bajo la forma de una serie de prácticas culturales comunes, a las que he denominado *panguaraníes*.[6]

Empiezo por recordar, porque es su rasgo determinante, la falta de sistematización, de complejidad orgánica, que caracteriza a dicho ambiente panguaraní en el que el equilibrio social se logra mediante el cultivo de un fuerte individualismo; individualismo que no podría desarrollarse en un medio en que, como en el caso del Incario, los roles están fuertemente preasignados.[7]

Es esa misma falta de organicidad —pero vista solo desde el punto de vista del sistema político indígena, en el sentido de no hallarse una única autoridad a la cual derrotar— la que ha sido señalada, desde el momento en que ocurrieron esos episodios, como la principal responsable de la imposibilidad de lograr una completa derrota militar de los indios y, consecuentemente, de la derrota de las expediciones conquistadoras. Hay que saber que estas a la postre derrotas fueron en la realidad el curioso resultado de una cantidad de pequeñas victorias, puesto que, tanto por su equipamiento militar y como por su forma de combatir, el europeo es casi invencible en un encuentro particular. Lo que sucedía era que vencido un grupo indígena lo sucedía otro, que derrotada una coalición de grupos se formaba otra, y así hasta el agotamiento de las aisladas —a miles de kilómetros de sus bases de aprovisionamiento— fuerzas militares europeas.

Esa interminable sucesión de fuerzas enemigas a enfrentar era una consecuencia directa de la mencionada «falta de sistema». Esta hacía que la integración social fuese débil y, en ese contexto, el compromiso para participar en los diferentes episodios de resistencia al invasor, a nivel de una tribu o de una alianza de tribus, fuese siempre aleatorio, participando algunos sí y otros no, con el resultado de que siempre quedaba alguno que todavía no se había sentido involucrado. Se establece así, involuntariamente, una enorme masa de reserva militar, porque, como vimos, todos los indios de la región son guerreros por antonomasia y potencialmente, en cualquier momento, pueden participar en el conflicto.

Pero la falta de sistema conlleva, en ese mismo escenario político, un elemento que seguramente fue el que más derrotó a los europeos, y es que, por las razones expuestas, las alianzas que aquellos lograban con los grupos indígenas eran siempre inestables, sujetas a las difíciles voluntades individuales. Es significativo que el rasgo psicológico que más destacarán, entre las poblaciones indígenas, los europeos participantes de esta conquista es su carácter traicionero, su falta de «palabra».

Pero la derrota es también el resultado de las características de su sistema económico. Las poblaciones indígenas suratlánticas casi no practican la acumulación del trabajo. ¿Cómo procurarse excedentes —como desesperadamente precisan los numerosos contingentes expedicionarios— donde no los hay? Recordemos que el hambre será el principal enemigo de la expedición de Mendoza. ¿Cómo obligar a los indios a trabajar en forma extraordinaria cuando no se logra una eficiente superioridad militar sobre ellos?

También colabora la falta de estructura del sistema ideológico. ¿Cómo imponer la obediencia al dios católico cuando no hay dioses dominantes a los que se acostumbre obedecer?

Volvamos entonces a situarnos en el contexto de esta conquista. Ella presenta una serie de dificultades casi insalvables: el enemigo es disperso y no se le puede dar un golpe decisivo. Como si eso no bastara, no se encuentran acumulaciones de excedentes que permitan sustentar a los recién llegados, quienes, por esa misma debilidad militar, deben permanecer unidos y, en consecuencia, necesitan ingentes recursos día a día. ¿Cómo salvarla de su inminente destrucción?

Recordemos que, casi simultáneamente a este proceso, se consolida la conquista del Perú y, con ella, el conocimiento de que es allí donde se concentran los yacimientos de metales preciosos, con lo que la región atlántica entera pierde su principal interés para las metrópolis coloniales. No es, por consiguiente, esperable recibir refuerzos significativos que reaviven la empresa de conquista. La única opción válida, para aquellos que han quedado abandonados a su suerte a orillas del Atlántico, es seguir adelante, llegar, como sea, a la fuente de metales preciosos, al Perú, y cobrarse allí el esfuerzo invertido. Pero ¿cómo seguir adelante en las condiciones descritas?

En los hechos existía solo una posibilidad, prolijamente oculta en la documentación colonial, y esa es la que va a sentar las bases de la conformación del espacio suratlántico «colonial»: la alianza con las poblaciones tupiguaraníes, las numérica y militarmente más significativas de la región y, por la misma razón, dicha alianza deberá hacerse, esencialmente, en los términos (desorganizados) que estas proponen.

Otra vez nos encontraremos —contrariamente a lo afirmado tradicionalmente—, como también vimos en el caso del Perú, con la necesaria comprensión del *otro*. Con la habilidad para gestionar los aspectos superestructurales de esa alianza de manera que conserve las formas útiles a unos y a otros. Es más, para poder lograrla, fue imprescindible la intervención de aquellos europeos que desde hacía décadas, como consecuencia de naufragios, huidas y deportaciones, vivían como indios y entre los indios.

Por el lado de los indígenas esa la alianza se basó en su particular idiosincrasia, que, como vimos en el capítulo I, les permitía encarar opciones flexibles frente al planteo de nuevas situaciones existenciales. Es la conducta que los testimonios europeos describen como de «amigos de novedades», siempre voluntarios para desafiar las normas que no se ajustaran a sus voluntades. Su argumento principal fue, a mi entender, el resultante de la combinación de dos factores; por un lado, el respeto que resulta —para un pueblo guerrero— de la superior capacidad tecnológico-militar que ostentan los europeos, y por el otro, la posibilidad de utilizar esa superioridad para sostener la continuidad histórica de las motivaciones tradicionales de los tupiguaraníes, la venganza de los enemigos y la tentación de ir a saquear el Incario.

De la mano de náufragos, desterrados y desertores

Es notable, cuando se intenta contestar la pregunta de cómo lograron sobrevivir los derrotados conquistadores, que la clave para esa respuesta, tanto para el Río de la Plata como para la «costa del Brasil», resida en la existencia de un puñado de protagonistas europeos recalados en ese inmenso escenario geográfico como consecuencia de diversos accidentes que, necesariamente, debido a su aislamiento y al tiempo transcurrido, habían tenido que integrarse a las poblaciones indígenas.

Son unos pocos individuos, quizás no más de un par de docenas a lo largo de toda la «costa del Brasil», incluido el Río de la Plata. Algunos habían sobrevivido al naufragio de sus naves perdidas durante el proceso exploratorio; pocos habían escapado a escaramuzas con los nativos; otros habían desertado, y, los menos, habían sido cruelmente castigados con el destierro en un mundo del cual ignoran todo. Para los indígenas eran extraños sobrevivientes, que en su individualidad no representaban ningún peligro, y como tales, siguiendo la práctica consuetudinaria panguaraní, fueron integrados en sus tribus. Cuando en los años o décadas sucesivos vuelvan a aparecer embarcaciones europeas serán, naturalmente, quienes actúen como intérpretes entre ambas culturas.

Los dos núcleos más numerosos se encuentran en el entorno del actual puerto de Santos y de la isla de Santa Catalina (Brasil). El núcleo de Santos acompañará el proceso local, dando como principal resultado el surgimiento de la ciudad de San Pablo, mientras que el núcleo de Santa Catalina, originado con los sobrevivientes del naufragio (1516) de una de las naves de la expedición de Juan Días de Solís al Río de la Plata (los náufragos de Solís anteriormente mencionados), posibilitará el refugio de los sobrevivientes de Buenos Aires junto a sus *parientes* guaraníes en la zona de Asunción y la posterior refundación de Buenos Aires (1580).

Lo trascendente es que son estos personajes los que, tanto en la Bahía de Todos los Santos como en San Vicente, en Santa Catalina y, finalmente, en el propio Paraguay, asegurarán, fracasados los intentos de dominio militar, el primer *statu quo* entre europeos e indígenas en el área.

El éxito de estos *go-betweens* resultó del hecho de haber logrado conectar a los europeos con las prácticas culturales panguaraníes, tanto en la alianza para la lucha contra un enemigo común como en el casamiento con las hijas de los caciques (y la consiguiente vinculación personal del yerno con el suegro) o en el combinar el cambio de nombre que resulta del bautismo cristiano con el que practicaban los panguaraníes para destacar el coraje individual. De ese modo, lo que sucederá es que, como ellos mismos lo habían hecho, los invasores se transformarán en parientes y asociados de los miembros del grupo indígena entre el cual finalmente consiguen instalarse.[8]

Para sellar esa alianza fue fundamental el rol cumplido por los europeos insertos desde hacía décadas en la región, que conocían sus pormenores políticos y geográficos. De su mano, tanto los españoles como los portugueses buscarán las áreas más densamente pobladas, las de mayor potencial militar, las que les permiten emparentarse con la población local y entusiasmarla con la inexorable victoria que resultará de la suma de las armas europeas y el tradicional ardor de sus propios guerreros. Si al ambiente descrito le agregamos la parafernalia de las banderas, las cruces y los textos que «hablan» y «recuerdan», podemos entender cómo la escenografía va adquiriendo, pese a su raíz explícitamente indígena, engañosas características europeas.

Naturalmente, nada de esto es recogido por una historiografía que se empeña en destacar el triunfo de los conquistadores y la desaparición/sumisión cultural de los «vencidos». Hay que leer entre líneas en los documentos para rescatar datos que corroboran cuál era la verdadera situación, cuánto dominaban quienes no habían podido vencer y cuánto se sometían aquellos indómitos guerreros que nunca habían experimentado una relación de dominación. Un ejemplo de ello puede verse en los documentos cuando se hace fugaz mención al involucramiento personal de los conquistadores con las poblaciones nativas, en particular —como difícilmente pudiera ser de otra manera— en lo que a relaciones amorosas se refiere. Así, en un documento fechado en Asunción en 1545 se denuncia a Domingo de Irala (gobernador del Paraguay) por haber cometido violencias, incluso asesinatos de españoles, por celos de las indias: «Otro sí, el dicho Domingo de Irala tenía muchas mugeres de la dicha generación, hermanas é primas hermanas é otras parientas, teniendo acaso carnal con ellas, **celandolas como si fueran sus mugeres ligítimas**, por cuya cabsa hizo malos tratamientos á muchas personas [...]»; el énfasis es mío.[9]

El caso más notable de la comunidad de intereses que logran estos mediadores es la alianza guaraní-española tanto para intentar el saqueo del Incario, objetivo que pretendían los españoles —y que también marcaba fuertemente la historia guaraní—, como para derrotar a payaguaes, guaycurúes, agaces y otros pueblos, eternos enemigos de los guaraníes.[10]

La combinación europeo-guaraní que allí se instala producirá resultados contradictorios que, a su vez, serán determinantes en la consolidación de las características de la región.

El desinterés ibérico por la América suratlántica

Otro factor que explica el rol fundamental que para la supervivencia de los conquistadores tuvieron los mediadores europeos, los *go-betweens* arriba mencionados —ya completamente insertos en la cultura indígena—, resulta de las condiciones de abandono en que aquellos se encontrarán como consecuencia del desinterés por el área que tempranamente mostrarán los reinos ibéricos. Dicho de otro modo, como las expediciones conquistadoras del área atlántica, a diferencia de las de México o Perú, no lograron despertar el interés de sus monarquías, en la medida en que sus participantes fueron tomando conciencia de que era inútil esperar los refuerzos que necesitaban les fue cada vez más necesario avenirse a la integración propuesta por los *go-betweens*.

Para entender ese desinterés empecemos por ver los resultados alcanzados por los europeos en relación con su primer objetivo: el acceso a los metales preciosos, en el que se fracasa, pero también se triunfa.

Fracasa porque cuando la expedición hispanoguaraní logró llegar al Perú, luego de múltiples intentos por otras rutas, por la vía de Santa Cruz de la Sierra en la actual Bolivia (1548), se encontró con que los españoles ya señoreaban allí. De acuerdo al testimonio de sus participantes, aquella decisiva expedición había finalmente servido para «desencantar la tierra»; es decir, para convencerse de que esta no contenía yacimientos de metales preciosos.

Triunfa porque, comenzada la explotación del yacimiento de Potosí (en 1545), situado sobre la propia cuenca del Plata, se comienza, ahora desde allí, la búsqueda de «las puertas de la tierra», una salida más eficiente para la plata que aquella que se practicaba atravesando la cordillera hasta el puerto de Arica, en el Pacífico, cargando allí embarcaciones que eran desembarcadas en el Callao, vueltas a embarcar hasta Panamá y, desde allí, cruzando el istmo, se integraban al sistema de flotas y galeones. Nombre con el que se designó a la estrategia de formar convoyes, reuniendo dos veces al año a todos los barcos que debían transportar metales preciosos desde América hacia España, para que, por su capacidad militar, quedaran a resguardo del asalto de los corsarios. Ruta costosísima pero especialmente ajustada a los intentos de control fiscal.

Los perseverantes mineros potosinos, en su búsqueda de una salida mucho más ajustada a la eficiencia económica —incluyendo en esta las oportunidades de evasión fiscal—, finalmente, abandonando el camino del Paraguay, encontrarán una vía que, siguiendo las rutas del Inca hasta Córdoba, cruza luego la llanura hasta alcanzar el puerto de Buenos Aires, refundado (1580) por los habitantes de Asunción.

La eterna pulseada entre las leyes económicas y la avidez fiscal de la administración determinará que esa «puerta», prohibida prácticamente desde su inicio, permanezca abierta (ilegalmente) durante todo el período colonial, caracterizando muchos de los aspectos políticos y económicos del funcionamiento de la región. Triunfa también porque al ubicarse sobre el Atlántico sur permitirá la integración —también ilegal— al circuito de la plata de los asentamientos tupiportugueses de la «costa del Brasil».

El segundo objetivo, consistente en la consolidación de la presencia ibérica en estos territorios y la exclusión de toda otra potencia, es imperativo y explica muchos de los rasgos políticos que caracterizan al período. Sucede que, de ausentarse las potencias ibéricas, inevitablemente, se instalarían allí las bases de las potencias marítimas rivales: Francia, Inglaterra y, a partir del siglo XVII, Holanda.

Para España, abandonar al Río de la Plata significa dejar una puerta abierta por donde alcanzar el Potosí.[11] Para Portugal, como ya señalé, es permitir que desde allí se amenacen la ruta hacia la India y el tráfico de especias por el camino de la vuelta de África. Tráfico que por fin empieza a dar ganancias luego de un siglo de intentos infructuosos.

Objetivo que también, como el primero, triunfa y fracasa.

Triunfa porque, en términos políticos, ni franceses, ni holandeses, ni ingleses —con excepción del terreno, excéntrico a los yacimientos metalíferos, de las Guayanas— lograrán asentarse permanentemente en la zona.

Fracasa porque la pérdida de expectativas de un enriquecimiento sustancial resultará en la falta de un esfuerzo colonizador sostenido —ninguna de las dos potencias está dispuesta a gastar más recursos en la costa atlántica sudamericana que aquellos que le aseguren ese objetivo— y, por lo tanto, en un desequilibrado arbitraje entre la idiosincrasia panguaraní, sólidamente instalada en la región, y los esfuerzos que se hagan para europeizarla.

El resultado será que los principales grupos indígenas, ahora aliados/integrados a los europeos y, gracias a ello, triunfantes, permanecerán aferrados a su exitoso individualismo y desconocerán sistemáticamente las directivas políticas que emanan de «sus» monarcas. El «se obedece pero no se cumple» será la fórmula bajo la cual las autoridades locales deberán responder a las órdenes emanadas de la metrópoli cuando estas se consideraran inaplicables a la población local, burocrático testimonio de la imposibilidad de imposición política que pasa a ser la ley en toda la región.

Es que, si aliarse para hacer la guerra a los enemigos forma parte de la conducta histórica de las poblaciones nativas, el sostener cotidianamente pautas políticas referidas al establecimiento de jurisdicciones, a la debida obediencia a autoridades jerárquicas, a la diferenciación entre lo ilegal y lo legal —cuando esta última condición supone la integración de las pautas anteriores—, en definitiva, a la casi totalidad de los aspectos que hacen a la organización y funcionamiento de un Estado moderno, resulta una práctica radicalmente contraria a sus tradiciones individualistas.

Por eso tampoco hubo una oposición política sistemática, alternativa a los intentos organizativos de ambas coronas. Entendiéndose que si no hubo oposición es porque la construcción de una organización estatal, en la medida en que no se pretendiese nada concreto de ellos, era totalmente indiferente a los panguaraníes. Pero tampoco hubo participación activa: si el rey quiere construir un Estado, que lo haga él. Caemos así, también aquí, en la necesaria sistemática tergiversación de la realidad. Todos los documentos emanados de los funcionarios ibéricos, quienes obtenían sus recursos gracias a esa función, participan de la ficción de la instalación de una organización estatal y del consiguiente cumplimiento de las órdenes reales.

Si en el caso andino, tras siglos de estratificación social, fue imposible para los españoles forzar otras alternativas y hubo que adaptarse a la estructura estatal inca, cuánto más imposible será reproducir el modelo estatal europeo en el área atlántica, en donde ninguno de los nuevos «súbditos», a diferencia de lo que ocurría en el Perú, está dispuesto a obedecer a nadie más que a sí mismo. Ya no es, como señalé para aquella situación, la utópica necesidad de que todos los conquistadores se convirtieran en policías, aquí se hubiese precisado un policía para cada habitante.

La resultante es complicada, porque mientras los gobernantes (gobernadores y demás) hacen la ficción de que gobiernan, las poblaciones locales adaptan sus comportamientos a las nuevas circunstancias que resultan de su alianza con los europeos. En primer lugar, el aprovechamiento de la ventaja militar, expresada en el ataque a todos los enemigos tradicionales de los tupiguaraníes, que rompe el equilibrio de fuerzas que existía hasta entonces. La consecuencia de ese desequilibrio es forzar a muchos de sus antiguos enemigos o a volverse también copartícipes de dicha alianza o a marginarse de las zonas en donde esta se impone.

Esa situación tuvo el notable resultado de producir, en muy pocos años y sin que hubiera habido una migración europea significativa, una inexplicable expansión —justo en las áreas más densamente pobladas de indígenas— de la población europea, que rápidamente pasa a ser la dominante.

Concomitantemente con esa europeización de la población indígena, se produce la construcción de la figura del *indio*, que pasa a ser aplicada a todos aquellos que, voluntaria o involuntariamente, quedan fuera de ese proceso. No puede haber mayores dudas sobre que para ser europeo en ese contexto bastaba con adoptar el idioma, la simbología y, sobre todo, la tecnología importados del Viejo Mundo.

La adopción del aporte tecnológico europeo es, aunque parezca un contrasentido, otra de las bases de sustentación de las tradiciones panguaraníes. Recordemos que estas culturas habían optado para su supervivencia material por el camino del mínimo esfuerzo, camino que, impidiendo la acumulación, impedía también el desarrollo de desigualdades sociales, políticas e ideológicas. Son culturas que buscan el equilibrio con su medio aprovechando lo que este les brinda e introduciendo el mínimo de prácticas necesarias para complementar lo que aquel no les da.

En ese sentido, nada mejor que el aporte tecnológico europeo. El hacha de hierro es notablemente más cortante que la de piedra y además es barata; se consigue, por ejemplo, contra unos pocos troncos de palo brasil, que crece por toda la costa tropical, o por un canasto de pescados en los grandes ríos interiores, y además no es preciso pasarse horas puliendo una piedra para darle la forma y el filo adecuados. Qué decir de los cuchillos, de los anzuelos o de las tijeras. Por su parte, el ganado vacuno se multiplica tanto que permite renovar la confianza en aquella parte del sustento que proviene de la caza. Para mejor, el caballo, que también sirve de presa, permite aumentar extraordinariamente los radios de desplazamiento en busca de recursos. En el mismo sentido, los barcos se han vuelto más grandes y más seguros, etcétera.

Para poblaciones no adscritas a ningún sistema ideológico, no hay duda de que es mejor ser europeo, tanto más cuanto en lo personal esto solo supone cambiar de nombre —como hacían normalmente los cristianos con el bautizo y los guaraníes con sus hazañas guerreras— y reformular, en acuerdo con sus nuevos aliados, la lista de los enemigos a quienes jurar eterna venganza. Sin embargo, el volverse nominalmente europeo, justamente porque es la mejor opción para seguir desarrollando sus hábitos culturales, no implica pensar como europeo. En ese sentido es claro el laxismo con que se participa de todas estas nuevas etiquetas y lo difusas que, en la práctica, son esas nuevas fronteras culturales.

Sobre esa base cultural, el control de la costa atlántica pasará a tener, tanto para España como para Portugal, esencialmente un costoso carácter político-militar.

La cuenca del Río de la Plata

En el caso del Río de la Plata el escenario político estará caracterizado por la voluntad monopolizadora de la monarquía española, la que intentará mantener el control del área en base a una muy escasa presencia militar-estatal en el «fuerte» de Buenos Aires, y, también, en contraposición al caso portugués, mediante el desestímulo del lucro privado, siempre considerado un potencial enemigo de los monopolios estatales.

La consecuencia de estos dos factores —en particular por la escasa presencia estatal— será la posibilidad de desarrollo en el área de una economía por fuera de la legalidad, basada fundamentalmente en el contrabando de la plata andina. Economía que, como en el caso del Brasil portugués que veremos en el próximo apartado, pero aquí todavía más condicionada por su carácter clandestino, se preocupará esencialmente por asegurar sus beneficios, no por las modalidades culturales de sus agentes económicos: la población local que, de una manera u otra, produciendo, cuidando, llevando o trayendo, hace posibles los negocios.

Es que, dada la falta de sistema que caracteriza a estas poblaciones, no hay dificultades para participar en las nuevas actividades que resultan del interés comercial europeo (notoriamente la participación en las actividades de contrabando y en la creciente explotación ganadera), vistas las facilidades técnicas que a estas se aplican (herramientas y animales de tiro), en la medida en que estas no contradigan el *ethos* del guerrero individualista. Recordemos que dichas actividades son la base para el trueque del trabajo local por aquellos productos que facilitan una muy poco pretenciosa existencia. Se «conchaban» para pagarse los «vicios» (tabaco, yerba y aguardiente), se dirá en el Río de la Plata.

Dicho esto, es necesario hacer un alto para que el lector recuerde que esta es una historia de la reproducción de las tradiciones idiosincráticas originadas en la América preeuropea y no una historia de la colonización. Lo que aquí se busca destacar es cómo, más allá de los episodios concretos en que una voluntad puede imponerse sobre otra, en el funcionamiento de base, aquel de los detalles cotidianos que hacen posible —proveyendo comida, abrigo, *partenaires* sexuales— la reproducción de cualquier sistema cultural, la fuerza de la alianza indígenaeuropea es la clave de lo que se conoce como el *mundo colonial* ibérico. Clave que hay que entender en ese orden, indígenas primero y europeos después, porque son los indios los que admiten a aquellos en el seno de sus sociedades, más allá del sacudón producido por la invasión europea.

En ese contexto no existió ninguna posibilidad de que los reflejos idiosincráticos sufrieran un cambio radical. Necesariamente se irán introduciendo variantes, por la vía del ensayo y error, porque recordemos que estos son reflejos esencialmente adaptativos y deben, necesariamente, porque de otro modo no se reproducirían, corresponderse con el ambiente en que se ejercen. Pero será justamente, en la nueva situación en la que el «dominador» debe recurrir, a falta de poder obligarlo, a la buena voluntad del «dominado», que los reflejos individualistas encontrarán el campo propicio para continuar su desarrollo.

Es por ello que, continuamente, durante todo el período colonial, cada vez que los europeos que visitan estas regiones deben describir la conducta de los indios y de sus descendientes criollos, los calificarán de «amigos de novedades», expresión cuya mejor traducción al español contemporáneo sería 'indisciplinados'. El amigo de novedades está siempre predispuesto a salirse con la de él, sin respetar acuerdos ni tradiciones de ningún tipo, al punto de abandonar sin escrúpulos aquellos que él mismo ha propuesto.

La «costa del Brasil»

Por su parte, la corona portuguesa, con el propósito de abaratar el control político de la «costa del Brasil», intentó trasladar el coste de la inversión necesaria a los capitales privados. Es el episodio llamado de las capitanías generales, franjas de tierra que en la década de 1530 fueron otorgadas a distintos potentados de la nobleza para que explotaran a su gusto todas las riquezas que pudieran encontrar (para aumentar las esperanzas del inversor de llegar hasta los metales preciosos, las capitanías arrancan en la costa atlántica, pero pueden extenderse hacia el oeste hasta dar con el impreciso límite de los dominios castellanos) a cambio de mantenerlas fieles a la Majestad Fidelísima, el rey de Portugal.

Como ya señalé, las capitanías fracasaron estrepitosamente. De las 14 que se otorgaron, solo pudieron sobrevivir las dos que, por tener asentada una alianza con los indios gracias a la presencia allí de europeos que habían encontrado refugio entre ellos, no tuvieron que sufrir un asedio permanente de las poblaciones nativas. Como consecuencia de ese fracaso, a partir de 1549 se instalará, con base en Bahía de Todos los Santos, un «Gobierno General del Brasil», en los hechos prácticamente inoperante en lo que al control de las poblaciones locales se refiere.

El Brasil portugués, en realidad la «costa del Brasil», pues el hipotético dominio solo se ejerce en una serie de puertos, Olinda (Pernambuco), San Salvador (Bahía), Espíritu Santo, Río de Janeiro (este recién a partir de 1567, cuando se produce la expulsión definitiva de los franceses de lo que llamaban la France Antarctique) y San Vicente. Con un único punto de «dominio» interior (aquí las comillas están más que justificadas pues allí ni siquiera se habla en portugués), San Pablo, situado sobre la cuenca del Plata, pero directamente comunicado con el puerto de San Vicente.

Se establece así la inestable alianza lusotupí —sobre cuyas características idiosincráticas no es preciso extenderse más—, que es permanentemente puesta en jaque por alternativos enemigos indígenas y que finalmente se consolidará, paradójicamente, con la introducción de la explotación de la caña de azúcar. Esto será así porque el incentivo a la actividad privada —como vimos, promovido por la corona portuguesa— inexorablemente atiende primero el funcionamiento de su negocio —esencialmente el azúcar y todo lo que gira en torno a esta, incluido el tráfico de esclavos africanos—, desentendiéndose de la imposición de factores culturales —profundizando el desbalance recién mencionado— que atentan contra el propio funcionamiento económico.[12]

Para avanzar sobre esta afirmación es necesario insistir, dado el peso de la visión colonial tradicional, en las verdaderas proporciones de la demografía sudamericana —principalmente durante los primeros dos siglos de «la colonia»—, a la que caracterizaba una gota de población de origen auténticamente europeo (incluidos sus escasos descendientes, pues rara vez vinieron mujeres) en medio de un océano de población indígena. En el caso de la «colonia» portuguesa, la situación es aún más aguda, pues, como he insistido al hablar de sus prioridades, casi no vinieron portugueses a estas costas y, muchísimo menos, portuguesas.[13] Multipliquemos esa mínima base demográfica por la urgencia de obtener resultados y tendremos una casi nula voluntad de tratar de imponerse innecesariamente a las circunstancias culturales reinantes.

En efecto, la producción de azúcar refinada —el llamado *oro blanco*—, pero también en forma de aguardiente y de dulces, fue la única empresa verdaderamente rentable de las que allí se experimentaron. Empresa que, además, permitió adscribir la «costa del Brasil» al circuito de la plata extraída de Potosí, agregándole en los hechos a dicha «costa», como último destino, el refundado puerto de Buenos Aires (1580). Esa integración fue posible porque, además de la alta demanda de azúcar y de sus derivados (principalmente la «caña», el aguardiente) que las duras condiciones ambientales de Potosí exigían, la dinamización del tráfico comercial de la «costa del Brasil», motivada por la necesidad de cargar el azúcar, generó condiciones ideales para importar mercancías —entre ellas esclavos negros— destinadas a abastecer ilegalmente los mercados del famoso yacimiento.[14]

Pero como la explotación de azúcar, al igual que la de plata del Potosí, necesita de la activa participación de la población indígena local, se generarán las condiciones para que los nuevos «portugueses» del Brasil puedan también, al igual que sus primos «españoles» de la cuenca del Plata, ejercer su anhelo por las «novedades» (tanto en materia de comportamientos como de acceso a la tecnología europea) participando en la generación de las condiciones necesarias para la producción de la caña de azúcar y sus derivados.

Para la historiografía tradicional, la participación de los indios del Brasil en la producción de azúcar, contrariamente a lo que aquí sostengo —que nadie estaba en condiciones de forzarlos dada la forma en que se fue constituyendo la sociedad atlántica luego de la invasión europea—, era en carácter de esclavos. Esclavos que, cazados como animales, eran llevados a la costa atlántica, donde eran consumidos por las duras condiciones de trabajo —todos son contestes en que no tenían condiciones «naturales» para los trabajos forzados— y debieron ser sustituidos por esclavos negros —estos sí resistentes— importados del África.

Pero lo cierto fue que, pese a la confusión que generan los propios documentos de época que describen a los indios que se han desplazado a la costa como «esclavos», «negros y negras» o «negros da terra» (también, aunque con menor frecuencia, «brasils», «gentío» y «gentío da terra»), el montaje de los ingenios azucareros se hizo, desde el principio, contando con que el trabajo lo harían los esclavos de raza negra traídos de las cercanas costas de África. Modelo cuya eficiencia ya había sido probada en las Islas Canarias y Azores.

Esto es tan así que los «esclavos» indios que trabajan en las plantaciones azucareras lo hacen conservando sus aldeas, sus guerreros, sus caciques, sus payés (*shamanes*), hasta sus guerras intertribales con los consiguientes sacrificios de prisioneros.[15]

En ese plano también es interesante contrastar cómo lo que en la historiografía de origen español siempre se conoció como expediciones de saqueo para la captura de los indios reducidos en las Misiones Jesuíticas —las famosas *bandeiras*— en los documentos portugueses (brasileños) son expediciones que negocian con las tribus del interior su «bajada» a la costa, donde van a poder disfrutar las ventajas naturales de esta.

Es notable cómo, para ejecutar esas expediciones compuestas esencialmente por indios armados, los *mamelucos* (mestizos, generalmente hijos de india y portugués) que las dirigen comienzan por asumir su parte indígena, usando sus nombres o apodos tupiguaraníes, pintándose y conviviendo con los indios locales. Una vez introducido el vínculo con las poblaciones locales, mediante un dominio del discurso adecuado a las prácticas culturales de los tupiguaraníes, les proponen la vuelta a la costa, en donde podrán disfrutar de todos los beneficios de una ubicación estratégica, conservando su autonomía política y cultural. Hasta dónde luego se cumplían esas promesas dependió, seguramente, del poder militar que el grupo desplazado hubiese logrado mantener.

Asimismo, es muy probable que, como buenos panguaraníes, los mamelucos y sus guerreros no hayan dejado de aprovechar cualquier situación ventajosa para capturar, o comprar lisa y llanamente, los indios que podían. Hay que comprender que, aislados en medio del sertón, la regla debió ser la negociación y no el golpe de mano con sus inevitables represalias.[16]

Es preciso recordar que en la tradición cultural tupiguaraní el ser guerrero es el fundamento de su existencia. Su rol fundamental será entonces ampliar la zona de seguridad de los territorios portugueses ante el posible ataque de otros indios y ante la posibilidad de fuga de los esclavos. Para ello utilizarán muchas veces el sistema de las bandeiras, importándolas incluso de la lejana San Pablo para asegurar territorios en torno a San Salvador.

La participación de los indios del Brasil en las plantaciones, muchos de ellos ya considerados portugueses, fue esencialmente —más allá de muchas tareas auxiliares como colaborar en las rozas, la tradicional quema de la selva para hacer espacio a las plantaciones, o traer leña, caza y pescado— como *capangas* —'capataces' en guaraní—, los que creaban las condiciones necesarias para obligar a los negros a trabajar. Mi impresión es que estas poblaciones indígenas sirvieron, principalmente, en su carácter de fuerza militar, para mantener el control sobre los esclavos africanos, los «negros de Guiné», la abiertamente reconocida verdadera fuerza de trabajo de los ingenios.[17] Asimismo, aseguran, intercambio mediante, el abastecimiento de los numerosos productos artesanales y alimenticios necesarios para el funcionamiento de las plantaciones y de los ingenios.

Considero que ese rol de vigilantes del trabajo esclavo cumplido por las poblaciones indígenas es un factor determinante de las características del Brasil actual. Siendo ellos los responsables del ambiente social en torno a las plantaciones, su propia falta de sistema, al no generar las condiciones necesarias para la práctica sistemática del racismo, determinará numerosas oportunidades para que la población negra que logre salirse de la estructura de las plantaciones se integre a la cultura panguaraní dominante.

Paradójicamente, el control privado de las principales actividades económicas —y su consiguiente laxitud en el campo cultural, en la medida en que lograban sus propósitos— va, en el caso brasileño, acompañado de una fuerte presencia estatal en sus puertos, consecuencia de la necesidad de mantener una armada guardacosta, la que depende directamente de Lisboa. Presencia que no impedirá la invasión holandesa, con la consiguiente ocupación de Bahía entre los años 1624 y 1625 y la de Pernambuco entre 1630 y 1654.

San Pablo

La excepción del sistema del «archipiélago» es naturalmente San Pablo, que, por sus particularidades y notable influencia, merece un apartado propio. Este es el único asentamiento «colonial» portugués situado en el interior de las tierras, emplazado sobre el planalto (750 metros sobre el nivel del mar), hasta donde no puede llegar la marina portuguesa. Significativamente está ubicado en el único punto —aparte de la propia desembocadura del Río de la Plata— que permite, con relativa facilidad, acceder a la cuenca del Plata desde la costa atlántica situada a 80 kilómetros.

Allí, adonde casi no llegaba la autoridad colonial, se dieron notables condiciones históricas para la perpetuación de las tradiciones precolombinas que caracterizan a la región y fue, en los hechos, la capital —diríamos en términos actuales— de la modalidad cultural panguaraní.[18]

Es bastante difundido el hecho de que hasta el siglo XVIII en San Pablo se siguió hablando en tupiguaraní. Pocos saben, sin embargo, que hasta allí no se atrevían a llegar las autoridades coloniales, que su «cámara» (cabildo), integrada por paulistas, interpretaba las órdenes reales a su conveniencia. Al punto de darse el caso de que, al llegar una de estas órdenes en la cual se reiteraba por enésima vez la prohibición de hacer bandeiras (de las que hablaremos en los próximos párrafos), esta no pudo ser leída porque los cabildantes, justamente, se encontraban bandeirando.

Pocos saben que allí se propuso, en 1641, la consagración de un monarca local que, para confundir más las cosas, era de origen español. Tampoco se ha difundido suficientemente que, para someter la díscola urbe a la autoridad colonial, recién a comienzos del siglo XVIII, fue necesaria una intervención militar desde Río de Janeiro, una verdadera guerra civil. Guerra que, singularmente, es conocida por los paulistas como *guerra de los «emboabas»* (palabra tupiguaraní que, en ese contexto significa 'extranjero' y que era utilizada para designar a todos los que no eran paulistas), motivada en que estos querían quedarse con los yacimientos de Minas Gerais, descubiertos por sus propios bandeirantes y que, oro mediante, ahora sí despertaron la codicia y el interés de la corona portuguesa.[19]

Al estar situado sobre la cuenca del Plata, sus habitantes tenían, desde tiempos precolombinos, el conocimiento de que por allí se podía llegar hasta las fuentes de metales preciosos, y en consecuencia, una vez establecida la alianza con los portugueses, participará activamente en su búsqueda. Dinámica que, sin alcanzar su objetivo, generará igual las condiciones para su singular desarrollo.

Es que con el propósito de saquear las míticas riquezas del Perú, mezclando símbolos y tradiciones de ambas culturas, se levantarán allí banderas —la fórmula tradicional de reclutar soldados, que únicamente puede autorizar la (aquí ausente) monarquía— conformando las llamadas *bandeiras*, las cuales, no pudiendo alcanzar el Perú, cargarán con todo lo aprovechable que encuentren a su paso.[20]

De ese modo, las bandeiras resultan en un poderoso estímulo sociopolítico que es responsable de la alta concentración de población indígena en torno al asiento paulista y del aprovechamiento de esa condición estratégica (que combina fuerza militar, fuerza de trabajo y fácil acceso al circuito atlántico) para participar en el conjunto del proceso «colonizador» (las comillas son porque aquí se trata de una colonización endógena) de toda la «costa del Brasil».

En síntesis, la «costa del Brasil» fue, desde la perspectiva de los intereses europeos, durante dos siglos, hasta el descubrimiento de los yacimientos de oro en Minas Gerais (que por su importancia justificaron la intervención del Estado portugués), un archipiélago en el que sus puertos ofician de «islas», puntos en los que —flota mediante— impera la autoridad europea, pero cuya capacidad de mando se diluye en forma geométricamente proporcional a la distancia.[21]

Conformación cultural del área atlántica

La historia colonial del área atlántica ha sido normalmente presentada en función de dos realidades contrapuestas: la *española* y la *portuguesa*. En ese relato estas tienen escasos puntos de contacto, que siempre son entendidos como parte de un «conflicto» en el que el dominio territorial es el aspecto fundamental. En base a ese contexto es, lógicamente, muy difícil visualizar la trayectoria común que caracterizó a ambas partes en el escenario que hemos definido como la «costa del Brasil».

Sucede que, desde los primeros intentos de colonización, los europeos, españoles o portugueses, se ven confrontados a una realidad común: la determinada por la impronta cultural panguaraní que impera en el área, que hará imposible el desarrollo de trayectorias sustancialmente diferentes. Me repito: esa realidad sociocultural no es «conquistable». Se la puede —y con dificultad— derrotar militarmente una y otra vez, pero como esa destrucción afecta a porcentajes ínfimos de una población radicada en un inmenso territorio, se vuelve a reproducir con los mismos patrones culturales y, por lo tanto, no se «coloniza». Además, en la medida en que ninguna de las monarquías ibéricas está dispuesta a hacer el esfuerzo colosal que supondría un auténtico dominio sobre el área atlántica, los conquistadores no tienen otra salida que adaptarse a los patrones culturales locales.

Dicho de otro modo: antes de la llegada de los europeos la región vivía el desarrollo histórico de las culturas panguaraníes; llegados estos, la región vivirá un desarrollo histórico signado —en términos de masas de habitantes y no de microélites— por la asimilación de los invasores europeos por las culturas panguaraníes, y no a la inversa.

Naturalmente, una interpretación literal de la documentación histórica escrita por españoles y portugueses nos hará creer en una realidad colonial. Nominalmente las formas políticas lo son, nominalmente la economía está centrada en la extracción de metales preciosos y en la producción agrícola tropical.

Como consecuencia, muy poco sabemos de ese proceso de asimilación, porque lo que la documentación histórica recogió —y la historia todavía recoge— es, en su abrumadora mayoría, el relato de la aventura del invasor europeo en estas tierras. Recogió, sobre todo, los normalmente falaces testimonios de la administración, recoge marginalmente las vicisitudes inherentes al contrabando de plata o a la producción de azúcar, y allí, ocasionalmente, uno puede sospechar la historia de aquellos poquísimos sudamericanos —en términos cuantitativos— que, de alguna manera, en mayor o menor medida, tuvieron que ver con esos episodios.[22]

¿En cuánto se alteró la historia personal del gaucho rioplatense que, ocasionalmente, alguna vez en su vida y por unos pocos meses, se conchaba para participar en un arreo de mulas al Alto Perú? ¿Cuánto menos tupí pasa a ser la historia de la india amamantando a su hijo en su flamante maloca recién construida en tierras del dueño del ingenio? Seguramente en muy poco.

Estas son preguntas que no se formulan aquellos para los cuales la historia del área sigue basándose en la caterva de disposiciones legales que, en el mejor de los casos, solo podían aplicarse en algunas decenas de kilómetros cuadrados, pero que eran literalmente inexistentes en el resto del territorio.[23]

El hecho es que la «costa del Brasil», denominación bajo la cual se expresa la presencia europea en el área, era la base misma del gran espacio cultural panguaraní que se fue conformando desde la prehistoria. Las innovaciones que allí se realizarán como consecuencia de la invasión europea, como la fundación de centros urbanos, la radicación de autoridades políticas, el desarrollo del aparato eclesiástico, la producción de azúcar, el contrabando de plata y el comercio marítimo, etcétera, serán, aun ubicadas en puntos estratégicos, marginales con relación a las dimensiones de ese inmenso espacio cultural.

Eso, obviamente, no quiere decir que la invasión europea y las actividades que de ella se derivan no hayan tenido consecuencias. Las tuvieron, y profundas, al punto de que hoy la mayoría de los habitantes del área atlántica viven en ciudades y practican actividades directamente relacionadas con el desarrollo del capitalismo. Lo que digo es que en su esencia —en aquellos aspectos que las hacen diferentes de prácticas similares en otras partes del mundo— aquellos comportamientos fueron el producto de la inclusión de la propuesta europea en la modalidad panguaraní y no a la inversa.

Para la historia colonial, la «costa del Brasil», en el sentido de un archipiélago de asentamientos europeos, se configura como el único espacio históricamente trascendente. Comienza con la «fundación» de San Vicente, cuando los europeos solo son admitidos porque João Ramalho es yerno de Tibiriza, el «gran jefe» (*tubishá guasú*) de los tupiniquim. Sigue con el «gobernador» Tomé de Souza, «fundador» de Salvador de Bahía cuando su autoridad no va más allá de los pocos kilómetros en que reside la parentela de Diogo Alvares, *el Caramurú*.[24] Y se prolonga con la «refundación» de Buenos Aires por los mestizos guaraníes de Asunción. Las comillas son siempre porque ni gobiernan ni fundan, lo que hacen es negociar su presencia con las poblaciones locales, interesándolas con su participación en las nuevas propuestas que los acompañan.

De ese modo se construye en el área atlántica de América del Sur una curiosa estructura — de ahí las enormes dificultades que se siguen encontrando para su definición— en la que los fines y su formulación son coloniales, en el sentido de importados de Europa, como el contrabando de plata o la producción de azúcar, pero el fondo, en el sentido de la forma en que se participa, sigue siendo indígena.

Este es un escenario que se presta para la permanente confusión entre fines y formas, ya que lo que para uno son fines, por ejemplo el ingenio o la estancia, que para sus dueños son un fin en sí mismo porque es gracias a ellos que obtienen ganancias, para los otros, como gauchos y capangas, es el medio de seguir manteniendo su tradicional modo de ser.

El gaucho es uno de los más claros ejemplos de esas confusas circunstancias, dispuesto a todo y a nada, se adapta a la realidad de acuerdo con sus necesidades, pero sin dejar nunca su actuar indisciplinado e inconstante. Así, es domador, tropero, soldado o milico (guardia civil), lo que cuadre, para pagarse los «vicios» y, cuando se aburre, irse «con la música a otra parte».[25]

Así se explica también la notable colaboración de la población portuguesa del noreste de la «costa del Brasil» cuando esta fue ocupada por los holandeses (1624-1654), quienes aseguraban un acceso directo al mercado europeo, como su participación en la patriótica expulsión cuando aquellos pretendieron obligarlos a tributar.

Así fueron los episodios relativos a la fundación portuguesa de la Colonia del Sacramento, sobre el Río de la Plata, frente a la muy española Buenos Aires. En ellos la población local tanto participa de la práctica del contrabando de plata —razón de ser de la tal «Colonia»—, incluyendo en esta participación el abastecimiento del reducto enemigo, como integra las filas de los ejércitos encargados de su expulsión.

Mientras tanto, en el mismo contexto, los paulistas, soporte estratégico de la frágil «Colonia», estrechan vínculos con el gauchaje de modo de establecer la ruta que, desde la principal reserva natural de ganados que existía en la zona (el actual territorio uruguayo), permitiera trasladarlos hasta las lejanas tierras de Piratininga. Compiten así con los indios guaraníes misioneros, tradicionales enemigos de los indios paulistas y tradicionales explotadores de esa riqueza, que desde hacía un siglo, rearmados por los jesuitas, se habían levantado como una barrera sobre sus intentos de expansión hacia el oeste.[26]

Lo mismo sucederá con los episodios vinculados a la «independencia» —y aquí las comillas son porque, como he tratado de explicar con esta tesis, nunca hubo una verdadera dependencia—, cuando las proclamas harán suyas ideologías importadas de Europa y de Estados Unidos, pero en los que las adhesiones y la participación adquirirán formas netamente nativas. Se instalará así, desde entonces, una permanente contradicción entre un sinnúmero de constituciones y declaraciones —a cual mejor intencionada— y la práctica política.

Es que, nuevamente, cualquiera sea la forma, nada puede hacerse si los protagonistas, aunque declaren su más sincera adhesión a cualquier propósito, funcionan en otra sintonía. Como en el área andina, ninguno de los sucesos acontecidos desde la invasión europea modificó radicalmente los reflejos idiosincráticos de la población local. Los escenarios fueron variando, pero, como aquellos tuvieron que adaptarse a la idiosincrasia local y no a la inversa, esta se vio reforzada y no debilitada, y esto a tal punto que cuando, a fines del siglo XIX y comienzos del XX, en algunas regiones del área atlántica se produzca un verdadero alud inmigratorio —el que por primera vez supere en número a las poblaciones locales—, serán los inmigrantes los que deberán adaptarse a aquellos reflejos idiosincráticos y no a la inversa.

Las grandes líneas de esos acontecimientos son, sin duda, europeas, pero su práctica sigue siendo nativa. Cada uno participa a su manera, cambiando aliados y enemigos de acuerdo con sus circunstancias. La confusión entre una entusiasta participación en la forma y una verdadera integración a sus fines y contenidos ha obnubilado, sin duda, la comprensión del fenómeno suratlántico.

Si dejamos de lado el interés político que ambas coronas tenían en la región, la «costa del Brasil» fue, desde el punto de vista de los intereses económicos europeos, un área especialmente apropiada para el desarrollo primero del circuito del azúcar, al que luego se sumará (y en parte se integrará), desde fines del siglo XVI, el circuito del contrabando de la plata andina.[27]

El azúcar combinará ventajosamente las condiciones agronómicas con la proximidad de la costa africana para el abastecimiento de mano de obra esclava, con la relativa proximidad de los mercados europeos. El «oro blanco», crecientemente demandado desde Europa, se consolida así como un negocio en sí mismo. Brasil exporta azúcar y a cambio recibe mercaderías europeas —todas sofisticadas para el medio local— crecientemente demandadas por los núcleos urbanos que se van conformando en torno a los puertos y desde donde, paulatinamente, se va estimulando la demanda del interior. Pero también recibe negros esclavos, imprescindibles para mantener el aparato productivo y que se pagan en África con parte de las mercaderías europeas que se obtienen a cambio de la propia azúcar.

Este próspero negocio se verá amplificado cuando, en las últimas décadas del siglo XVI, se genere, con lo que se llamó la apertura de las «puertas de la tierra» —lograda gracias a la (re)fundación de Buenos Aires en 1580—, uno de los canales principales para la exportación clandestina de la plata del Alto Perú.

Es interesante destacar, porque también suele omitirse en la historiografía de la región, que dicho proceso de «abrirle las puertas a la tierra» es, esencialmente, de gestación local, impulsado por los criollos (mestizos) tanto de Asunción como del Alto Perú. Supone la concreción de la voluntad de los primeros de alcanzar el «reino de la plata», desde el río homónimo, con la búsqueda, por los segundos, de una ruta más directa para la salida del mineral.

De hecho, la fundación de los enclaves rioplatenses que la hicieron posible —Santa Fe (1573), Buenos Aires (1580) y Corrientes (1588)— fue protagonizada por los hijos de los conquistadores, los llamados *mancebos de la tierra*. Tan reconocidamente mestizos eran estos que, por ejemplo, a Alonso de Vera, el fundador de Corrientes, lo llamaban *el Tupí*, «por ser muy moreno». Así lo describe el historiador jesuita Pedro Lozano en su *Historia de la conquista del Paraguay, Río de la Plata y Tucumán* (obra escrita a comienzos del siglo XVIII), quien, por demás, hace la descripción detallada de todos los acontecimientos relativos a este proceso (la cita es del tomo I, Buenos Aires, 1873, p. 47,). Como finalmente la ruta más eficiente se establecerá por la vía de Córdoba, los paraguayos quedarán al margen del circuito económico, Asunción decaerá luego de su aporte demográfico y Buenos Aires se convertirá en la capital del contrabando de plata.

Curiosamente, la asociación entre el circuito de la plata y el del azúcar replanteará, ahora en términos europeos, la navegación de cabotaje que había caracterizado al área en tiempos prehistóricos. En efecto, de puerto en puerto y a lo largo de toda la «costa del Brasil», desde Olinda en su extremo norte hasta Buenos Aires en el sur, generalmente en embarcaciones de pequeño a mediano porte —cuyo prototipo es el que lleva el nombre holandés *zumaca*—, veremos embarcarse hacia el sur esclavos junto a derivados del azúcar y un cúmulo de mercaderías europeas, mientras hacia el norte lo hará el preciado metal, normalmente sin haber pasado, ni siquiera en su origen, por los registros oficiales.[28]

Por último, volviendo a las consecuencias de la instalación de ese tráfico, destaco que este requirió, en la práctica cotidiana, la anulación de las supuestas fronteras americanas entre los reinos ibéricos, «frontera» que, partiendo del Tratado de Tordesillas (1494), parece ser el eje en torno al cual se organiza la historiografía de la región.[29] Es claro que las fronteras políticas que pretendiesen fijar los monarcas ibéricos les eran absolutamente indiferentes a los panguaraníes que poblaban la región, quienes tenían sus propias circunscripciones territoriales con sus conflictos correspondientes. A su vez, tanto a los «portugueses» como a los «españoles» residentes en el área —y pongo comillas porque, como he sostenido, estos están cada vez más «panguarinizados»— les interesa principalmente la supervivencia de sus negocios y no hacerle el juego a la avidez fiscal de sus respectivas monarquías.

Curiosamente, la indiferencia con que localmente se vivía la pertenencia a una u otra monarquía está claramente documentada. Esto gracias al afán que puso la monarquía española (en este caso asociada al comercio de Lima) en perseguir la fuerte presencia portuguesa que se daba, principalmente, en Buenos Aires, pero también a lo largo de toda la ruta de la plata hasta el Potosí. Presencia a la que se hacía responsable del contrabando de plata y a la que se persiguió, Inquisición mediante, por su supuesto carácter judío y «judaizante».[30]

Conocemos menos documentos sobre la presencia española en el Brasil, aunque recordemos que hasta 1640 el rey de España fue simultáneamente rey de Portugal, y por lo tanto es suponible que la presencia española se considerase normal. Es clara esa presencia en San Pablo y, para el resto, en la medida en que la colonización del territorio se basaba en el estímulo a las empresas privadas, es muy probable que, si su presencia les resultaba conveniente, nadie se haya preocupado en destacarlo.

Es más, es esta relación entre la presencia extranjera y la tolerancia a la actividad privada que me parece la clave para entender la extraordinaria extensión territorial brasileña. Esto porque, como consecuencia de esa tolerancia, la opción de abandonar el carácter de súbdito español e integrarse al Brasil portugués no supone más que mínimas obligaciones y, al menos en sus rasgos generales, asegura las condiciones de vida anteriores; condiciones de vida que, por haberse establecido en el ambiente de descontrol que venimos describiendo, son siempre susceptibles de ser puestas en jaque por los reiterados intentos de «normalización» (pongo comillas porque, en la mayoría de los casos, como sucedía generalmente con el desalojo de las tierras en donde estaban asentados, la normalidad no era más que el desplazamiento de unos intereses por otros) promovidos por las autoridades españolas. De ese modo, la mayoría de los «extranjeros» —y pongo comillas porque todos lo eran allí, salvo los contados portugueses originarios de Portugal— que vivían en las cambiantes fronteras del Brasil portugués, fuesen estos indios panguaraníes, españoles u otros, no tuvieron mayores problemas en jurar fidelidad a un nuevo pero ventajosamente, en el plano práctico, aún más lejano monarca.

Para finalizar con las connotaciones europeas de la «costa del Brasil», destaco cómo estas marcaron, fundamentalmente a través de dos episodios, la historia política colonial del Río de la Plata.

El primer episodio fue el agregado a la «costa del Brasil», como consecuencia de la independencia de Portugal en 1641, de un nuevo puerto portugués, la Colonia del Sacramento, situado justo enfrente de Buenos Aires. Puerto que marca el interés del Estado portugués en mantener funcionando el circuito del contrabando de plata.

El segundo, la creación de un cuerpo militar de indios guaraníes de las misiones del Paraguay, el cual, organizado por los jesuitas, será muchas veces puesto por estos al servicio de los intereses de la monarquía española.[31]

Habiéndonos asomado al proceso histórico del área atlántica desde sus dinámicas europeas, es necesario, de acuerdo a la tesis aquí planteada, entenderlo desde el punto de vista del funcionamiento de las poblaciones panguaraníes —que son las que masivamente pueblan el área atlántica—, proceso que debió seguir perfiles totalmente diferentes.

Una de sus aristas más significativas fue el impacto causado en las poblaciones indígenas por la nueva tecnología traída de Europa. Son numerosos los documentos que muestran la admiración de los indios frente a los nuevos instrumentos que aportaban los europeos. Admiración que se da fundamentalmente por las armas y herramientas —recordemos que, a diferencia de lo sucedido en los Andes, aquí no se había desarrollado la metalurgia—, que eran infinitamente más eficientes que sus similares de piedra.[32]

De ese modo, la *cuña de hierro*, una suerte de pequeño lingote achatado que con relativa facilidad puede transformarse en un hacha, azuela, machete u otras herramientas, se convertirá en la pieza de intercambio fundamental en todas las transacciones entre indios y europeos. Cuchillos, anzuelos, tijeras, azadas y toda la parafernalia de las armas cortantes europeas pasarán a ser los nuevos tesoros de los panguaraníes. En esas circunstancias es muy significativo que los intentos de asentamiento de los europeos al interior del área, como en Paraguay o en Brasil, estén vinculados a la posibilidad de producción de hierro (tanto en el Guairá paraguayo como en San Pablo).[33]

Otra arista, también tecnológica, es la introducción de los animales domésticos que, con la excepción del pato y el perro, parecen estar ausentes en el área. Es fundamentalmente el caso de la ganadería vacuna y su complemento, el caballo. La sustitución del hipotético recurso de la caza por el garantido producto de la pecuaria debió resultar en una conmoción. En el plano de los impactos tecnológicos también es necesario destacar la escritura, la maravillosa posibilidad, para pueblos que privilegian la oratoria, de conservar las palabras.

Es indudable que la adopción de estas innovaciones tecnológicas, desde el punto de vista de la cotidianidad de esas poblaciones, debió implicar transformaciones profundas, mucho más significativas para su historia que los «episodios» directamente vinculados a la economía o a la política europea que veníamos nombrando.

Debemos pensar entonces que hubo una inflexión en la historia panguaraní antes y después del hacha de hierro, debido a que, al acortarse los tiempos de trabajo en una cultura reñida con la acumulación, esta debió derivar hacia la construcción de nuevas pautas culturales para la asimilación de sus nuevos tiempos de ocio.

De igual manera hubo otra historia antes y después de la introducción de la ganadería y del caballo en particular. Los espacios terrestres se acortan y se vuelven más interesantes económicamente, compitiendo fuertemente con la casi exclusiva dimensión marítimo-fluvial que había tenido hasta entonces el desarrollo cultural panguaraní. Esto seguramente trajo consecuencias en cuanto a su implantación en el territorio y a las dimensiones y circunstancias de los diferentes agrupamientos sociales.

Las otras aristas tienen que ver con planos más formales —pero siempre adoptados en el contexto panguaraní, es decir, en un contexto de decisiones individuales— y se refieren a la paulatina preferencia por el uso de las lenguas europeas. Probablemente por ser la lengua de los más poderosos militarmente —recordemos que estamos en sociedades esencialmente guerreras—, pero también por venir acompañada de una parafernalia de ropas exóticas, banderas, textos escritos, símbolos y vistosas ceremonias. A la lengua agreguemos la adopción de los nuevos nombres europeos —ya señalé la práctica panguaraní del cambio de nombre—, algunas de sus ropas y algunas de sus poses.

Si a los últimos aspectos nombrados les sumamos el uso de la tecnología ya mencionado y la natural baja en la tolerancia de los invasores —en un contexto de desesperada búsqueda de aliados— de lo que debería considerarse un *europeo* o un *natural*, es comprensible que en la documentación de la época se haya visto a la región cada vez más poblada de europeos, al tiempo que se relega a los que siguen siendo considerados indios a fronteras cada vez más lejanas.

Lo trascendente es que es el panguaraní quien va integrando a su historia, basada en un extremo individualismo, y en la medida de su propia conveniencia, los usos y prácticas aportados por el europeo. Algunos le convinieron de inmediato, como las herramientas, otros, como la adopción de lengua y vestimentas, serán objeto de un proceso paulatino, y otros, como la mendicidad política ante los detentatarios del poder estatal, demorarán siglos, pero también serán adoptados.

De alguna manera esto explica la preeminencia de la forma (lo formal) sobre el fondo en todo el proceso histórico del área atlántica. En los papeles, en la teoría, se es de una manera, pero se es de otra en la realidad. Cómo interpretar una sociedad colonial supuestamente organizada sobre principios europeos, pero que en la realidad se sigue conduciendo con los fundamentos panguaraníes. Cómo no darse cuenta de que la documentación oficial —sobre cuya base se construyó la historia colonial— es doblemente mentirosa. Mentirosa porque no puede ver la realidad profunda bajo las apariencias y mentirosa porque esa misma realidad profunda condena al fracaso todas las iniciativas auténticamente europeas, fracaso que no es posible admitir institucionalmente.

El problema es que esa perversa tradición se perpetúa a lo largo del tiempo, que los paladines de las independencias americanas y sus sucesores importaron constituciones pensadas para otros planetas, que perpetraron el terror en nombre de la justicia, que practicaron el saqueo en nombre de la igualdad, etcétera.[34]

Mientras tanto, como para el panguaraní la conveniencia individual es la ley, aquello se transformó en una inmensa convocatoria para que todos y cada uno promovieran sus deseos particulares. Seguir y abandonar caudillos, promover y combatir infinitas reformas de los Estados —a cual más irreal—, aprovecharse de todas las circunstancias que resultasen personalmente ventajosas, desde los escenarios más grandiosos —hay como una fiebre de trascendencia— hasta los más mezquinos —del tipo para qué voy a pretender más si puedo conformarme con menos—, una verdadera fiesta.

Es en ese contexto, firmemente instalado a lo largo del siglo XIX, que sucede un último episodio histórico que parece destinado a sellar la confusión sobre cuál es la conformación cultural del área atlántica: la llegada masiva, a fines de dicho siglo y en la primera mitad del XX, de inmigrantes europeos. Inmigrantes que, por su peso demográfico, cambiarán la apariencia física de sus poblaciones y reforzarán la tradición imperante de preferir las formas culturales europeas, al punto de que se llegue a hablar de que la región está poblada por «pueblos trasplantados», una sucursal de Europa en la costa atlántica sudamericana.[35]

Pero lo que en realidad sucedió es que el inmigrante, desembarcado en medio del auge de los patrones culturales panguaraníes recién mencionados, debió aceptar, por su propia debilidad, las reglas que estos le imponen y es absolutamente impotente para cambiarlas. Cuando finalmente logre instalarse será porque se ha adaptado y no porque ha transformado esas reglas de juego. Así lo veremos, muy rápidamente, en el tiempo de una generación, por las ventajas que esas reglas ofrecen, participando de ellas.

Es que el sistema panguaraní, centrado en el individuo y, por lo tanto, en una permanente variabilidad, termina promoviendo la irresponsabilidad individual frente a cualquier ordenamiento social que se le quiera imponer. Para el inmigrante europeo, sujeto a milenios de disciplinamiento social, el escenario es tan incomprensible como le fue inútil la pretensión de que le fuese socialmente reconocida, por los irresponsables que dominan el territorio, su inicial voluntad de mantener la disciplina social que ha importado.

Sus descendientes, testigos de ese fracaso, que perciben que, en términos de esfuerzo social, el irresponsable gana y el responsable pierde, adoptarán muy rápidamente, en el plazo de una o dos generaciones, la idiosincrasia, los reflejos adaptativos basados en la irresponsabilidad social imperante.

Porque, vuelvo a repetirlo, los mecanismos idiosincráticos son adaptativos y, aunque a la larga el aporte inmigratorio haya cambiado la conformación demográfica de la región, por la forma en que se produjo —masas de pobres buscando asilo—, nunca pudo poner en cuestión poderosos mecanismos de funcionamiento establecidos a lo largo de milenios. De qué servía ser disciplinado en donde reinaba la indisciplina, de qué servía esforzarse en el trabajo en donde imperaba el mínimo esfuerzo. Se podían obtener ventajas individuales, y se obtuvieron, pero su conservación dependía de la aceptación de reglas de juego establecidas desde siempre.

En ese contexto, la competencia idiosincrática es desigual, rápidamente —en una demostración tajante de su capacidad adaptativa— se impone la idiosincrasia local y el disciplinado europeo se vuelve indisciplinado. Es el inevitable triunfo del gaucho, quien, más que nunca, sigue jugando a ser europeo.

Se da así la paradoja de que, mientras se refuerzan las formas europeas —incluidas las que derivan de una mayor proporción de genes de ese origen—, el basamento cultural que determina nuestros comportamientos reflejos sigue siendo, en su esencia, el «indígena suratlántico», aquel que desde la prehistoria caracteriza al área.

[1]   Santa María del Buen Aire era la patrona de los navegantes a quienes procuraba vientos favorables. En las embarcaciones a vela el viento lo es todo: el mucho viento provoca tempestades, pero el poco viento provoca viajes interminables con su secuela de falta de alimentos y proliferación del escorbuto.

[2]   La investigación que sobre las características idiosincráticas de las sociedades suratlánticas publiqué en el año 2008 (A. Lezama, *La historia que nos parió. Ensayo sobre el origen de la idiosincrasia rioplatense*, Montevideo, Linardi y Risso, 2008) es el punto de partida de este capítulo. Allí realicé un análisis de las poblaciones prehistóricas que ocupaban el área y sobre los procesos que se desarrollan como consecuencia de la invasión europea. La temática que aquí planteo se encuentra desarrollada en el capítulo III.

[3]   Hasta el siglo XVIII, lo que hoy conocemos por Brasil fue, en los hechos y en la documentación, la «costa del Brasil». Es decir, la serie de puertos, desde Olinda (Recife) hasta San Vicente (Santos), y su hinterland algunos kilómetros tierra adentro, que, con la notable excepción de San Pablo, constituían la única zona de injerencia europea. Es importante señalar que, desde el punto de vista del circuito de comunicaciones que allí se establecerá, la «costa del Brasil» se extenderá hasta el puerto de Buenos Aires.

[4]   Así lo expresa el propio veedor de la expedición en el acta que se labra con motivo del abandono de Buenos Aires en 1541: «[...] avyendo venydo los xpianos que enesta provincia an estado en tanta dimynuçion por tantas muertes e perdidas como hasta aquy sobre ellos an acaesçido porque **de quantos a ella an venydo hasta oy no Remaneçen y quedan bivos mas de trezientos y cinquenta ombres y por otra parte los enemygos an creçido e crecen en grande numero** e visto que de cada dia nos apocamos siempre muestran crecerles el anymo y osadia para nos acabar [...]». Énfasis mío. ⟨http://www.elhistoriador.com.ar/documentos/conquista_y_colonia/carta_de_domingo_de_irala.php⟩.

[5]   Sobre este tema y todos los relativos a los primeros años de la «costa del Brasil», recomiendo enfáticamente la obra de Eduardo Bueno, *Capitães do Brasil*, Colección Terra Brasilis, V. 1-3, ed. Objetiva, año 2006. También la de Alida Metcalf, «Go-betweens and the Colonization of Brazil, 1500-1600», *The University of Texas Press*, 2005.

[6]   La expresión *panguaraní* podría sustituirse por *guaraní general* o *ambiente cultural guaraní*. Intenta expresar que, más allá de las diferencias entre los agrupamientos indígenas, estos se desarrollan en un ambiente cultural común. Es ese ambiente, en el que se reconocen técnicas similares, formas similares de obtener alimentos y permanentes intercambios —voluntarios o forzosos— que configura también un ambiente ideológico, el que caracteriza al área en su conjunto, desde el Río de la Plata hasta el Caribe. Se superpone claramente con las áreas ocupadas por los pueblos de origen arawak. En el capítulo II de Lezama, op. cit., desarrollo las principales características de este conjunto cultural.

[7]   Es obvio que el individualismo es, en sí mismo, un sistema; sistema que basa su éxito reproductivo en el desarrollo de la capacidad de opción individual. Cuando subrayo la falta de sistematización, me refiero a un sistema complejo en el que los roles de los individuos están fuertemente preasignados por el desarrollo histórico; vgr. sistemas sociales estratificados con complejas elaboraciones ideológicas y personal especializado en sostenerlas.

[8]   La denominación *go-between* fue establecida por Alida Metcalf en «Go-betweens and the Colonization of Brazil, 1500-1600», *The University of Texas Press*, 2005; obra que, además de analizar el rol de estos personajes a los que considera decisivos en la conformación del Brasil colonial, aporta rica información sobre lo acontecido en el área. Como ejemplo de esa capacidad de intermediación, refiero un documento en el que se fundamenta la decisiva intervención de estos personajes en la supervivencia de la fracasada expedición de Pedro de Mendoza: «[...] que en la dicha costa del brasil al tiempo que alla llego el dicho capitan gonçalo de mendoça [es enviado por su homónimo a buscar ayuda] hallo en la dicha tierra ciertos xptianos que en ella vivian y Residian con sus mugeres e hijos **hombres aviles y suficientes en la dicha contratacion y comunicación de los yndios** y paresciendole que harian servicio a su magd. e aprovechamiento a esta conquista **porque savia y estaba cierto aver muy gran falta de personas ynterpretes para contratar con los yndios y para entender sus maneras y costumbres porquel dicho don pedro de mendoça no los avia traydo delos Reynos despaña siendo la cosa la mas principal y necesaria que avia de traer a esta provincia sin los quales no se pudia conquistar asegurar y des-**

cubrir la dicha tierra como es publico y notorio procuro con muy gran diligençia y cuidado con buenas palabras y tratamientos dadivas promesas que los xptianos se viniesen en su compañía a esta dicha provincia a serbir en ella a su magd. declaren los testigos lo que cerca desto saben etc.». Énfasis míos. En «Apéndice C, Información de los méritos y servicios del capitán Gonzalo de Mendoza». Asunción, febrero 15 de 1545, en Ulrich Schmidel, *Viaje al Río de la Plata (1534-1554)*, editado por Samuel A. Lafone Quevedo, Buenos Aires, Cabaut y Cía. Editores, 1903, 367.

9 «Apéndice B», de Ulrich Schmidel, op. cit., Memoria de Pedro Hernández, secretario del adelantado Álvar Núñez Cabeza de Vaca, 334.

10 Estas alianzas muestran bien la debilidad de los conquistadores. Así lo expresan las actas levantadas con motivo del abandono de Buenos Aires en 1541: «[...] que quando della [la guerra contra los guaraníes de Asunción] **otro peligro no se syguyese syno perder su servycio e ayuda sera parte para nos destruyr y acabar por no tener como no thenemos otros yndios amygos sy a ellos no e ansy mysmo para los conservar y thener syguros en nuestra amystad nos convyene y es muy necesario hazer guerra a los yndios que son sus enemygos y nuestros** lo qual no se podra hazer de manera que lo podamos acabar con la Reputacion que nos convyene porque syendo nosotros pocos por nos divydir e apartar por dexar gente eneste puerto no seremos parte para hazer ny cometer nyngun negocio grande donde claro se los manyfestara thener temor el qual les dara atrevymiento e causa para nos thener en poco o **como no les demos guerra contra aquellos a quyen ellos tyenen por enemygos y desean destruyr ynmediatamente volveran las armas y guerra contra nosotros** [...] su magd sabe **como por parte de los dichos yndios aseydo Requerydo muchas vezes que vamos a la guerra contra los yndios que dizen ser señores del metal** ofreciendose yr en su compañía y se les ha Respondido dandoles esperanzas que a plazos muy breves se conçedera a su deseo e yremos ellos e su md juntos diziendoles que nuestra venyda a esta trra no es otra cosa syno a hazer la dicha jornada **y sy ellos vyesen que tardase mucho tpo y no se hiziese seria cierto el levantamyento contra nosotros** [...]». Énfasis mío. Apud ⟨http://www.elhistoriador.com.ar/documentos/conquista_y_colonia/carta_de_domingo_de_irala.php⟩.

11 Véase, por los argumentos que expone con relación a la necesidad de proteger la «costa del Brasil», el «Memorial del licenciado Antonio Fernández de Castro, presentado al Consejo, acerca de las fortificaciones del puerto de Buenos Aires, y sobre la conveniencia de cambiar los frutos de las provincias del Río de la Plata en el Brasil», apud Lezama, op. cit., 147.

12 Todo el capítulo 8, «Power», de A. Metcalf, está dedicado a explicar una situación que ella define como de dominio económico sin dominio cultural.

13 Llamo además la atención sobre el hecho, que ayuda a explicar muchas de las de otro modo misteriosas relaciones que se darán entre inmigrantes españoles y portugueses situados en sus respectivos dominios, de que un porcentaje interesante de estos colonos eran de origen sefardí, refugiados en Portugal luego de ser expulsados de España y motivados a emigrar por la creciente actividad de la Inquisición portuguesa.

14 Sería interesante investigar, en ese circuito, el alto consumo de hierro que ocurrió, tanto bajo la forma de herramientas como de ingrediente necesario para la extracción de la plata por el método de la amalgama. Parece razonable pensar que, de alguna manera, la temprana producción de hierro en el área de San Pablo estuviese vinculada a este circuito.

15 Reitero esta circunstancia original, la de esclavos que conservan todas sus prácticas culturales, porque no ha sido debidamente contemplada por la historiografía tradicional. A. Metcalf, en la obra que vengo citando (p. 261), expresa esa situación en forma contundente, al traer un caso en el que los jesuitas denuncian al dueño de un ingenio por, todavía en el año 1592: «allowing the Indians in this village to live too much like Indians, including having multiple wives and **continuing the custom of killing war captives in public ceremonies**». Énfasis mío; en él debe leerse, en torno a Bahía y luego de 50 años de «colonia» portuguesa, la persistencia del canibalismo. ¿Qué suponer entonces sobre la persistencia de todas las demás prácticas culturales? Basada en la supervivencia de las prácticas culturales (véase también la p.

272), Metcalf concluye que allí existió un «dominio económico sin dominio cultural». Por ejemplo, en la p. 257: «[los dueños de ingenios] Instead [a la presencia de reducciones jesuitas], they preferred to **let their slaves** [debe entenderse indios en este caso] **express their religious beliefs as they pleased,** as long as they worked on the plantations and accepted the lordship of sugar planter. **Their villages would become places where high economic exploitation would coexist with an acceptance of cultural differences».** Énfasis míos. Metcalf, aunque reconoce lo particular de la situación, no puede dejar de ver —pese a citar ella misma numerosos documentos que muestran lo contrario— una «fuerte explotación económica», cuando esta es casi imposible en el ámbito cultural panguaraní.

[16] Véase A. Metcalf, op. cit., 186-191 y 249.

[17] Así lo establecen categóricamente los propios jesuitas al responder al capítulo 44 de los *Capítulos contra os padres da Companhia de Jesus*, escritos por Gabriel Soares de Souza, propietario de ingenio y autor, en 1587, de una obra fundamental para comprender este período, el *Tratado descritivo do Brasil*: «O único remédio deste estado [Brasil] é haver muito gentio de paz postos em aldeias ao redor dos engenhos e fazendas, porque com isso haverá quem sirva e quem resista aos inimigos, assim franceses e ingreses como Aimurés, [indios enemigos de la alianza tupiportuguesa] que tanto mal teem feito e vão fazendo, **e quem ponha freio aos negros de Guiné que são muitos e de sós os índios se temem.»** Énfasis mío. Tomado de *Hemeroteca Digital Brasileira*.
‹https://memoria.bn.br/pdf/402630/per402630_1940_00062.pdf›.

[18] El profesor Nelson Majerczyk me ha señalado, como una evidente contradicción a la tesis que aquí formulo, cómo siendo los paulistas tan indisciplinados terminaron evolucionando hasta transformarse en el mayor centro industrial de América del Sur, actividad que, necesariamente, requiere de altos niveles de disciplinamiento. No siendo especialista en la historia paulista no puedo producir una respuesta plenamente satisfactoria; señalo, sí, que la indisciplina que caracteriza al panguaraní es la expresión de su individualismo y que este fue, a su vez, cuando las circunstancias lo hicieron posible, el principal motor del desarrollo capitalista. Para mayores detalles sobre las particulares circunstancias del San Pablo colonial, véase Lezama, op. cit., 112-118.

[19] Muchos de estos datos fueron tomados de Ellis Alfredo (junior) (*Os primeiros troncos paulistas e o cruzamento euro-americano*, Sao Paulo, Companhia Editora Nacional, 1936), quien, lleno de orgullo paulista, no vacila en describir en detalle todos estos episodios —generalmente contrarios al orden jurídico imperante y, por eso, disimulados por insignes historiadores del Brasil— por considerarlos fundacionales de su areté. Véase Lezama, op. cit., 115.

[20] Es conocido el robo de indios en la zona de las misiones jesuíticas. Menos conocida es su función integradora de vastos territorios al «dominio» —las comillas son por la casi total ausencia de aquellos— portugués. Muy avanzado el proceso, a fines del siglo XVII, los bandeirantes tendrán su recompensa con el descubrimiento de los yacimientos auríferos de la actual Minas Gerais.

[21] Así también lo describe A. Metcalf, op. cit., 270, describiendo la situación hacia 1600: «[…] the Portuguese colonies were still **small enclaves, clustered like islands along the coast** […]». Énfasis mío.

[22] La administración no puede, salvo circunstancias excepcionales, informar que, justamente, no administra. Que en el área, bajo el dominio de cualquiera de las monarquías, nadie está dispuesto a obedecer nada y que la aplicación de las «reales órdenes» es siempre una proeza de la contemporización, cuyo resultado, con relación a lo que se mandó, es, en el mejor de los casos, nulo.

[23] Desarrollé el tema extensamente en Lezama, op. cit., capítulo 7, «La sobrecarga delictiva o el círculo negro de la corrupción administrativa».

[24] A. Metcalf, op. cit., 13, se pregunta cómo es posible que Portugal haya «ganado» («*won*») el Brasil (las comillas son de ella) en pleno proceso de decadencia frente al ascenso de nuevas potencias marítimas, y responde categóricamente: «The answers to these questions lie with the go-betweens who are the subject of this book». También p. 79 y sgts.

²⁵ Definidos como *población errante de la campaña*, son, en su mayoría, el producto del proceso de europeización de la población indígena.

²⁶ La historiografía jesuita —la única sistemáticamente producida y publicada durante el período colonial— es una de las grandes responsables de la distorsión entre realidad histórica y discurso que caracteriza la interpretación del período. Su punto de partida —como no podía ser de otro modo— es la reivindicación del resultado de su labor como misioneros. De acuerdo con ellos, los indios «reducidos» (obligados a vivir en aldeas permanentes, las llamadas *misiones*), gracias a sus prédicas, han abandonado su pasado salvaje y son el más puro ejemplo de las virtudes cristianas. Virtudes que, sin la tutela de los «padres», perderían inmediatamente, tanto por contagio de sus antiguos parientes como —y sobre todo— por la mala influencia de los criollos. Coherentemente con todo lo expuesto en este trabajo, la historiografía contemporánea constantemente descubre, bajo una superficial cristianización, la fuerte perduración de las tradiciones culturales guaraníes. En ese sentido he destacado como fundamental su redignificación como guerreros al ser rearmados para enfrentar al tradicional enemigo tupipaulista. Véase Lezama, op. cit., capítulo 5, «El Círculo Verde: la competencia entre lusotupíes y los hispanoguaraníes por el uso de la cuenca del Plata».

²⁷ Singularmente, porque es elocuente con relación al ambiente que vengo describiendo, el primer episodio que involucra al área en el contrabando de plata es promovido por el obispo de Tucumán, Francisco de Victoria, quien llega al Perú por la vía de la «costa del Brasil» y que, muy probablemente, tenía parientes allí. Victoria envía al Brasil, desde Buenos Aires, los primeros barcos cargados de plata potosina. Sintomáticamente esa plata no figura en los registros de embarque y solo conocemos los episodios gracias a los accidentes, naufragio y captura por piratas ingleses que allí tuvieron lugar. Véase Lezama, op. cit., 144.

²⁸ Vale la pena detenerse un instante en las características de ese tráfico. Si bien los productos que aporta el circuito del azúcar al área andina son en su mayoría importados, hay dos cuya producción parece estar particularmente vinculada a la región paulista y que me parecen determinantes para entender algunos desarrollos económicos posteriores. Se trata de los derivados del azúcar, altamente demandados en las duras condiciones de vida de la minería andina (de los que también en los propios márgenes tropicales de los Andes se desarrolla una importante producción), productos que se presentan bajo la forma de diferentes dulces de frutas —San Pablo, situado en la altura del planalto, admite la producción de frutas de origen europeo— y, principalmente, de aguardiente. Ambas producciones, y en particular esta última, demandan un cierto nivel de industrialización. El otro posible producto —posible porque no está debidamente documentado su comercio desde San Pablo a Potosí, pero sí su producción allí— es el hierro, el cual, en forma de herramientas o en lingotes, es insumo insustituible y, por lo tanto, de alto valor en Potosí.

En particular se precisan recipientes de metal y cerámica para la cocción, y distintos tipos de envases en cerámica y madera para su almacenamiento y transporte. Según el historiador Francisco De Varnhagen, en su *Historia geral do Brasil*, t. II, San Pablo, 1927, 57, cuando el gobernador general Francisco de Sousa recorre San Pablo (entre 1592 y 1602), visita la «fabrica de ferro do Ipanema» y el «local chamado "Fabrica Velha", no valle das Furnas, onde Affonso Sardinha tinha já um forno catalão de fundir ferro». Véanse las explicaciones que sobre la minería andina se dan en el capítulo II de este libro.

A su vez señalo, con respecto a las mercaderías europeas en general, que son reexportadas desde los puertos del Brasil hacia el área minera y que muchas de ellas son excedentes de las originalmente destinadas al África para la compra de esclavos. Así lo argumentan los armadores refiriéndose a las pérdidas que supondría llevar de regreso a Europa esas mercancías «excedentarias». Pongo comillas porque todo indica que el exceso era premeditado a los efectos del contrabando de plata. La «necesaria» comercialización de esos excedentes será una modalidad típica de contrabando que luego será adoptada por las propias compañías negreras cuando estas, a comienzos del siglo XVIII, se instalen directamente en el Río de la Plata. Señalo también, ahora con respecto a los esclavos exportados desde el Brasil hacia el Río de la Plata, el hecho de que muchos de ellos eran, por diferentes razones —generalmente la indocilidad—, los que no se habían adaptado al trabajo en los ingenios.

117

Véase Lezama, op. cit., 144.

[29] En este sentido destaco la deliberada ignorancia del hecho de que, durante casi todo el período colonial, el Brasil fue, como he señalado, un «archipiélago» de puertos conectados por el mar, los que no tenían una extensión territorial definida. Mal podrían, en esas circunstancias, preocuparse por fronteras terrestres situadas a cientos o miles de kilómetros de los puertos. Nuevamente se confunde la iniciativa de los panguaraníes locales, en particular de los paulistas, con la definición de un propósito político dirigido desde la metrópoli portuguesa.

[30] Interesante y trágico capítulo sobre el que no tengo posibilidad de extenderme. Recordemos que los siglos XV y XVI son, en España, los del apogeo de la Santa Inquisición y de la «pureza de sangre», manía que servirá de pretexto para el robo, el martirio y la expulsión de judíos y moros del territorio español. Parte de los judíos perseguidos en España buscarán refugio en Portugal, también más tolerante en esa materia, desde donde se trasladarán, buscando condiciones más seguras, a las nacientes bases territoriales del Imperio portugués y a la «costa del Brasil» en particular. Desde allí se integrarán al proceso que vengo describiendo.

[31] No hay espacio en este trabajo para una referencia específica a la muy interesante —en términos de interpretación histórica— intervención de la Compañía de Jesús en el área atlántica. Señalo, como referencia, que a solo nueve años de fundada la orden, esta ya se encuentra en Brasil, adonde arriba en compañía del primer gobernador general. Es a partir de la experiencia que allí desarrollan que establecerán su estrategia para toda la región. Singularmente, en contra de la afirmación tantas veces repetida (en particular por los propios jesuitas) de su actuación como «conquistadores pacíficos», su principal conclusión de la experiencia brasileña, luego de nueve años de reiterados fracasos como evangelizadores, es que si primero no se somete a los indios por la fuerza —para lo cual dejan actuar al «poder temporal»—, atemorizándolos lo suficiente como para aceptar a los misioneros como la opción menos dañina, no hay evangelización posible. Véase A. Metcalf, op. cit., 111.

[32] Véanse estas expresiones de un tupinambá, recogidas por De Lery a mediados del siglo XVI, refiriéndose a la adopción de nuevas herramientas: «[…] quanto mais feliz não é a nossa condição, do que foi a d'elles! [se está refiriendo a sus antepasados] Mais vastas são as nossas plantaçoes agora! Ja as crianças não chorão, quando as rapamos!». Apud Francisco de Varnhagen, *Historia geral do Brasil antes da sua separação e independência de Portugal*, t. I, 3.ª edição integral, Companhia Melhoramentos de São Paulo, 1927, 347.

[33] Por un mayor desarrollo de este tema, véase Lezama, op. cit., 55-58.

[34] Véase Lezama, op. cit., capítulo 8, «Libertad y muerte: el "círculo rojo" de la liberación política».

[35] Véase Darcy Ribeiro, *Las Américas y la civilización III. Los pueblos transplantados. Civilización y desarrollo*, Buenos Aires, Centro Editor, 1969.

Capítulo IV. El valor explicativo de la idiosincrasia

Introducción

Luego de haber hecho un largo recorrido tratando de mostrar cómo las conductas históricas sudamericanas están fuertemente determinadas por la idiosincrasia de sus poblaciones, y habiendo tratado de demostrar, a su vez, que esas idiosincrasias son altamente conservadoras pues se han constituido en un proceso de muy larga duración, entiendo que es necesario detenerse a analizar la naturaleza misma del proceso de construcción idiosincrático y las derivaciones que de este resultan para la interpretación en las ciencias sociales.

Lamentablemente, si bien es una práctica cotidiana el establecer relaciones entre tipos de comportamientos idiosincráticos y agrupamientos de individuos, esta ha sido poco y mal estudiada por las ciencias sociales.

Esto es así pese a que, en los hechos, la asignación *a priori* de un determinado tipo de comportamiento a un individuo por pertenecer a un determinado grupo tiene un alto valor práctico por ser altamente probable que se corresponda con la realidad. Así, cuando, por tradición, conocemos que determinada familia o los habitantes de un determinado barrio se comportan generalmente de una determinada manera, vamos a planificar nuestras acciones en función de esa generalización. De ese modo, por ejemplo, la policía vigila más unos partidos de fútbol, cuando sabe que van a participar determinadas hinchadas, que otros. O cuando una persona recibe un préstamo bajo palabra por el simple hecho de pertenecer a determinada familia, etcétera.

Esas asociaciones, de base puramente empírica, han dado lugar a una serie de lugares comunes (estereotipos) que, sin embargo, son reiteradamente tenidos en cuenta, en forma más o menos explícita, a la hora de explicar diferentes situaciones. Así, utilizamos expresiones como una «paciencia china», una «flema inglesa», una «tacañería judía», una «disciplina alemana» y otras similares. Sucede que, aunque todos en distintas ocasiones deberemos tener más o menos paciencia, ser más o menos espontáneos, más o menos liberales o más o menos disciplinados, en la medida en que al individuo en cuestión lo podamos ubicar dentro de los conjuntos «chino», «inglés» o «judío», es harto probable que desarrolle el comportamiento esperado.

Si bien es fácil hipotetizar sobre la existencia de comportamientos idiosincráticos, dado que estos parecen manifestarse en la realidad —todos vamos a confiar, en función de ese preconcepto de «disciplinados», más en un automóvil armado en Alemania que en uno fabricado en China—, es muy difícil, como veremos en los próximos apartados, su abordaje científico. Además, para complicar las cosas, como el análisis de los comportamientos idiosincráticos ha derrapado muchas veces hacia el soporte de ideologías racistas y/o totalitarias, como en el notorio caso del nazismo, siempre es mirado con desconfianza por las instituciones académicas. Tratemos de repasar entonces los elementos de base que hacen al comportamiento idiosincrático.

El hombre es considerado «un animal cultural», es decir que sobrevive y se reproduce gracias a productos y gestos que, a diferencia de lo que sucede en la mayor parte del resto del reino animal, él mismo va elaborando, sea modificando la naturaleza, sea encauzando artificialmente comportamientos instintivos.[1] Considerados globalmente, esos logros son sofisticados y complejos y constituyen lo que se conoce como *culturas* o *civilizaciones*. Analizados en su desarrollo histórico, dichos logros implican lentos procesos de descubrimiento y experimentación cuya resultante —su perduración eficiente durante determinado tiempo— es lo que llamamos *cultura tal* o *civilización cual*.

Pero cuando se considera el proceso de adscripción a una determinada cultura desde el punto de vista de los individuos que la componen, es decir, la adopción por estos de un determinado modo (o estilo) de resolver los problemas, nos estamos situando en la esencia de los comportamientos idiosincráticos. Sucede que cada individuo que tiene que actuar en el seno de una determinada cultura no tiene tiempo, antes de su inmediata actuación en el seno de esta, de reproducir el proceso histórico que la produjo como resultado. Es necesaria la existencia de un proceso mucho más inmediato que le permita actuar según dichas pautas desde el mismo momento en que empieza a socializar.

Son esos comportamientos, cuyas expresiones más sistemáticas entendemos como *idiosincráticas*, es decir, características de una determinada persona o grupo de personas, los que deben ser integrados, necesariamente, de una manera muy rápida. Esa forma de incorporación de hábitos más inmediata aparece, paradójicamente, como más «natural», en el sentido de cómo aprendemos a hablar o a caminar sin haber entendido los principios básicos de la gramática ni de la física, incorporando en forma de reflejos, que bien pueden asimilarse a los instintos, las formas de respuesta esenciales de la cultura a la que pertenece. Tengamos en cuenta que la mayoría de nuestras conductas son de ese tipo: las hacemos sin haberlas aprendido conscientemente.

Me detengo para señalar que una de las consecuencias trascendentales de esa adquisición temprana es la ineficiencia, en lo que a actitudes se refiere, de la enseñanza formal, a la que tanto se ha apostado —y apuesta— para la solución de nuestras dificultades, ya que interviene después de que esas conductas han sido establecidas. Más aún, salvando el leer, en términos cuantitativos casi nada de lo que hacemos cotidianamente es producto de una educación formal.

Si bien es difícil definir cuál es el nivel de esencialidad que un determinado comportamiento tiene para un individuo en particular, es lícito pensar que este está directamente relacionado con el grado de éxito que ese comportamiento determina en su integración social. Ejemplificando: en una cultura fuertemente marcada por el autoritarismo el reflejo conveniente es la obediencia. En una cultura guerrera será el coraje. En una cultura comerciante será la transacción, etcétera. Sin embargo debe quedar claro que estoy hablando de reflejos y no de reflexiones. Se trata de la primera reacción esperable frente a una situación y no de la que sería nuestra actitud si damos lugar a razonar —como muy pocas veces lo hacemos en nuestro comportamiento habitual— qué es lo que está pasando y, como seres pensantes que somos, ponderamos los pros y contras de la decisión que vamos a adoptar.

La hipótesis que aquí formulo con relación a la construcción de la idiosincrasia parte de la existencia de una «selección natural» (pongo comillas porque se trata, justamente, de prácticas culturales y no «naturales» —y aquí las comillas van porque es natural que el hombre haya desarrollado la cultura—) de tipo darwiniano, de aquellas formas de reacción que mejores resultados le dan a determinado individuo para la adaptación a determinada cultura.

Dicha condición implica que, dado que las circunstancias no son siempre exactamente iguales, el mayor o menor éxito de la reacción adquirida tiende a ser permanentemente (históricamente) reevaluado, pero siempre en ese mismo plano casi instintivo. «La especie que sobrevive no es la más fuerte, ni la más inteligente, sino la que posee mayor capacidad de adaptación a los cambios», dirá Charles Darwin en *El origen de las especies* (1859).

Asimismo, como especie racional que somos, debemos tener en cuenta la existencia también de una evaluación más sofisticada, del tipo reflexión sobre el pasado, que, eventualmente, actúa como mecanismo mediante el cual se introducen variaciones en el comportamiento idiosincrático.

De esa permanente experimentación de nuevas respuestas, sea cual sea su origen, al surgir algunas de mayor potencial adaptativo que las anteriores, de alguna manera, se irán modificando las pautas adquiridas. Si no existiese la posibilidad de introducir variaciones, todos reaccionaríamos igual, repitiendo las pautas idiosincráticas de Adán y Eva, y la cultura sería siempre la misma.

Esta potencial variabilidad de la idiosincrasia no hace más que reafirmar el concepto de que el hombre sobrevive adaptándose (y modificando) al medio a través de la cultura y que, al igual que en el resto de la naturaleza, habrá prácticas más exitosas que otras y que dicho éxito hará que algunas se perpetúen y otras decaigan. La idiosincrasia, aunque corresponda a un rango singular de las prácticas culturales, sigue esas mismas reglas.

Cabe entonces el paralelismo con las ciencias naturales y hablar, en el plano idiosincrático, de un ADN de la cultura, de un comportamiento que, por lo esencial, se reproduce a sí mismo, pero que continuamente va experimentando variaciones (mutaciones) que en circunstancias particulares resultan en modificaciones permanentes.

Establecida esa salvedad, es necesario insistir en el hecho de que, al hablar de idiosincrasia, estoy hablando esencialmente de lo que se podría describir como reflejos primarios, el nivel más cercano a los instintos naturales que, sospecho, podemos encontrar dentro de las prácticas culturales. Si bien es un comportamiento adquirido culturalmente (en un ambiente dominado por la cultura), al actuar por fuera de la racionalidad se desencadena instintivamente.

Ahora bien, siendo las sociedades, o las distintas fracciones de estas, una sumatoria de individuos y tendiendo estos a reaccionar (en primera instancia) de la misma manera, el resultado es la existencia de un comportamiento común, que se identifica en la expresión *idiosincrasia* tal o cual.

No se ha desarrollado, que yo conozca, una metodología específica que permita profundizar en la manera en que se constituyen los factores idiosincráticos. El problema reside en que estos se sitúan (quizás debería decir *actúan*) en un plano previo a cualquier forma de abstracción y que, normalmente, toda encuesta que pretenda aproximarse a su naturaleza, del tipo «¿qué importancia le da a…?», pasa por un necesario proceso de reflexión que anula la espontaneidad del comportamiento idiosincrático. Un abordaje empírico de los factores idiosincráticos debería basarse en metodologías similares a las empleadas por la psicología para tratar de descubrir la realidad por detrás de las apariencias.

Propongo entonces, sin privarnos de hacer las consideraciones del caso sobre las posibles causas que los producen, manejar los factores idiosincráticos en función de sus consecuencias. Dicho de otra manera: los factores idiosincráticos, aunque todavía no podamos establecer su génesis, existen, y esa existencia se demuestra, como suele suceder en el campo de la física, por las perturbaciones que ellos provocan en el sistema global de la cultura.

Sobre esa base podemos postular que si un determinado grupo cultural se sostiene históricamente es porque los reflejos idiosincráticos que lo caracterizan han sido eficientes en asegurar la sobrevida de los individuos y favorecido su reproducción.

Reflexionemos entonces sobre cómo rasgos tan imprecisos como los idiosincráticos pueden tener una trascendencia histórica tan determinante. Entiendo que la principal razón de la trascendencia de lo idiosincrático reside en que es a través de la idiosincrasia que se establece la modalidad, la forma, más propiamente el estilo en que esa persona (y por extensión el grupo de personas al que se asimile) va a emprender cualquier tipo de actividad, condicionando el resultado.

Trataré de explicarlo en términos sencillos: supongamos que dos individuos, Juan y María, con idiosincrasias diferentes, van a realizar la misma obra, en circunstancias históricas similares; por ejemplo, van a armar un vehículo apoyado sobre ruedas porque en ambos casos se experimenta la misma necesidad de trasladar objetos pesados y han concluido en la misma solución técnica. El individuo Juan tiene una idiosincrasia caracterizada por no fijarse en los detalles, mientras que el individuo María posee una exactamente opuesta y es hiperdetallista.

El resultado más probable será que Juan no revise suficientemente si las tuercas de las ruedas están bien apretadas, mientras que María sí lo haga. La consecuencia «histórica» será que el vehículo de Juan vuelque, no logre trasladar los objetos que se proponía —quizás pierda una oportunidad en el mercado, o no llegue a terminar a tiempo una fortaleza—, y en consecuencia, si prolongamos las resultantes de ese hecho aparentemente menor, Juan no seguirá la misma trayectoria histórica que María, quien sí logró alcanzar su objetivo.

El problema es que las grandes modelizaciones históricas no tienen en cuenta el origen último de esos resultados distintos y generalmente solo se centran en sus consecuencias. Es así que, en el ejemplo propuesto —que bien puede asimilarse a tantas circunstancias reales que se han dado en la historia—, los contextos y las motivaciones eran similares, digamos que ambos querían aprovecharse de un determinado mercado, simulando así un caso de análisis para entender el desarrollo del capitalismo en dos lugares diferentes.

En la visión tradicional de la historia económica, el fracaso de uno y el éxito del otro se medirán en cifras, en capitales, en ritmos de circulación, que luego seguirán sus propias lógicas de multiplicación. La explicación, con toda probabilidad, no irá más allá de que María logró ocupar primero un determinado «nicho» del mercado y así pudo crecer de tal manera, mientras que Juan no, y de ahí en adelante se caracterizará por un menor desarrollo que lo limitará a tales o cuales oportunidades. Todo, seguramente, muy cierto y de inexorables consecuencias históricas.

Lo trascendente que quiero expresar con este ejemplo es que, siendo idiosincráticamente desprolijo, a nuestro personaje Juan, aunque lo lleven gratis al mercado en un auto de alquiler y con eso evite que se le caiga la rueda, no va a evitar que en algún momento se le caiga la estantería o cualquier otra cosa como consecuencia de su desprolija idiosincrasia. Por ello, independientemente del capital inicial del que disponga, siempre va a terminar fracasando, en comparación con María, en actividades que requieran precisión. Tal es el peso de la idiosincrasia.

De acuerdo con la lógica selectiva expuesta —en la que la eficiencia es determinante—, debemos, a la luz del ejemplo planteado, preguntarnos por qué no existen solo Marías. Entiendo que la respuesta reside en que es en la diversidad de estilos/estrategias de vida, que se expresan en lo idiosincrático, que también se diversifican las respuestas a las situaciones riesgosas y que, habiendo un mayor número de respuestas, van a aumentar también las probabilidades de dar con una que sea exitosa. Siguiendo con nuestros personajes podemos imaginar, sin forzar la situación, que Juan, como desprolijo, al no fijarse tanto en el detalle, es mucho más espontáneo (o menos previsor) que María, y como consecuencia está más predispuesto a tener hijos. Muchos hijos, aun mal alimentados, terminan significando una mayor fuerza de trabajo, la cual, consecuentemente, puede ser aplicada a la fortaleza del grupo. Grupo que, también consecuentemente, asegurará que siga habiendo Juanes.

El corolario es que cuando existe una determinada idiosincrasia, esta puede ser muy negativa para algunos desarrollos pero muy positiva para otros. Lógicamente, esto depende del contexto en que esta se ejerce. Partimos del supuesto *a priori* de que los contextos, puesto que permitieron (seleccionaron) el desarrollo de determinadas idiosincrasias, son, con relación a sí mismos, estables (recordemos que esto supone intentar congelar en una imagen algo que en realidad es un proceso), y de alguna manera, cuando identificamos un determinado comportamiento idiosincrático, los aspectos positivos predominan sobre los negativos y de ese modo están asegurando la supervivencia del individuo o del grupo.

Finalmente, volviendo a América del Sur, la tesis que intenté demostrar es que la clave de nuestras incapacidades debe ser buscada en este plano microcultural, en el ADN de su cultura. En ese sentido es fundamental dejar en claro que, siendo la idiosincrasia un fenómeno individual, su generalización es directamente proporcional al número de individuos que la tienen;

por ende, cuando hablamos de idiosincrasia sudamericana, estamos hablando de aquella (o aquellas) que desarrollan la mayoría de los sudamericanos. Consecuentemente, analizándola en su desarrollo histórico, su punto de partida es la idiosincrasia de los descendientes de las poblaciones originales, con las —como tratamos de ver en los capítulos precedentes— escasas consecuencias que aportaron la invasión europea y los desarrollos posteriores a la independencia.

Trataremos de analizar entonces por qué ese factor no ha sido, a mi entender, debidamente considerado en las interpretaciones históricas y los diferentes enfoques académicos mediante los cuales se intenta comprender mejor el fenómeno idiosincrático.

Historia, modelos históricos, idiosincrasia y *larga duración*

Todo el conocimiento es pasado y la historia es la madre de todas las ciencias. Aun las disciplinas más duras y experimentales trabajan con datos que, desde el momento en que se producen, son parte del pasado y por lo tanto deben recurrir al método histórico para recuperar y procesar las variables que les interesan. Sin hacerlo explícito, al igual que el historiador, ellas deben asegurarse la fiabilidad de sus registros y establecer la pertinencia de los criterios de interpretación susceptibles de asegurarles resultados. Afortunadamente para ellas, la repetibilidad —en términos prácticos— de esos acontecimientos les permite ir corrigiendo la lógica de su interpretación histórica, al punto de presumir que, si se repiten las mismas circunstancias, las cosas van a volver a darse de forma suficientemente similar como para hablar de leyes del comportamiento.

Pero qué sucede con la aplicación del así denominado *método científico* cuando, dejando de lado historias particulares, como la del átomo o la de la hemoglobina, lo aplicamos al conjunto del acontecer humano.

Lo primero es señalar que no se trata de un divertimento intelectual sino de una aplicación imperiosa, puesto que los seres humanos, como animales que hemos prescindido de nuestros instintos y apelado a la cultura como forma de supervivencia, necesitamos, para poder anticipar el futuro, de esa permanente percepción histórica. El hombre es un animal cultural, un ser que, para su subsistencia y reproducción, depende del uso de las herramientas y mecanismos que él mismo ha creado. En ese sentido es también un animal histórico, pues es el conocimiento de cómo funcionaron antes las cosas lo que nos permite hacerlas funcionar hoy.

La historia no es entonces simplemente una categoría del conocimiento, es una necesidad perentoria de la especie, puesto que sin su capacidad preceptiva y propositiva no podríamos desarrollar con éxito nuestras conductas cotidianas, las cuales, a su vez, de acuerdo a esos mismos conocimientos históricos, determinarán nuestro futuro.

Sin embargo, la historia, como disciplina científica para el conocimiento del pasado, es sumamente imperfecta. Su capacidad de reconstruir los acontecimientos —a diferencia de lo que ocurre en las ciencias llamadas experimentales— es inversamente proporcional al tiempo transcurrido y, para peor, toda sistematización que de estos se proponga corre el riesgo —a diferencia de los modelos matemáticos que se aplican en otras disciplinas— de estar contaminada por nuestra percepción del presente y, consiguientemente, de no articular los verdaderos factores que en aquellas circunstancias fueron claves para explicar el encadenamiento de los acontecimientos.[2]

Nuestra existencia es entonces un permanente ejercicio de conocimiento histórico. Los continuos «¿qué puede pasar si…?» se responden únicamente con los «¿qué fue lo que pasó en…?» y con los «¿por qué pasó tal cosa?». Son nuestros conocimientos históricos los que nos permiten predecir con un alto grado de fiabilidad tanto que si me paro en determinado punto de la ruta a determinada hora podré tomar un ómnibus con tal o cual destino como que faltan tantos meses para que los días comiencen a alargarse.

La historia como disciplina científica —diría las ciencias sociales en su conjunto— no es más que la legítima pretensión de asegurar esa fiabilidad, de desarrollar las mejores herramientas posibles que nos permitan interrogar al pasado y así dilucidar el futuro. Los historiadores profesionales tienen clara conciencia de la debilidad epistemológica de su disciplina y, consecuentemente, saben que si las reconstrucciones del pasado que proponen no se ajustan a lo que realmente sucedió, pocas esperanzas hay de que los modelos sobre el futuro que se formulen basados en esos datos tengan un valor predictivo.

Nada más lógico entonces que procurar cambiar la *percepción* por el *conocimiento* y, sobre esa base, intentar establecer las leyes que regulan nuestros comportamientos. Sin embargo, muy a mi pesar, debo decir que cuando el método científico —a pesar de su carácter histórico— es aplicado a la propia historia, esta deja de ser la «madre de todas las ciencias» para pasar a ser la «madre de todos los prejuicios».

Son escasos sus éxitos explicativos y, consecuentemente, son permanentes sus fracasos operativos. Sucede que, aunque sepamos que los acontecimientos de hoy se explican por los sucesos de ayer (y el de ayer por el de anteayer, etc.), aun en el caso de los más recientes —a diferencia de lo que ocurre en las ciencias experimentales— nos es imposible aislar la totalidad de las variables que estuvieron en juego para que estos se produjeran. Esto, por la sencilla razón de no haber podido registrarlas sistemáticamente, dado que ignorábamos cuáles eran los hechos que debíamos registrar mientras sucedían, y no habiéndolo hecho en el momento, sus propiedades intrínsecas se van —irremediable y salvajemente— perdiendo con el transcurso del tiempo.

Si a eso le agregamos que la selección de variables es, en sí misma, un proceso de interpretación que, para no errar, debería haber sido el resultado del —por las mismas razones imposible— análisis de situaciones anteriores, ¿qué podemos decir de cosas que han sucedido hace años, siglos o milenios y que están en el origen de la cadena de acontecimientos que queremos explicar hoy?

Contradictoriamente, se puede decir muy poco y se puede decir muchísimo. Muy poco, si nuestra pretensión es reconstruir exactamente en qué consistieron esos acontecimientos remotos. Muchísimo, si dejamos que nuestros prejuicios contemporáneos, que son fruto de ese mismo proceso histórico y son los que nos impulsan a intentar predecir el futuro, recombinen hasta el cansancio, buscando la ecuación más predictiva, las escasas variables a las que el azar de la conservación ha permitido subsistir hasta nuestros días (y eso siempre con un aceptable margen de duda sobre su correcta identificación).

Es un hecho que algunas de esas combinaciones nos parecen hoy más explicativas que otras y que es por eso que las tomamos como base cuando tratamos de planificar nuestro futuro. Lo notable es que esas explicaciones no son las mismas, aunque se refieran a los mismos hechos históricos, que las que determinaban nuestro comportamiento hace lustros, décadas o años.

Así, hemos visto el devenir histórico determinado por la geografía, por los «grandes hombres», por la fatalidad, por las relaciones con la divinidad, por la «lucha de clases», por las «leyes del mercado», etcétera, y por combinaciones varias de estos y otros factores. En su momento, cada una de ellas fue la mejor opción para orientarnos en la toma de decisiones. La lección de la historiografía es un gran llamado a la prudencia que, por suerte, la humanidad parece, aunque muy lentamente, ir integrando a su comportamiento.

De ese larguísimo ejercicio rescato, a los efectos de este texto, el convencimiento adquirido por los historiadores de que no hay un único «tiempo histórico», de que el transcurrir del tiempo, a los efectos explicativos de los acontecimientos históricos, tiene ritmos y modulaciones diferentes y que esos ritmos y aceleraciones tienen diferente peso en la explicación de los sucesos.

Así, hay un tiempo inmediato que puede explicar los acontecimientos de esta jornada. Pero hay también un tiempo coyuntural, que explica las circunstancias de ese tiempo inmediato, y hay un tiempo largo, que explica por qué se presentaron esas coyunturas y no otras. Debemos al historiador Fernand Braudel la sistematización de la idea de la *larga duración* y su trascendencia en la configuración de las llamadas *civilizaciones*.[3]

En el caso de la historia sudamericana, vistos los fracasos que «la historia de los acontecimientos» o «la historia de las coyunturas» han tenido para explicar la incapacidad de alcanzar el desarrollo, he tomado como hipótesis que la explicación debe buscarse en el tiempo largo, en la larga duración. Tiempo que solo puede ser afectado por procesos que comprenden varias generaciones; consecuentemente, no va a haber alteración de la cotidianidad, por trascendentes que sean los acontecimientos en los planos de la historia política, la historia económica o la historia ideológica que lo modifiquen sustancialmente.

Necesariamente, por la perduración a lo largo de siglos de los problemas de incapacidad que nos ocupan, debemos descartar las explicaciones basadas en aspectos coyunturales de la historia y recurrir, como opción restante, al modelo de la larga duración como el único que podría facilitarnos el entendimiento de la reiteración de nuestros fracasos. Pero, planteado en esos términos, nos encontramos con el problema de que no hay rasgos que claramente se identifiquen con esa incapacidad crónica. Es en esa circunstancia, por su vigencia en la larga duración, que los rasgos idiosincráticos cobran fuerza como posible explicación, ya que, aunque siempre aparecen de una manera o de otra en los diferentes enfoques históricos, nunca se los consideró un elemento central en la explicación de esos procesos.

Es necesario insistir con que lo que llamo factores idiosincráticos corresponde a modos de actuar que, por su aparente intrascendencia, no entran dentro de las conductas normalmente analizadas como explicación de los fenómenos históricos. Pero, como significativamente son conductas que se repiten a lo largo de los siglos, es altamente probable que haya una fuerte correlación entre conductas idiosincráticas y larga duración. Una larga duración cuyo elemento fáctico más aparente, en el caso sudamericano, es el mencionado continuo fracaso en lograr sus objetivos.

Por otra parte, esta hipótesis no hace más que inscribirse en el convencimiento, cada vez más explícito en los últimos 50 años de investigación histórica —y que de alguna manera ya está planteado en la idea braudeliana de *civilización*—, de que hay patrones de conducta, como los que resultan del estudio de las *mentalidades* y de las *sensibilidades*, que, sin ser incluidos en los acontecimientos *trascendentes*, se vuelven cada vez más necesarios para explicar la forma que estos adquirieron.[4]

Sucede además que, como intentaré explicar en el próximo apartado, la construcción de idiosincrasias es un fenómeno de orden personal, gestado en la larga duración, pero sus consecuencias se manifiestan en lo social como una sumatoria de individualidades.

Siendo así, la idiosincrasia de un grupo es el resultado directo de la suma de las idiosincrasias de cada uno de sus miembros y, en esa medida, como resultado social, la idiosincrasia de un grupo es equivalente a la de la mayoría de sus integrantes.[5] Poco significa, en una empresa colectiva como la representada en cualquier actividad social, que una persona, por ejemplo, sea sumamente pacífica cuando las nueve restantes son violentas. Esa va a ser, idiosincráticamente, una sociedad violenta.

Con esto pretendo definir el sesgo que caracteriza a este ensayo: la historia que aquí se relate debe ser, necesariamente, la historia de las grandes mayorías y, por lo tanto, independientemente de cómo valoremos el impacto producido por la Conquista, el mundo sudamericano que despierta luego de esta está constituido por una inmensa masa de indios y por un, cuantitativamente, insignificante número de europeos.

Pero, como ya expuse, mi crítica principal a los estudios que han intentado abarcar el fenómeno latinoamericano es que estos —justamente por no centrarse en los aspectos idiosincráticos, que solo pueden ser comprendidos en la larga duración— anulan (reducen, minimizan), como consecuencia de la llamada Conquista, los 13.000 años de historia anterior experimentada por el continente. Para todos ellos es como si comenzara una «nueva» historia, liderada en sus haceres por la presencia europea, a la que los vencidos deben forzosamente adaptarse.[6]

Pero para esas grandes masas sudamericanas la historia no se detuvo el 12 de octubre, continuó, y lo hizo sobre las mismas bases idiosincráticas que esa historia anterior había producido. La historia de la idiosincrasia sudamericana será entonces la historia de esa gran mayoría, por destacadas y trascendentes que hayan sido las acciones emprendidas por la pequeña minoría europeizante. Acciones que, en el plano idiosincrático, solo marginalmente podían empezar a afectar al proporcionalmente muy escaso número de habitantes que estaban en contacto directo con ellos.[7]

Naturalmente, porque todo se enmarca en procesos de adaptación y supervivencia, la historia sudamericana será la historia de la lenta transformación de su idiosincrasia (por su naturaleza, como veremos en los próximos apartados, esta solo puede ser lenta), pero es también, y es aquí que cobra su valor determinante, la historia de cuál fue el resultado de afrontar muy diversos emprendimientos sociales munidos de esa idiosincrasia particular.[8]

Idiosincrasia, caracteres nacionales, ciencia política, psicología social y ciencia cognitiva

La evidencia de que parecería haber comportamientos que, globalmente, caracterizan a determinadas naciones motivó, tempranamente, el intento de abordar científicamente esa realidad. Sin embargo ese esfuerzo ha carecido de continuidad en el tiempo al ser jaqueado tanto por el uso político de alguno de esos estudios, resintiéndose en particular su utilización como fundamento de políticas racistas, como por la dificultad intrínseca de establecer teorías apropiadas y de aislar variables de indiscutible aplicación.[9]

Sin embargo, en particular durante los períodos de intensificación de la actividad bélica, dado el potencial que este tipo de investigación puede tener en la determinación del comportamiento que adoptará el enemigo, los estudios sobre el *carácter nacional* —que nunca han desaparecido del todo en el ámbito académico— llegan a alcanzar el carácter de una subdisciplina, particularmente en el seno de la antropología norteamericana. Asimismo, la posible utilización de este tipo de datos en los campos de la economía o de la política asegura que, más allá del factor bélico, siempre se mantenga un cierto interés por el tema.[10]

Una muy buena síntesis sobre el desarrollo del tema hasta el año 1970, particularmente recomendable por la claridad en las definiciones, es la del trabajo de Kenneth Terhune *From national character to national behavior: a reformulation*, trabajo significativamente encargado por la Fuerza Aérea norteamericana.[11]

De acuerdo con Terhune, la idea central de estos estudios es que existe una «personalidad típica» que caracteriza a las naciones. Sin embargo, los intentos por definir y medir esa personalidad llevaron rápidamente a la conclusión de que esta es la resultante de la coexistencia, al interior de un mismo país o región, de diversas «personalidades», complicando aún más el problema de las definiciones y de establecer con propiedad teorías que explicasen las relaciones de unas personalidades con otras y la forma en que debería expresarse la mencionada «resultante».[12]

Una de las vías utilizadas para intentar avanzar en un problema que aparece descorazonadoramente complejo es la de las comparaciones entre naciones o regiones (*cross-national research*), buscando establecer variables susceptibles de ser medidas.[13]

La inoperancia de esos enfoques globales para establecer los rasgos del carácter nacional llevó a centrar el estudio en distintas posibles formas de expresión colectiva de los rasgos de la personalidad individual de las diferentes personas que componen las naciones. Como el análisis de esos rasgos se había ido perfeccionando a lo largo del siglo XX, esto los volvía cada vez más cuantificables y, por lo tanto, susceptibles de servir para la realización de extrapolaciones al conjunto de una sociedad. Se postuló que, a partir de esas cuantificaciones, en función de las distintas proporciones en que, para cada país, se expresan esos rasgos individuales, se podría dar con la pista de las diferencias entre ellos y definir una «personalidad social» de nivel nacional.[14]

A su vez, como correlato del planteo anterior, y esto es lo más significativo desde el punto de vista del carácter nacional, se establece la hipótesis de que esa particular distribución/proporción de rasgos psicológicos individuales es, justamente, la que mejor se adapta al modo de funcionamiento de esa sociedad particular. Conclusión particularmente importante con relación al abordaje idiosincrático que aquí propongo, ya que refuerza el planteo de la existencia —situándonos en un plano adaptativo/evolutivo— de una retroalimentación positiva entre el tipo de idiosincrasia y el tipo de sociedad.[15]

Sin embargo rápidamente quedó claro que esa vía no permitía hacer ningún tipo de predicción de los comportamientos futuros y que esa relación personalidades-sociedad porta (cobra) un carácter propio («propiedades globales») que no se expresa en ninguno de sus componentes por separado. Se introduce así el concepto de *sintalidad* (*syntality*) —muy cercano al que he manejado de idiosincrasia—, referido a la existencia de determinadas propiedades de los grupos que no resultan de una simple sumatoria de sus componentes individuales pero que, conocidas, permiten predecir el comportamiento o la *performance* de estos.

Llegados a ese punto, queda planteada la necesidad de establecer la diferencia entre lo que debería considerarse *carácter nacional* y lo que debe considerarse como formando parte de la *cultura* —en el sentido antropológico del término—, la que, también, por definición, es particular a cada uno de los tipos de agrupamientos existentes. *Cultura* se referiría entonces al conjunto de los atributos de un grupo, mientras que carácter nacional (se conserva la expresión *nacional*, aunque se acepta que, cualquiera sea la extensión o forma de un agrupamiento, por definición, este se comporta de una manera que le es propia) quedaría reservado a aquellos factores que —como la personalidad en el individuo— poseen propiedades prospectivas sobre los comportamientos.

Aunque el estudio de los «caracteres nacionales» sea, potencialmente, el que más debería aproximarse al fenómeno idiosincrático, curiosamente la idiosincrasia como tal, a la que se define como caracterizadora del comportamiento de las personas o grupos de personas, no ha sido, que yo tenga conocimiento, identificada como un objeto de estudio particular, mientras que el estudio de por qué el hombre se comporta de tal o cual manera en diferentes casos particulares obsesiona, con toda razón, a los estudiosos del género humano.

Inmensa es la literatura científica dedicada a estos temas y su síntesis escapa completamente a mis capacidades. Trataré simplemente, para ayudar al que quiera avanzar en la temática, de racionalizar mis propias averiguaciones.

En primer lugar resulta evidente que la primera dificultad que se presenta es que una misma temática es abordada en forma independiente por diferentes disciplinas —fundamentalmente la ciencia política y la psicología—, pero también en forma independiente por subdisciplinas de esas disciplinas y aun por subsubdisciplinas. Para complicar aún más el panorama agregando un enfoque que, en los hechos, resulta independiente de los anteriores, el tema de los comportamientos, en la medida en que implica entender cómo se adquieren esas conductas, también es analizado por la ciencia *cognitiva*, la cual, aunque es pretendidamente interdisciplinaria —incluye desde la antropología a la neurofisiología, pasando por la lingüística, la psicología, etc.—, parece actuar, para el neófito, paralelamente a los desarrollos que se producen en las disciplinas específicas. Partiendo de la advertencia que acabo de formular, plantearé algunos de los enfoques mencionados.

Hay numerosos autores y enfoques, en diversas disciplinas, sobre lo que puede denominarse *memoria social*, concepto relativo al problema de cómo se reproduce la identidad cultural de un grupo. El primer enfoque al que me referiré, por su proximidad con el que aquí expongo, es el aportado por la biología evolucionista, en particular a partir de la publicación, en 1976, de *El gen egoísta*, de Richard Dawkins. Allí Dawkins hace un paralelismo entre genética y cultura del que resulta la propuesta de los *memes* como equivalentes de los genes en lo cultural. Esto es, como unidades mínimas de información cultural, capaces de replicarse de una generación a la otra. Al igual que los genes, su supervivencia dependerá de su capacidad de adaptación al medio, y, como en su par biológico, como el medio tiende a variar, su capacidad de adaptación también dependerá de sus potenciales variaciones y recombinaciones.

La idea tuvo un gran éxito y ha tenido numerosos continuadores —como que se desarrolló inserta en los extraordinarios progresos que la genética realizó a fines del siglo pasado—, pero, a diferencia de la genética, que sabe más o menos lo que es un gen, la teoría de los memes tiene una gran debilidad al no poder dar una definición precisa de estos. En los hechos, lo que ha resultado relevante es la necesidad teórica —de acuerdo al modelo propuesto— de la existencia de *unidades básicas de la cultura* cuyos rasgos (a definir) explican las propiedades intrínsecas de esta y su variación a lo largo del tiempo. Asimismo, en el mismo plano de debilidad está, también en claro contraste con lo que sucede en lo biológico, que los mecanismos de replicación de esos memes están lejos de ser aclarados, mencionándose factores como la comunicación, la educación, la información, la imitación y otros de índole más psicológica.

Lo interesante para esta tesis es que, en la hipótesis de Dawkins, algunos de estos memes son ideas básicas, es decir, relativas a cómo el hombre conceptualiza tal o cual cosa, pero otros son conductas básicas, es decir, relativos a prácticas —no necesariamente conceptualizadas— que se reproducen de una generación a otra. En los apartados anteriores he intentado mostrar cómo, a los efectos de construir modelos predictivos con relación a las culturas sudamericanas, los modelos basados en factores conceptuales (vgr. *ideologías*, *políticas*, *economías*) no han sido efectivos y necesariamente hay que dirigir la atención a factores conductuales como los que envuelvo en el término *idiosincrasia*.[16]

Un segundo enfoque que, por su carácter global, vale la pena destacar es la noción de *habitus*, formulada a partir de los años 1970 por el sociólogo francés Pierre Bourdieu; noción que, por su similitud con el manejo que aquí he realizado del término *idiosincrasia*, merece ser objeto de una consideración particular.[17]

La propuesta de Bourdieu se origina en la necesidad de profundizar en la teoría de la práctica social, buscando una explicación a lo que denomina *economía de las prácticas* (*économie des pratiques*), es decir, por qué, a partir de un cúmulo de variables que se encuentran interactuando en una situación social dada, finalmente se practica una en particular, dejando de lado las otras opciones.

Bourdieu no se contenta con las explicaciones tradicionales, que encuadra en dos grandes tendencias generalmente opuestas, una que explica las conductas como consecuencia de decisiones conscientes de sus protagonistas —que pueden tener una base racional o totalmente subjetiva— y otra que subordina todo comportamiento al peso de los mecanismos y estructuras sociales vigentes.

Para él, la aparente racionalidad y sistematicidad del funcionamiento social no es el resultado directo de ninguno de esos factores —nadie podría dominar todas las variables que entran en juego en cada situación y basarse en ese conocimiento para la toma de decisiones—, ni tampoco los mecanismos sociales pueden funcionar ni reproducirse si los individuos que los ejecutan no están dispuestos a recrearlos.[18]

La clave está en la puesta en marcha de un mecanismo que denomina *habitus*, mediante el cual la participación individual en los hechos sociales tiende a recrear —dotándolos así de una aparente racionalidad— los mecanismos de funcionamiento social. La virtud del *habitus* será entonces conciliar la acción individual —de cuya acumulación resulta el ser social— con los mecanismos que esa misma acción ejecuta.

Para ello Bourdieu señala el carácter histórico del *habitus* en el sentido de que es una propensión a actuar de determinada manera porque, justamente, esa manera se ha mostrado eficaz en el contexto en que se desarrolla y para los fines que se propone.[19]

Bourdieu señala también su carácter iniciático y conservador. Iniciático porque el individuo, desde que empieza a socializar, en las primeras etapas de su vida, acicateado por la necesidad de ir integrándose a sus roles sociales a medida que se desarrolla físicamente, y aprovechando la inmensa capacidad cognitiva de las etapas formativas, integra rápida y profundamente el *habitus* que corresponde a su situación. Conservador porque, como producto histórico exitoso, normalmente tendrá tendencia a actuar siguiendo sus directivas, repitiendo pautas de conducta hasta que estas obliguen, con reiterados fracasos, a modificar dicho *habitus*.

No tengo dudas de que pueden establecerse muchas relaciones entre el concepto de *habitus* y mis propias reflexiones sobre el carácter históricamente adquirido de la idiosincrasia y su puesta en juego como mecanismo de respuesta automática frente a la necesidad de acción que, entiendo, fortalecen el uso que he hecho de ellas.

Otro enfoque al que por filiación profesional me refiero —y que es un claro signo de la diversidad de estos— es el desarrollado por los arqueólogos. Este es el más alejado con relación a lo que aquí estamos planteando y está basado en las reflexiones que se pueden establecer sobre la relación entre la cultura material y las categorías mentales del grupo que la produce o que la usa. En términos generales se acepta que, como para cada cultura el entorno material está cargado de significados, la mayor o menor sofisticación de aquel va a tener su correlación con la complejidad del pensamiento, así como la mayor o menor conservación de dicho entorno va a repercutir directamente en el mayor o menor conservadurismo mental de la cultura en cuestión.[20]

Desde las ciencias sociales el tema de este tipo de comportamiento también es abordado por la *sociopolítica*. Dicho abordaje se ha centrado en tratar de entender por qué algunas sociedades son capaces de practicar ciertas formas políticas —en particular la democracia— y otras no. Por el camino de esa reflexión se llega a la constatación de que una de las variables fundamentales es la forma en que los sujetos «viven» las formas políticas y que esa vivencia está directamente ligada a sus culturas.[21]

Se desarrollan así los estudios de *cultura política* (*political culture*) a través de los cuales se aproximan a la definición de comportamientos singularmente parecidos a los que he definido como *idiosincráticos*.[22]

Otra línea de estudio sobre el tema, de alguna manera también comprendida en los estudios de *cultura política*, aunque radicada más ampliamente en el campo de la sociología (también de la psicología social, como veremos más adelante), es la que se refiere a la existencia de comportamientos —y de estructuras culturales— que privilegian sea el individualismo, sea el colectivismo.[23]

Paralelamente a los desarrollos que la sociología ha hecho para tratar de explicar el porqué de las conductas sociales y muchas veces en estrecha relación con ella, se destaca el esfuerzo realizado por la psicología social para tratar de entender de qué manera los comportamientos individuales están determinados por el carácter social de la conducta humana y, recíprocamente, en qué medida ese carácter social expresa la inserción en él de personalidades individuales, o en qué grado está determinado por la forma en que aquellas se insertan en él.

Un primer abordaje que me interesa destacar es el de la *psicología transcultural* (*cross cultural psychology*), es decir, los intentos por establecer el grado de determinismo que existe entre las culturas y las conductas psicológicas. O sea, analizar en qué medida hay comportamientos humanos que se repiten, independientemente del medio cultural en el que esté inserto el sujeto, y cuál es su explicación desde una perspectiva evolucionista. Este tipo de enfoque también se relaciona con los mencionados estudios de cultura política y de comportamientos individualistas y colectivistas.[24]

Por su parte, son sin dudas los estudios realizados en el campo de la psicología social los que más nos aproximan a una comprensión de cómo se gesta y se desarrolla el fenómeno idiosincrático. En particular destaco las investigaciones desarrolladas en torno a la *teoría de la identidad social.* Es en ese campo, pero siempre sin vincularlas directamente a la concepción de idiosincrasia que aquí se maneja, que se han postulado explicaciones para la repetición de pautas de conducta —el sujeto tiende a comportarse de la manera en que el medio lo espera— que ayudan a entender la reiteración y similitud de los comportamientos idiosincráticos.[25]

En el mismo sentido se explica la *teoría de la autocategorización del yo* (*self categorization theory*), desarrollada en particular por J. C. Turner, que señala cómo a medida que uno se identifica con un grupo le resulta más económico repetir automáticamente las pautas de conducta de ese grupo que adoptarlas como un proceso de aprendizaje específico. Esa característica repetición de pautas de conducta da lugar al uso de *estereotipos* (se podría decir *prejuicios* en el sentido literal del término) —lo que, en parte, se superpone con lo que entiendo es el comportamiento idiosincrático—, que son formas de ordenamiento automático de categorías o situaciones sociales —por ejemplo, relacionarme con *hombres* o con *mujeres*— que, obviando una costosa repetición del proceso de conceptualización cada vez que se repiten las circunstancias, nos facilitan la existencia. El estudio de esas prácticas de categorización se conoce como la *psicología de la estereotipificación* (*the psychology of stereotyping*).[26]

En la línea de la influencia de las relaciones sociales en la construcción de la identidad psicológica, y en el marco de las investigaciones relacionadas con la forma en que el individuo se integra o se reconoce en un grupo, son también ilustrativos los estudios sobre el *ser relacional* (*relational self*), en los que se avanza en la comprensión de los comportamientos estereotipados. El tema también es abordado en el llamado *mínimo efecto grupal* (*minimal group effect*), que explora las formas de integración a un grupo considerando los mecanismos planteados por la ya mencionada *self categorization theory.*[27]

Otra línea que —también en el marco de la psicología social (ya la mencionamos con relación a la sociología)— converge hacia la comprensión de lo idiosincrático es la de los estudios de los comportamientos individualistas o colectivistas. En esa línea se insertan también los estudios llamados de la *subjetividad de la cultura* (*subjective culture*). Como parte de esas investigaciones, y cuando se quieren especificar las causalidades de las conductas, aparecen los *estudios de las actitudes.* Las *actitudes* deben entenderse como *posiciones frente a*, siendo el *a* cualquier cosa que suponga una opinión, desde un problema filosófico hasta el tipo de alimentación que conviene a los perros. La principal constatación es la contradicción entre lo que la gente declara como actitud frente a tal caso y la forma en que se comporta cuando le toca actuar en el caso en cuestión.[28]

Por último, y en directa conexión con la reflexión anterior, son de singular importancia para comprender el fenómeno idiosincrático los aportes realizados por la ciencia cognitiva, entendiendo a esta como un esfuerzo interdisciplinario por analizar la relación entre los procesos por los que la información integra al cerebro humano y las conductas que, consecuentemente, este determina. Soy consciente de que es una definición distinta de la ortodoxa: «el análisis de cómo la información es representada y transformada en el cerebro», pero la adopto porque en el marco de esta tesis lo que interesa es destacar las consecuencias prácticas de esos procesos.

Señalemos, sin embargo, que esa interdisciplinariedad, en la que participan sobre todo la psicología y la neurofisiología, presenta notorias dificultades para integrar los aspectos culturales —probablemente porque la «información» es generada en un medio cultural y solo tiene sentido en ese medio— que participan también del proceso. Sin duda la falta de conocimiento que se tiene sobre el proceso de adquisición de nuestros recursos mentales —que actúan principalmente en base a representaciones— se debe al hecho de considerar al cerebro como autónomo, cuando en realidad se desarrolla, como el hombre que lo porta, en un medio determinado, y particularmente determinado por la cultura.[29]

Dentro de ese vasto campo son singularmente importantes, justamente por el rol que le dan a la cultura, los aportes realizados por el enfoque *sociocognitivo* (*social cognition*), relativo al estudio de los procesos de cómo uno ve a los otros y cómo los otros lo ven a uno.[30] Dichos análisis también se focalizan en el tema de hasta qué punto un comportamiento es el resultado de opciones conscientes o de mecanismos automáticos predeterminados. Estos automatismos (*automatic encoding*) en los procedimientos (¿la *proceduralization*?), el hecho de sistematizar a nivel de conductas los prejuicios internalizados sobre una determinada situación, son fundamentales para explicar la naturaleza de los *reflejos idiosincráticos* que postulo en este libro, principalmente en mi permanente referencia al valor adaptativo de dichos reflejos.[31]

En ese sentido, por su contundencia, reproduzco la forma en que lo expresan Fiske y Taylor:

¿Por qué las respuestas sociocognitivas de tantas personas son automáticas? La razón de fondo, naturalmente, es la pura eficiencia. Dado el punto de que la gente es la mayor parte del tiempo cognitivamente avara, ellos simplemente toman los atajos más trillados, porque no siempre pueden lidiar con otras personas en toda su complejidad. Además de la pura capacidad de procesamiento [de la información], la gente puede retomar decisiones previas que funcionaron aceptablemente en el pasado, en orden de predecir resultados adecuados para decisiones similares en el futuro. Finalmente, pensamientos inconscientes pueden manejar más rápidamente información más compleja, dando lugar a decisiones más claras y más coherentes.[32]

Otra línea de investigación que, de alguna manera, puede ayudar a comprender el fenómeno idiosincrático, en particular su origen, es aquella que estudia el proceso de adquisición de conciencia por parte del niño. Hay un autor (Tomasello, 2007) que sintetiza ese proceso y señala la existencia de una fase en la cual el niño desarrolla la idea de la causalidad —las cosas suceden por algo—, y me da la impresión de que, en ese fijar de posibles causalidades, aquellas que explican los actos sociales pueden comprender, por lo menos en parte, lo que luego serán prácticas idiosincráticas. Dicho de otro modo, a fuerza de escuchar decir, por ejemplo, que la culpa de tal o cual cosa la tiene tal o cual otra, o que tal resultado se explica por tales actos, el niño incorpora las pautas básicas de interpretación del fenómeno social de su grupo cultural.[33]

Otros campos de investigación interesantes con relación a la búsqueda de una explicación sobre la forma de transmisión de elementos idiosincráticos son los de la *kinésica* (*kinesics*), el lenguaje corporal, y aquellos vinculados a las teorías y experimentos desarrollados sobre la forma en que la gente desarrolla la empatía.[34]

No era del caso en esta apretada síntesis profundizar en estas disciplinas. Mi impresión es que con relación al conocimiento del proceso de construcción del fenómeno idiosincrático aún hay mucho para avanzar, al punto de que todavía no ha sido posible aislar variables cuantificables y, menos aún, establecer relaciones causa-efecto que expliquen la génesis y desarrollo de este.

Conclusión

La conclusión que se desprende de todas estas investigaciones, desde las que analizan los factores relativos a la identidad social hasta las que tratan de entender cómo se instalan determinadas conductas, es que existe todo un espectro de nuestro comportamiento social, en particular en lo relativo a la repetición de conductas adquiridas, cuyas causas últimas son difíciles de determinar, pero que claramente no son el resultado de un proceso de reproducción (mucho menos de racionalización) consciente.

Asimismo, entiendo que no es por la vía de la compleja determinación de las *personalidades sociales* —aceptando la dialéctica entre la necesidad de establecer rasgos de personalidad que son, a la vez, producto y productores del medio en que se desarrollan— que vamos a resolver el fenómeno idiosincrático, puesto que este actúa o hace actuar de manera similar a portadores de muy diversas personalidades.

Steven Pinker ha desarrollado la teoría del *instinto del lenguaje*[35] como explicación de la pulsión existente en la raza humana a comunicarse por ese medio. Quizás podemos postular que los reflejos idiosincráticos, adquiridos y puestos en juego sin que medie una acción consciente, son la expresión de un *instinto de la cultura* que se ha venido perfeccionando en el largo proceso de la evolución y que nos asegura un mínimo de inserción social eficiente.

Al igual que el habla, los reflejos idiosincráticos solo cobran sentido en un medio cultural dado, pero, también al igual que aquella, ocupan un lugar indefinido entre lo que conocemos como *instintos animales* y *comportamiento racional*. Mi sospecha es que, como tantas cosas —entre las que destaco la existencia de lazos familiares—, ese limbo nos vuelve a acercar a nuestro carácter animal y que, contrariamente a lo que indica nuestra autoestima, no somos los únicos en generar, como mecanismo de adaptación, una cultura, es decir, una serie de prácticas y de conocimientos que no vienen determinados por los genes y que se adquieren como resultado de la experiencia vital.[36]

Sobre esa hipótesis, el reflejo idiosincrático posiblemente se aproxime a formas más eficientes de integrar el comportamiento social que, seguramente, no son un invento humano y que, en la larga historia de la evolución, venimos compartiendo con otros animales.

---

[1] Como especie dominante nos hemos empeñado en establecer un corte cualitativo entre *lo animal* y *lo humano*, llegando al extremo de afirmar, para marcar en forma irreversible esa diferencia, que hemos sido hechos, ni más ni menos, que a semejanza de Dios.

[2] Son innumerables las obras que analizan la historia como disciplina. Menciono, por su facilidad de acceso, la de John H. Arnold: *Una brevísima introducción a la historia.*

[3] No sabríamos elegir entre los diferentes términos propuestos en el largo título del siguiente párrafo [«Las civilizaciones encarnan mentalidades colectivas»]. Y son esas dudas terminológicas las que nos señalan la propia inmadurez de la sicología colectiva… Esos valores fundamentales, esas estructuras sicológicas son seguramente lo que las civilizaciones tienen de menos comunicable de unas a las otras, lo que las aísla y mejor las distingue. Y esas mentalidades son igualmente poco sensibles al desgaste del tiempo. Ellas cambian lentamente, solo se transforman luego de un largo proceso de incubación, poco conscientes de sí mismas. (S. Baille, F. Braudel y R. Philippe. Le monde actuel. *Histoire & Civilisations*, París, 1963, 158-159)

[4] Véanse las reflexiones de Marc Bloch —uno de los fundadores de la Escuela de los Anales, punto de partida de estas corrientes historiográficas— transcritas en «Pour une autre Science Sociale. XXème collo-

que annuel du Groupe D'Étude "Pratiques Sociales et Théories"», editado por Gérald Berthoud, en *Revue Européenne des Sciences Sociales*, t. XLI, n.° 127, 2003, 140 y sgts. Véase, en su aplicación al medio latinoamericano, Marta Canessa, *El bien nacer. Limpieza de oficios y limpieza de sangre: Raíces ibéricas de un mal latinoamericano*. También los conocidos trabajos de Pedro Barrán sobre la evolución de la *sensibilidad*.

5   En realidad debe entenderse esa «suma» como una «resultante», ya que su manifestación social no es el producto de una operación aritmética sino de las virtudes adaptativas que ese comportamiento tiene para determinado medio. El tema de las diferencias entre los comportamientos individuales y los comportamientos colectivos, o cómo generalizar las observaciones individuales al nivel macro, ha sido particularmente discutido en el marco de la ecología. Véase Mitchell Seligson, *The Renaissance of Political Culture or the Renaissance of the Ecological Fallacy?*, donde se comparan los resultados de esa discusión en lo ecológico y en lo cultural.

6   Además de los autores oportunamente mencionados en la introducción a esta tesis, agrego, por conocido, a Bernardo Veksler: *Una visión crítica de la Conquista de América*.

7   No quiero recargar un párrafo ya denso de contenido, pero no debe escapar al lector que, como ya señalé en los capítulos precedentes, en la convivencia también el europeo se ve expuesto a modificar su idiosincrasia por la influencia de la propia idiosincrasia indígena. El meollo de esta tesis es, justamente, que, debiendo actuar en un escenario que les era ajeno e insertos en el medio de las masas indígenas, era mucho más factible que los europeos modificaran la suya que a la inversa.

8   Cabe señalar que otros investigadores de la historia latinoamericana de alguna manera también han llegado a enfoques similares. Destaco muy en particular, porque se trata de un erudito, la obra de Steve J. Stern y las reflexiones que expresó con relación al V Centenario sobre el peso del elemento indoamericano en la conformación de la realidad colonial (*Paradigmas de la Conquista: Historia, historiografía y política*). Destaco también el trabajo de Pedro Morandé, quien, sin mencionarlos explícitamente, introduce los factores idiosincráticos como elemento fundamental para la explicación de la realidad latinoamericana: *Cultura y modernización en América Latina*, citado en Jorge Larraín, *La identidad latinoamericana, teoría e historia*. Véase también, por lo temprano de la introducción de algunos de estos aspectos, el interesante artículo de 1955 de John Gillin, de la University of North Carolina, *Ethos Components in Modern Latin American Culture*.

9   Es la misma situación que se experimenta con relación a todos aquellos temas que hacen a lo identitario, aquí agravado por un escenario en el cual ni siquiera el punto de partida, la «nación», estuvo bien definido. Ya en 1882, Ernest Renan, en su conferencia *Qu'est-ce qu'une nation?*, luego de repasar las dificultades que existen para definir una nación, concluye que su base principal es algo tan vago como su «fuerza moral»: los elementos positivos que derivan de la voluntad de sus integrantes de considerarse integrantes de ella.

10   Véase Neiburg F. y Goldman M., «Anthropology and politics in studies of national character», *Cultural Anthropology* 13: 1, 1998.

11   Así explica Terhune el carácter nacional: «An ancient and commonly held idea is that within any national people are psychological attributes which generally set them off from other peoples. While social scientists reject the Hitlerian notion that a national people constitutes a "race" with hereditary characteristics, many of them have investigated the possibility that certain characteristics may become dominant within a populace through common experiences of upbringing, education, and exposure to the value standards of a country. To the extent that individuals within a nation are more similar to each other in their sociopsychological qualities than they are to people of other nations, they are said to have a "national character"». *Conflict Resolution*, vol. XIV, n.° 2, 204.

12   Línea de investigación aún vigente. Véanse *National Character Does Not Reflect Mean Personality Trait Levels in 49 Cultures*, de A. Terracino *et al.*, de 2005, y *Does national character reflect mean personality traits when both are measured by the same instrument?*, de Jüri Allik, René Mottus y Anu Realo, de 2010.

[13] Esta línea de investigación también sigue vigente. Véase el artículo de 2008 de Steven Heine, Emma Buchtel y Ara Norenzayan *What Do Cross-National Comparisons of Personality Traits Tell Us?*

[14] If national character is viewed as patterns of personality characteristics, there are implications for measurement. To measure national character as the pattern of individual types extant within a nation, the conclusion seems inescapable that only analytic measures, applied to representative national samples, will suffice. To measure national character in terms of patterns of central tendencies, analytic measures would, strictly speaking, still be necessary, but alternative methods may be used for approximations of the patterns. (*Conflict Resolution*, vol. xiv, n.° 2, 235)

[15] Así lo expresa concretamente Terhune, op. cit.: «[...] the basic personality type or social character of a society is that which is most congenial or best fitted to the social characteristics of a nation. It is the personality that is required by the organization of a society, as reflected in the social pressures and sanctions toward conformity».

Para completar ese panorama de extrema complejidad y de dificultad para aislar variables, Terhune introduce el problema de que los caracteres nacionales son, necesariamente, cambiantes de acuerdo con la evolución histórica de la sociedad que los porta.

Finalmente, presionado por la necesidad de producir resultados prácticos, Terhune entra en el análisis de la posibilidad de anticipar políticas concretas en base a las conductas nacionales (supongo que a la aviación le interesaba saber si se podía predecir quién va a atacar y cuándo), y concluye que esto no es posible basándose en las características que resultan de la variable *personalidades* (los rasgos psicológicos que definió como medibles). Pone el ejemplo de cómo la *personalidad modal* de los rusos no explicaba el régimen soviético.

También analiza la contradicción entre los valores y principios que, por distintos procedimientos, pueden establecerse o adscribirse a una sociedad dada (o a un segmento de esta), valores que, por implicar acciones, deberían tener un fuerte componente predictivo, mientras que, singularmente, los comportamientos reales están generalmente disociados de aquellos.

De él resultan interesantes consideraciones —para este trabajo— sobre las relaciones entre las élites y las masas, cuánto pueden influir unas en otras, y, principalmente, cuán directamente vinculado a políticas concretas está el «carácter nacional». En ese sentido, agrego yo —porque el trabajo escrito en plena guerra fría menciona permanentemente a los rusos—, es interesante tratar de entender cuánto menos o más «rusos» son estos luego de haber sufrido las brutales convulsiones sociales —dictadura, migraciones forzosas, masacres— a las que fueron sometidos durante 70 años.

[16] En las ciencias antropológicas ha estado históricamente planteada la discusión sobre los límites de lo que llamamos cultura y en qué medida las conductas que no pueden vincularse directamente a principios conceptuales —o que son más asimilables al reino animal— forman, o no, parte de una determinada cultura. Véase sobre este y otros temas de este apartado la obra de Marvin Harris *Teorías sobre la cultura en la era posmoderna*, Barcelona, Crítica, 2007.

[17] La similitud entre mi forma de plantear la idiosincrasia y la idea del *habitus* de Bourdieu me fue señalada por la antropóloga y magíster Leticia D'Ambrosio, a quien agradezco. Véase, por ejemplo, con relación a este tema, el artículo «Avenir de classe et causalité du probable», *Revue française de sociologie*, 1974, 15-1, 3-42.

[18] En sus propias palabras: «La théorie de la pratique que les sciences de l'homme mettent en oeuvre, à l'état implicite le plus souvent, lorsqu'elles doivent rendre raison de l'économie des pratiques, c'est-à-dire de la logique immanente aux actions et du sens objectif des oeuvres et des institutions, oscille, pardelà les divergences entre les traditions théoriques, entre le mécanisme et une version généralement intellectualiste du finalisme. Faute de reconnaître autre chose que différentes variantes de l'action rationnelle ou de la réaction mécanique à une détermination telle que la contrainte du prix mécaniquement formé par le marché, **on s'interdit de comprendre la logique spécifique de toutes les actions qui sont raisonnables sans être le produit d'un dessein raisonné ou, à plus forte raison, d'un calcul rationnel; habitées**

par une sorte de finalité objective sans être consciemment organisées par rapport à une fin explicitement constituée; intelligibles et cohérentes sans être issues d'une intention intelligente et d'une décision délibérée; ajustées au futur sans être le produit d'un projet ou d'un plan». Énfasis mío, artículo citado, p. 3.

[19] El habitus, un producto de la historia, produce prácticas individuales y colectivas —más historia— de acuerdo con los esquemas generados por la historia. Asegura la activa presencia de las pasadas experiencias, las cuales, depositadas en cada organismo bajo la forma de esquemas de percepción, pensamiento y acción, tienden a garantir la «corrección» de las prácticas y su permanencia a lo largo del tiempo, en forma mucho más fiable que lo que podrían las reglas formales y las normas explícitas. Este sistema de disposiciones —un pasado presente que tiende a perpetuarse a sí mismo en el futuro mediante la reactivación de prácticas similarmente estructuradas, una ley interna a través de la cual la ley de las necesidades externas, irreductible a los constreñimientos inmediatos, es constantemente ejercida— es el principio de la continuidad y regularidad que el objetivismo ve en las prácticas sociales sin ser capaz de dar cuenta de esto; y también de las regulares transformaciones que no pueden ser explicadas ni por los extrínsecos, instantáneos determinismos de la sociología mecánica ni por las puramente internas pero igualmente instantáneas determinaciones del espontáneo subjetivismo. (Le sens pratique, 1980, traducido al inglés por Richard Nice como *The Logic of Practice*, p. 54) (Traducción propia.)

> The habitus, a product of history, produces individual and collective practices – more history – in accordance with the schemes generated by history. It ensures the active presence of past experiences, which, deposited in each organism in the form of schemes of perception, thought and action, tend to guarantee the «correctness» of practices and their constancy over time, more reliably than all formal rules and explicit norms. This system of dispositions – a present past that tends to perpetuate itself into the future by reactivation in similarly structured practices, an internal law through which the law of external necessities, irreducible to immediate constraints, is constantly exerted – is the principle of the continuity and regularity which objectivism sees in social practices without being able to account for it; and also of the regulated transformations that cannot be explained either by the extrinsic, instantaneous determinisms of mechanistic sociology or by the purely internal but equally instantaneous determination of spontaneist subjectivism. (Original.)

[20] Véanse, por ejemplo, el volumen editado por Peter Meusburger, Michael Heffernan y Edgar Wunder *Cultural Memories The Geographical Point of View* (2011) o el artículo de Paul Connerton «How societies remember?», de 1989.

[21] Véanse, por ejemplo, de Ronald Inglehart y Christian Welzel, *Modernization, Cultural Change and Democracy: The Human Development Sequence* y *Political Culture and Democracy: Analyzing Crosslevel Linkages*.

[22] Para una visión global del tema, que además tiene la ventaja de ser un intento de mostrar cómo distintos enfoques abarcan el mismo sujeto de estudio, recomiendo la lectura del libro de Stephen Welch *The Theory of Political Culture*, en el que se hace una revisión de todas las corrientes que se han ocupado del tema hasta su estado actual. El libro de Welch se refiere en particular al hecho, más que destacado en este ensayo, de que, pese al reconocimiento que la academia hace de la importancia decisiva de los *factores culturales*, no hay una teoría que explique de manera generalizada cómo se insertan estos en las prácticas históricas.

[23] Véase, por ejemplo, el trabajo de Rafael Gobernado Arribas *Individualismo y colectivismo en el análisis sociológico*.

[24] Cross-cultural psychology is the systematic study of relationships between the cultural context of human development and the behaviors that become established in the repertoire of individuals growing up in a particular culture. (*Handbook of Cross-Cultural Psychology*, vol. 3, Social Behavior and applications, preface, p. xi)

Esta línea de investigación llega a incluir el estudio del comportamiento de los primates. Véase Jensen Keith, «Evolutionary perspectives on social cognition», en P. Hammerstein y J. Stevens (eds.), *Evolving the Mechanisms of Decision Making: Toward a Darwinian Decision Theory*, 2012, 345-367. Cambridge, MA, MIT Press.

Véase *Individualism and Collectivism: Cross-Cultural Perspectives on Self-Ingroup Relationships*, de Harry C. Triandis, Robert Bontempo y Marcelo J. Villareal. Otro interesante y curioso trabajo es *On the Origins of Cultural Differences in Conformity: Four Tests of the Pathogen Prevalence Hypothesis*, de Damian R. Murray, Russell Trudeau y Mark Schaller. Estos autores hacen una síntesis de las explicaciones de por qué unos pueblos son más conformistas que otros, introducen como hipótesis el factor riesgo de contagio y sostienen la existencia de una correlación positiva entre ambos factores. Lo interesante —que ellos no destacan— es que esa correlación positiva implica, sobre todo, las condiciones socioculturales que favorecen o inhiben el contagio.

[25] Véase, como obra de introducción a esta disciplina, *La psychologie sociale: une discipline en mouvement*, de Denise Jodelet, Jean Viet y Philippe Besnard. Véanse también *La teoría de la identidad social: una síntesis crítica de sus fundamentos, evidencias y controversias*, de Bárbara Scandroglio, Jorge S. López Martínez y M.ª Carmen San José Sebastián, y el trabajo de Fathali M. Moghaddam *Interobjectivity: The Collective Roots of Individual Consciousness and Social Identity: According to this normative account, regularity and predictability in behavior arise because most people most of the time consciously or unconsciously behave correctly according to the normative system dominating their culture.*

[26] Véase el artículo de *Wikipedia* «Self-categorization theory»: «The social identity approach explicitly rejects the metatheory of research that regards limited information processing as the cause of social stereotyping. Specifically, where other researchers adopt the position that stereotyping is second best to other information processing techniques (e.g., individuation), social identity theorists argue that in many contexts a stereotypical perspective is entirely appropriate. Moreover, it is argued that in many intergroup contexts to take an individualistic view would be decidedly maladaptive and demonstrate ignorance of important social realities». Y también David J. Schneider, *The Psychology of Stereotyping*, p. 74: «Even in making judgements about the similarity of two or more people, we must use a theory of sorts to decide what features are important and how strongly to weight them in a given decisional framework. When we group things together to form categories, we have implicated a theory about not only what similarities are important but why».

[27] Véase *The Relational Self Revealed: Integrative Conceptualization and Implications for Interpersonal Life*, de Serena Chen, Helen C. Boucher y Molly Parker Tapias. También *Cultural Variation in the Minimal Group Effect*, de Carl F. Falk, Steven J. Heine y Kosuke Takemura.

[28] Véase *Converging Measurement of Horizontal and Vertical Individualism and Collectivism*, de Harry C. Triandis y Michele J. Gelfand, de 1998. Y *The influence of Attitudes on Behavior*, de Icek Ajzen y Martin Fishbein.
Muchos de los trabajos consultados parten del efecto histórico que tuvo una investigación, realizada en 1934, en la que se demostró contundentemente esa realidad. Véase, por ejemplo: *Ignored, Neglected, and Abused: The Behavior Variable in Attitude-Behavior Research*, de Frances Pestello y Fred Pestello.

El tema es por demás interesante porque muestra las limitaciones metodológicas que se presentan a la hora de calificar/cuantificar actitudes. Poniendo un ejemplo extremo, no hay correlación entre la cantidad de gente que declara no estar dispuesta a matar y la cantidad de asesinatos. La conclusión es que la respuesta a todo tipo de cuestionarios depende del condicionamiento social en el marco del cual estos se realizan, pues es un acto público, mientras que el comportamiento es un acto esencialmente privado. Véase, por ejemplo, el artículo de William Mcbroom y Fred Reed: «Toward a Reconceptualization of Attitude-Behavior Consistency», de 1992.

Las reflexiones sobre esa consistencia, que también participan del ya mencionado tema de la integración a un grupo, en la medida que explican la importancia de lo «situacional» (del momento y del tipo de inserción social que se viven, tanto al momento de opinar como al de actuar), ayudan también a delimitar el fenómeno idiosincrático como una posible reserva de respuestas automáticas, o como una clave para una rápida respuesta ante lo inmediato de diferentes situaciones. Véase el artículo de Henri Zukier «Situational Determinants of Behavior», de 1982.

[29] Con relación al hecho de que la ciencia cognitiva no hace, generalmente, referencia a la circunstancia cultural en la cual está funcionando el cerebro, véase «The Cognitive Basis of Material Engagement:

Where Brain, Body and Culture Conflate», de Lambros Malafouris. «If we are to succeed where cognitivism has failed we need to develop our own means to grasp the engagement of the mind in culture, moving from concerns with "potentials to concerns with the actual engagement" (Bloch 1998, 216-17). Focusing on substantive signs of remembering-through (Casey 1987), the objective should be to develop a more detailed classification of the types of mnemonic operations involved, keeping in mind that object traditions allow a "direct re-engagement with past experience in ways that are prevented in language" (Rowlands 1993, 144) and as such need not rely on explicitly-inscribed information (see Renfrew's discussion, this volume, of implicit memory)» En ⟨http://cogprints.org/4629/2/05Malafouris_PM.pdf⟩.

[30] Véase el libro de Susan T. Fiske y Shelley E. Taylor *Social cognition: From brains to culture*.

[31] Véanse E. R. Smith, «Procedural efficiency: General and specific components and effects on social judgment», *Journal of Experimental Social Psychology*, 25, 1989, 500-523; E. R. Smith y N. R. Branscombe, «Procedurally-mediated social inferences: The case of category accessibility effects». *Journal of Experimental Social Psychology*, 23, 1987, 361-382.

[32] Susan T. Fiske y Shelley E. Taylor: *Social cognition: From brains to culture*, p. 38. Traducción propia, énfasis de los autores: «Why might so many of people's social cognitive responses be automatic? The main reason, of course, is sheer efficiency. To the extent that people are much of the time **cognitive misers,** they simply take well-worn shortcuts because they cannot always deal with other people in all their complexity. Apart from sheer processing capacity, people can recruit similar previous decisions that works well enough in the past, in order to predict adequate outcomes of similar decisions in the future. Finally, unconscious thought can manage more complex information more rapidly, leading to more coherent and clear choices».

[33] Véase M. I. López, Tomasello y Stern, «Dos perspectivas actuales incluyentes del desarrollo infantil», *Revista Latinoamericana de Ciencias Sociales, Niñez y Juventud*, 2 (9), 2011, 509-521.

[34] ⟨https://en.wikipedia.org/wiki/Ray_Birdwhistell⟩

Véase, por ejemplo: *A Multidimensional Approach to Individual Differences in Empathy*, de Mark H. Davis.

[35] Steven Pinker, *El instinto del lenguaje. Cómo crea el lenguaje la mente*, Madrid, Alianza Editorial, 2001.

[36] Es importante recordar aquí la teoría del psicólogo norteamericano J. Mark Baldwin y lo que a partir de ella se ha llamado el *efecto Baldwin (Baldwin effect)*, relativo al peso adquirido por las capacidades de aprendizaje en el proceso evolutivo y su papel en la explicación de los llamados *instintos*. Lo que Baldwin postulaba, desde el punto de vista de la teoría evolutiva, estaba centrado en la explicación de qué factores eran los que favorecían la selección de determinados genes. La correlación que aquí propongo tiene que ver con que la facilidad de aprendizaje de determinadas conductas, más allá de crear el «ambiente» —si se me permite la expresión— que favorece la selección de genes particularmente adaptados a estas, es, en sí misma, si el efecto Baldwin es acertado, un mecanismo que tiende a perpetuarse y a desarrollarse en el proceso evolutivo. Esto me permite suponer que muchos de los mecanismos de aprendizaje que practica la especie humana no son exclusivos de esta y, por lo tanto, que debe de haber varios que, por su carácter aparentemente «no humano», no han sido suficientemente estudiados. Véase el artículo de Baldwin «A New Factor in Evolution», *American Naturalist* 30, 1896, 441-451, 536-553, y, para su uso en el contexto actual: *Evolution, Learning, and Instinct: 100 Years of the Baldwin Effect*, de Peter Turney, Darrell Whitley y Russell Anderson.

Capítulo V. Haciendo América

Estimado lector, llegados hasta aquí es hora de volver al principio, tan al principio como el mero subtítulo y empezar estas conclusiones explicando, con la ayuda de todo lo expuesto, la idea del enfoque *etohistórico*.

Dos ideas centrales, dos caras de una misma moneda, nos han guiado hasta aquí. La primera es que la historia sudamericana, en el sentido de un modelo explicativo de su devenir histórico, ha sido, hasta el presente, frustrante. Frustrante en el sentido de que ninguno de los múltiples caminos explorados para explicar la realidad histórica sudamericana ha generado criterios interpretativos que, con un margen aceptable de acierto, hayan permitido anticipar su futuro y, gracias a ello, desarrollar las políticas que, aprovechando toda la propalada potencialidad de la región, hiciesen de esta un ejemplo de armonía, cuando, muy por el contrario sigue siendo una tierra, en todos los planos, de notables exabruptos y tremendas desigualdades. La segunda es que ese mismo fracaso historiográfico, debido a que es el resultado de la inoperancia de la enorme diversidad de enfoques ensayados, dejó en evidencia la existencia de unos pocos elementos interpretativos que —aunque muchas veces fueron señalados— no habían sido debidamente considerados.

Leídas esas líneas, muchos pensarán que esa frustración no tiene nada de original, que ninguna historia es lo suficientemente operativa como para predecir el futuro con exactitud, pensamiento con el cual —como expuse varias veces en este libro— no puedo estar más de acuerdo. Sin embargo, la frustración sudamericana no solo resulta de que, comparada con otras, su historia es menos predictiva —que lo es—, sino que se acentúa por la brutal contradicción entre su permanente pretensión de un futuro particularmente venturoso y la reiterada constatación de que este está siempre por venir. Nuestra historia debe ser también aquella que pueda explicar la contradicción entre la megalomanía discursiva y la humildad fáctica.

Lo que he tratado de exponer es que la historia sudamericana no se puede explicar satisfactoriamente ni por su historia política, ni por su historia económica, ni por la historia de sus ideas, ni por ninguno de los grandes sistemas historiográficos que acerca de ella se han desarrollado en los últimos 500 años. Por supuesto que, al afirmarlo, nadie debe pensar que pretendo que esos miles de estudios, a lo largo de cientos de años, no expliquen nada. Explican y mucho, pero ninguno acierta a dar una explicación global, que permita, con valor predictivo y más allá de circunstancias particulares, integrar en un único modelo los diferentes factores expuestos.

Sin embargo, esas historias, de una manera u otra y generalmente considerándolo en forma marginal, señalan como un ingrediente siempre presente la naturaleza, la manera de ser particular del hombre sudamericano. Allí, normalmente, no se pretende que la manera de ser sea determinante de procesos signados por la lógica de los enfrentamientos políticos o de los imperiosos constreñimientos económicos, pero se entiende que poner en escena, aunque sea marginalmente, la originalidad del comportamiento de algunos o todos los sujetos involucrados ayuda mejor a entender por qué las cosas fueron de determinada manera y no de otra.[1]

Fue así que llegué, por un camino fuertemente intuitivo, a fijarme en las conductas particulares de los sudamericanos (los «rasgos, temperamento, carácter, etc., distintivos y propios de un individuo o de una colectividad», como se define a la idiosincrasia), a darme cuenta de que estas no eran un complemento circunstancial, un adorno que enriquecía nuestra comprensión de los grandes procesos históricos, sino que eran determinantes en el resultado de estos. Que quede claro: la idiosincrasia *no* determina los procesos históricos en el sentido de ser el motor —en un sentido aristotélico— de estos, pero *sí* influye decisivamente en el resultado.

El paso siguiente fue reconocer que hay grandes pautas idiosincráticas, maneras de ser, de comportarse, que son, pese a la diversidad cultural que impera en la región, específicamente sudamericanas. Ello implicó aproximarse a la raíz del comportamiento idiosincrático, a tratar de explicar por qué se tienen determinados comportamientos y no otros, por qué se repiten y cómo y cuándo se adquieren.

Para realizar ese análisis intentamos profundizar en la naturaleza de la idiosincrasia. Partiendo de la base de que esta es, esencialmente, una conducta refleja, automática, aprendida en la niñez, durante las primeras etapas del proceso de socialización. Esa actitud refleja —que para entenderse mejor puede contraponerse a las decisiones racionales en el sentido de que estas implican un tiempo de análisis mientras que el reflejo es espontáneo— es determinante para la supervivencia del individuo, quien, en la enorme mayoría de las situaciones en las que actúa, debe dar una respuesta inmediata, sin ponderar —por falta de tiempo o por comodidad— los pros y contras de lo que va a hacer.

Llegamos así a descubrir que una parte determinante de nuestras conductas, es decir, aquellas que efectuamos espontáneamente, como un acto reflejo, son adquiridas antes de que podamos racionalizarlas, antes de que podamos incorporarlas como el fruto de una decisión racional. Este es un singular punto de quiebre con las interpretaciones históricas tradicionales, que normalmente sitúan el comportamiento humano como el resultado de su notable capacidad de raciocinio, pues establece que buena parte de nuestro devenir histórico está determinado por conductas que son aprendidas mediante mecanismos cuya naturaleza, todavía oscura, compartimos con el resto de los animales, que, al igual que nosotros, en las primeras etapas de la vida se entrenan para sobrevivir en el medio en el que les tocó vivir.

Es por ello, para resaltar que nuestro enfoque se asimila al de la etología, la ciencia de las conductas animales, que incluimos esa expresión en el subtítulo.

Es que nuestros reflejos idiosincráticos son, al igual que los llamados instintos animales, una respuesta adaptativa que nos permite insertarnos con éxito en el medio —para nosotros cultural— en que nacemos. Sucede, como en el resto del mundo animal, que de una rápida adecuación a la realidad concreta dependerá, en un sentido darwiniano, la supervivencia del individuo que la ejecuta. Así también debe entenderse lo de *respuesta adaptativa*: en la medida en que el medio tienda a permanecer constante, constantes permanecerán las respuestas; en la medida en que el medio varíe, se deberán ensayar otras que, una vez que han probado su eficiencia, también tenderán a permanecer constantes.

El problema con los humanos (también con otros animales sociales, pero no quiero salirme del tema) es que el medio en el que viven es, en buena medida, una creación propia: lo que llamamos *cultura*, o sea, el desarrollo de mecanismos de supervivencia que sin el hombre no estarían presentes en un ambiente natural dado. Como esos mecanismos son una creación (artificiales), aunque en parte estén necesariamente determinados por el medioambiente en que se desarrollan, tienen siempre —porque es sumamente improbable la repetición de un mismo artificio— una identidad propia. La idiosincrasia es entonces el conjunto de los reflejos específicos para sobrevivir —en el sentido de adaptarse eficientemente— a una determinada cultura.

De ahí su carácter doblemente conservador. Primero, porque, como cualquier reflejo adaptativo (vgr. si soy conejo y reconozco la sombra de un halcón, me zambullo en la primera cueva disponible), es en sí mismo el resultado de su propia eficiencia y solo la reiteración de su fracaso genera las condiciones para su sustitución por otro reflejo. Pero también son reflejos conservadores, porque deben instalarse —es más gráfico decir «se imprimen»— en el individuo cuando este todavía es inmaduro, porque, justamente, el estado de madurez, es decir la propiedad de actuar autónomamente, depende de su capacidad de disponer de esos reflejos de probada eficiencia.

¿En qué momentos concretos se instalan esos reflejos? ¿De qué manera? ¿Cuáles? Son preguntas que todavía no se han respondido adecuadamente. Lo trascendente, en el sentido de esta tesis, es que ya están allí cuando el individuo comienza a actuar socialmente y que, aunque a lo largo de su vida se proponga y logre desarrollar eficientemente otro tipo de respuestas, no logrará borrar las idiosincráticas, porque estas ya están profundamente instaladas en él y aflorarán, inexorablemente, cada vez que no logre controlar la espontaneidad de su respuesta.

De ese modo, pese a las variantes que, como en toda respuesta adaptativa, se van incorporando históricamente en la medida en que va cambiando el medio cultural, cada nueva generación de individuos tiende a conservar ese tronco común, ese ADN de la cultura, una verdadera reserva de conductas, las cuales, por su originalidad (fueron creadas en un medio específico), serán las que nos identifiquen como adscritos a tal o cual idiosincrasia. Es bien posible que este mecanismo sea una de las principales bases de la larga duración, de la perpetuación de determinadas modalidades culturales a lo largo de los siglos.

Pero si, además, a esas conductas reflejas les agregamos las prácticas sociales que, implícita o explícitamente, buscan reproducir las pautas de conductas tradicionales, en especial casi todo lo que tiene que ver con el campo de la educación, queda bien claro que es altamente esperable la reiteración de tipos de respuestas idiosincráticas particulares para cada uno de los agrupamientos en que podamos subdividir a la humanidad. Sobre esa base, y siempre y cuando nos hayamos aproximado a la verdadera naturaleza de las pautas idiosincráticas en cuestión, es que he hipotetizado sobre el rol singular que estas jugaron —y juegan— en el proceso histórico sudamericano.

La esencia de este trabajo ha sido entonces intentar aportar a una adecuada comprensión del papel jugado por las variables idiosincráticas en el desarrollo histórico sudamericano, y apostar a que una mejor explicación de lo que ha sido y es América del Sur tendrá su correlato en la forma de encarar nuestro futuro.

La idiosincrasia como agente histórico

Aunque la definición de idiosincrasia —«rasgos, temperamento, carácter, etc., distintivos y propios de un individuo o de una colectividad»— no ofrezca mayor dificultad, sí la tiene su consideración como elemento explicativo de los acontecimientos históricos.

Nadie niega su existencia y a ella se acude reiteradamente cuando se quiere entrar en el detalle de algún acontecimiento, cuando se quiere explicar la forma en que actuó determinado grupo o una decisión particular de alguna persona. Pero, salvo en tiempos de guerra, cuando todos los enfoques son potencialmente útiles para evitar ser derrotados, su estudio no alcanza el rango de una verdadera ciencia social.

Es que, como su símil, la identidad, de la que hacen permanente acopio los psicólogos y los antropólogos, es algo que existe pero no está. Es una propiedad transitoria que, cuando se la quiere fijar, cuando se le quiere dar presencia, se desnaturaliza al punto de volverse muchas veces inoperante.

En ese contexto, y con relación a los estudios históricos, siempre se la ha preferido utilizar como un mero complemento, casi un detalle, algo que ayuda a ilustrar una explicación cuyos verdaderos fundamentos se relacionan con temas de apariencia mucho más trascendente, como el precio del trigo o la base ideológica de una determinada doctrina política.

El tema —es lo que he querido mostrar en este trabajo— es que, sin negar el rol de otros factores, estos otros necesariamente se expresan mediante la reacción de individuos que tienen incorporada una determinada idiosincrasia, la cual, inevitablemente, por hacerse presente en forma espontánea, va a condicionar la forma en que reaccionan frente a cualquier estímulo.

Porque la idiosincrasia, al punto en que he logrado precisarla en este trabajo, es justamente eso, una manera espontánea (refleja) —pero propia de los individuos que componen un determinado grupo social— de reaccionar ante los estímulos. Forma que, justamente, se ha vuelto tradicional porque, dado que la espontaneidad es la manera más funcional de responder a los estímulos que permanentemente nos bombardean —no hacemos un cálculo de distancias y trayectorias para subirnos al autobús—, hay siempre una forma de reacción particular que es la que mejores resultados le ha dado, históricamente, a un determinado grupo.

Entonces, la cuestión es percibir cuánto pesa en el desarrollo histórico esa forma particular de reaccionar frente a un episodio, porque, frente al alza del precio del trigo, por ejemplo, una idiosincrasia motivará mayores plantaciones —con el fin de ganar más— y otra, menores —para seguir ganando lo mismo con menos esfuerzo—, con consecuencias históricas completamente diferentes.

En realidad no descubrimos nada al afirmar que ante circunstancias similares los hombres reaccionan de manera distinta, lo que aquí afirmamos es que es justamente ese factor, *cómo reaccionan*, el que va a determinar que los acontecimientos tomen un curso u otro, y en ese sentido se vuelven, generalmente, determinantes del curso histórico. La variable idiosincrática consiste entonces en el análisis de hasta qué punto esa capacidad de reacción puede ser predecible en el marco de una explicación histórica y, por lo tanto, cobrar valor operativo en la predicción de las futuras conductas. En el caso del desarrollo histórico sudamericano he intentado demostrar que el peso de los factores idiosincráticos fue fundamental.

Las idiosincrasias sudamericanas, pasadas y presentes

Dado que las pautas idiosincráticas son de carácter extremadamente conservador —vimos que su esencia consiste en facilitar la reproducción de conductas—, la idiosincrasia presente solo puede ser la idiosincrasia pasada más los pocos cambios que se le hayan introducido.

En esa línea de pensamiento es posible hipotetizar que cuanto más atrás podamos remontarnos en el tiempo para fijarle un punto de partida a nuestra idiosincrasia actual, y por lo tanto nos enfrentemos a situaciones probablemente más simples (baste pensar en que estaremos considerando un número menor de individuos que en la actualidad) y menos complejas (aunque igual lo sean superlativamente), más fácil debería ser aproximarnos a la explicación de sus pautas. De acuerdo con esto, el punto de partida de la idiosincrasia sudamericana son las pautas idiosincráticas presentes entre los indígenas antes de la llegada de los europeos.

Vuelvo a repetir, para quienes estiman que la Conquista fue un borrón y cuenta nueva, que, pese al efecto catastrófico que tuvo la llegada de los europeos, la inmensa mayoría de la población americana, por lo menos hasta el siglo XIX, seguía siendo total o parcialmente indígena. Por lo tanto, dado que cuando hablamos de pautas idiosincráticas estamos hablamos de la sumatoria de comportamientos individuales, cuando hablamos de idiosincrasia sudamericana estamos hablando de la que imperaba en la mayor parte de su población y no de la que podían haber aportado —por poderosos que hayan sido— unos pocos individuos llegados de Europa.

La historia idiosincrática de América del Sur comienza entonces con la llegada de los primeros americanos hace más de 10.000 años, y, aunque en el capítulo I, a partir de la información arqueológica disponible, haya sugerido algunas de las posibles pautas idiosincráticas originadas en ese largo período, lo cierto es que es recién a partir del siglo XVI, con la generalización de la técnica de la escritura, que contamos con información suficiente como para establecer las bases del desarrollo idiosincrático sudamericano.

Oportunamente vimos las dificultades que se presentan a la hora de describir ese «punto de partida» e, igualmente, vimos que, pese a ellas, es posible identificar dos componentes principales de aquella idiosincrasia de base, a saber: una vertiente «andina» (las comillas son porque no se superpone exactamente con dicho accidente geográfico), que comprende, por lo menos, a todas aquellas poblaciones que fueron afectadas por el Imperio inca (partes de Argentina, Chile y Bolivia, Perú y Ecuador), y una vertiente que mal llamaremos *atlántica*, pues se extiende desde el litoral oceánico hasta los contrafuertes andinos y comprende particularmente las poblaciones de (y entorno a) los llamados arawakos (Venezuela, Guyana, Surinam, Guayana

Francesa, Brasil, Paraguay, Uruguay, casi la totalidad —en términos de población— de Argentina y la zona tropical de Bolivia). Es interesante señalar, como prueba de la pertinencia de esta tesis, que los únicos casos de colonización sajona en América del Sur, la ex Guayana Inglesa y la ex Guayana Holandesa, una vez que obtuvieron su independencia (1966 y 1975, respectivamente), cayeron rápidamente en una existencia caótica, similar a la de sus copartícipes del área atlántica.

A esas dos vertientes idiosincráticas principales debemos agregar, para completar la compleja realidad del subcontinente, la existencia de una tercera, de menor trascendencia demográfica y que no fue específicamente considerada en este estudio. Esta se conformó en la frontera entre las áreas idiosincráticas *andina* y *atlántica* y ocupa, geográficamente, la mayor parte del territorio colombiano y la Araucanía chilena. Sin haber profundizado en lo sucedido en estas regiones, entiendo que ambas están caracterizadas por la combinación de las pautas idiosincráticas andinas y atlánticas, predominando los aportes de la primera en la región colombiana y los de la atlántica en la segunda.

Asimismo es necesario entender que esas bases precolombinas son el sustrato sobre el que se desarrollarán, a partir de situaciones particulares creadas por la invasión europea —como respuestas adaptativas que son—, nuevas formas idiosincráticas que en algunos casos pueden llegar a divergir fuertemente de esas bases. Reitero la imposibilidad de explorar todas esas posibilidades en el marco de este trabajo, junto con la esperanza de que de este surja el interés por el análisis de todos esos casos particulares.

Volviendo a los dos componentes idiosincráticos dominantes, lo primero a destacar es que estos presentan características fuertemente divergentes —pese a tener un origen común, dada la forma en que se pobló el continente—, que, seguramente, han sido una de las razones que han impedido, hasta hoy, entender cabalmente lo sudamericano.

En el componente andino el rasgo idiosincrático determinante, aquel al cual se ata la reproducción de la existencia, se caracteriza por multiplicar las estrategias que permitan que haya siempre una respuesta colectiva a los desafíos de la vida. Por respuesta colectiva quiero expresar que —más allá de que el hombre es siempre un animal social— el individuo andino tiende a utilizar, como medio para solucionar sus problemas, una respuesta formulada por el grupo al que pertenece y no por él en forma individual. Consiguientemente, también tiende siempre a reforzar los vínculos de pertenencia al grupo, que son los que legitiman la utilización de ese recurso.

Por su parte, en el componente atlántico, por el contrario, la respuesta a esos desafíos es el cultivo de los méritos propios, la autorreferencia; en él predomina —con la misma salvedad de que el hombre es siempre un animal social— el individuo sobre el grupo. Predominio que se retroalimenta, porque son esas mismas acciones individualistas que el sujeto ha venido tomando a lo largo de su existencia —y que lo destacan para bien o para mal— las que constituyen su nexo con la comunidad. El sujeto atlántico practica continuamente opciones personales, y en esa práctica, según el efecto producido sobre su grupo, se encontrará más cerca o más lejos de los suyos, hasta manejar las opciones de fraccionar el grupo o de autoexcluirse.

Con puntos de partida tan divergentes, muy distinto fue el efecto de la invasión europea en cada una de esas áreas. Recordemos que dicha invasión (preferimos *invasión* a *conquista*, ya que esta supone una imposición total), de acuerdo con las visiones más severas, tuvo un carácter cataclísmico, afectó todas las esferas del comportamiento como puede hacerlo un terremoto o cualquier otra catástrofe natural, pero que, al igual que en esos casos, es a partir de sus propios recursos idiosincráticos que la población sobreviviente va a superar la nueva situación.

En el caso atlántico, con un comportamiento idiosincrático individualista, que tiende a poner en juego opciones personales frente a cualquier coyuntura, la presencia europea, signada por el individualismo de los propios invasores, diversificará el escenario en el que se ejercen esas opciones. En ese escenario no había ninguna circunstancia que impidiera que la nueva situación fuese superada en base a los recursos idiosincráticos tradicionales. El hecho fue, como vimos en el capítulo III, que las nuevas coyunturas admitieron sin mayores inconvenientes la opción idiosincrática individualista —en la que cada uno tiene a la vez, como autorreferencia y como referencia grupal, sus propias acciones— porque esa era también la tónica idiosincrática aportada por los europeos, con lo que se aseguró su persistencia.

En el área andina, por ser más compleja, también fueron más complejos los efectos de la invasión, aunque aquí también, como en el área atlántica, a nivel de las grandes masas de la población se dieron condiciones que perpetuaron las pautas de la idiosincrasia tradicional.

Sucedió, como vimos en el capítulo II, que la exigencia de una inmediata respuesta laboral por parte de la masa campesina obligó a los invasores, como había antes obligado a las antiguas élites indígenas, a respetar las tradicionales estructuras comunitarias, sustento de su idiosincrasia.

Lo que sí va a cambiar es que, a diferencia de lo que había sucedido antes de la llegada de los europeos, las élites ya no podrán sostener claramente su posición privilegiada como expresión de una responsabilidad colectiva. Dicho de otro modo, si el recurso a lo colectivo fue la forma en que históricamente los sectores explotados hicieron frente a las exigencias de la élite, esta también había justificado su situación privilegiada como expresión del mismo recurso a las responsabilidades colectivas, en su caso, la responsabilidad de «ordenar» el mundo. Principio que necesariamente será puesto en cuestión como consecuencia del desorden provocado por la Conquista y de la asociación de la antigua élite con los nuevos vencedores.

La invasión europea alteró radicalmente ese aspecto del funcionamiento social y obligó a una readecuación idiosincrática de la élite indígena. Esta se vio forzada a asociarse con los invasores europeos —que serán cada vez más criollos y mestizos—, los que manifiestamente se identificaban principalmente con sus propios intereses individuales antes que con los colectivos, obligándola así a renunciar —por lo menos en parte— a su anterior estrategia. Sabiendo que los recursos idiosincráticos son esencialmente adaptativos, es muy posible que en los márgenes de ese escenario, en el sentido de afectar a una mínima parte de la población, a diferencia de lo que sucedió en el área atlántica, se hayan generado las condiciones para el —necesariamente lento, dada la forma en que opera— surgimiento de nuevas variantes idiosincráticas.

Al mismo tiempo, como testimonio de lo complejo de la situación, recordemos que son sus nuevos socios europeos los que insistirán en revalorizar a la nueva élite andino-europea como la heredera del Incario, al comprender que la sociedad solo funcionaba si se continuaban siguiendo las reglas que aquel había impuesto. En ese plano, los europeos no vacilarán en emparentarse con los dignatarios sobrevivientes del Imperio, en particular casándose con las ñustas, las princesas de la élite inca.

Pero, por este mismo proceso de asimilación de elementos de diversos orígenes y diversas lealtades, se irá desdibujando su carácter de élite colectiva; el rey y la Iglesia, en lugar del inca, serán el fundamento de un nuevo orden cósmico, orden en el que, como élite, siguen teniendo un rol fundamental, pero sin tener la responsabilidad plena de conducirlo. Factor al que debemos sumarle el que este nuevo orden parece ser mucho más caótico —si se me permite la expresión— que el anterior, un orden permanentemente alterado por coyunturas políticas y económicas mucho más variables. En ese contexto, la referencia individualista al «sálvese quien pueda» terminará siendo una necesaria nueva referencia idiosincrática.

Finalmente señalemos que la inadaptación idiosincrática de la élite, mejor dicho, que las tensiones que surgen de la necesidad de abandonar prácticas ancestrales y de la incertidumbre de nuevas conductas repercuten, como no podía ser de otra manera, en los sectores populares que los tenían como referentes. Si lo colectivo no es más la opción de la élite y si las condiciones existenciales se vuelven casi insostenibles, ¿por qué no experimentar también salidas individuales? Aparecen así en escena actores que, o por no encontrar cabida en las opciones tradicionales —como es el caso particular de muchos de los mestizos— o por haber escapado al circuito colectivista, como muchos servidores indios a título individual, deberán construir también una nueva estrategia idiosincrática en la que, como en la élite subalterna, lo individual y lo colectivo estén en permanente tensión.

La oposición que desde entonces se genera entre la situación idiosincrática de la élite —que ya no puede sostener plenamente su antiguo estatus de organizadora colectiva y que incluye ahora rasgos netamente individualistas— y la de los estratos explotados —aferrados a la supervivencia en común— generará todo el amplio rango de ambivalencias entre lo grupal y lo individual que también se ha vuelto característico de estas sociedades.

Señalada la particularidad de esa nueva situación, debo insistir, para que no haya confusiones, en que para el área andina como un todo la principal consecuencia idiosincrática de la invasión europea fue un fortalecimiento de todos los procesos de ritualización que, a la vez que determinaban la condición de indio comunitario, le permitían a este defender un —muy negociado— estatus particular que de alguna manera lo preservaba de las condiciones de sobreexplotación.

Es tiempo de recordar también en estas conclusiones que la expoliación permanente de todo excedente que el indio comunitario venía sufriendo desde hacía milenios, a la que debemos sumar el costo de la ritualización en la que él mismo se amparaba, es suficiente para explicar el desarrollo de una *cultura de la pobreza*, caracterizada por mantenerse en los mínimos niveles de producción posibles. Cultura que naturalmente también se manifiesta en los patrones idiosincráticos.

Establecidos los puntos de partida para las idiosincrasias atlántica y andina, la evolución posterior de los acontecimientos, cuyo hilo conductor fue la pretensión de los Estados ibéricos de saldar sus déficits de caja con los metales preciosos americanos, no generó, durante 300 años, situaciones que pudieran alterarlos sustantivamente.

La élite andina continuará su proceso de diferenciación de la idiosincrasia tradicional, integrando los reflejos propietaristas de sus nuevos socios, pero sin abandonar la idea de que, de alguna manera, un *orden cósmico* ha sido sustituido por otro y que, sin este, toda la estructura social puede derrumbarse.

Desarrolla así dos modalidades. Por un lado, la fidelidad a la monarquía y a la Iglesia, cabezas de dicho orden. Es fundamentalmente en carácter de agente de ese orden que toma sus decisiones y, consecuentemente, apoyará a la monarquía en todas las instancias en que la autoridad de esta sea cuestionada, desde que finaliza el sitio de Cuzco (1537) hasta las guerras de la independencia. Es también en esa creencia que se apodera del escenario legal, pleiteando incesantemente contra el sinnúmero de arbitrariedades que aquí se generan. Y también que, paradójicamente, tiende a rechazar su condición de indio y de mestizo —como lo son en su origen la amplia mayoría— al tiempo que apuesta y apoya —aunque desprecia— la radicalización colectivo-ritualizante en la que se refugian las clases explotadas, quienes serán los únicos «indios» de ahora en adelante.

La independencia significará una nueva sacudida en el proceso idiosincrático de la élite andina, que verá acentuarse la tensión entre el modelo ordenador y las ambiciones individualistas.

Por su parte, en el ámbito atlántico, era tan poco estratificada la estructura social y tan débil el poder de coerción de los invasores que resultaba imposible imponerle nada a nadie. Todo debió hacerse por concesiones, que no hacen más que reforzar la base individualista de la idiosincrasia regional. Allí todos son «caciques», en mayor o menor grado. Allí, el representante de la monarquía, en los raros casos en que tuvo la pretensión de imponer el orden social europeo, no encontró socios consecuentes con ese propósito. Allí el criollo —también fuertemente mestizado— no encuentra —ni busca generalmente— otro medio para sostener la estratificación social que no sea la explotación de la mano de obra esclava, con el agravante de que debe asociar como policías de sus esclavos a la población local, idiosincráticamente contraria a todo tipo de ley.

Con esa base, la llegada de la independencia provocará un «todos contra todos» en el que no hay lealtades posibles y cuyo resultado será el reforzamiento, en todos los planos, de la base social de la idiosincrasia individualista. Brasil pareció escapar a ese sino gracias a la oportuna llegada, en 1807, de todo el aparato estatal portugués, el cual, por un tiempo, logró contener las fuerzas centrífugas de la idiosincrasia regional y pudo así, por lo menos, conservar su unidad territorial, aunque no evitar la apropiación del Estado —heredado de los portugueses— por la idiosincrasia panguaraní.

De ese modo, cuando, durante la segunda mitad del siglo XIX, llegue a la región el alud inmigratorio europeo, lo hará, otra vez, en condiciones de una casi absoluta incapacidad para transformar una realidad local sólidamente asentada.

El corolario fue, en el plano idiosincrático —volvamos a recordar que este corresponde a una estrategia adaptativa—, que será el recién llegado quien deberá adaptarse a las idiosincrasias locales y no a la inversa; transformación que se logrará en el muy breve plazo histórico de una o dos generaciones. Se produce así esa increíble síntesis biológico-cultural que nos permite descubrir hoy, aun en los ámbitos más urbanos de la región atlántica, tras los acuosos ojos del nórdico o la rizada cabeza del semita, la torva mirada del gaucho.

El futuro: aspectos positivos y aspectos negativos (fomentar unos y combatir otros)

Así se llega al panorama idiosincrático de nuestros días, el que nos muestra la coexistencia sobre el territorio sudamericano de dos tradiciones que vienen divergiendo desde la prehistoria. Se genera de este modo un primer contraste entre la realidad presente y la tradición histórica, la cual nos ha descrito siempre como una única entidad (genéricamente también extensible a América Latina), generada a partir de una historia común determinada por el dominio ibérico sobre el territorio. No voy a volver aquí sobre la fuerza de esa idea que, hasta hoy, se sigue expresando en forma hegemónica en el discurso político latinoamericano, pero que tampoco, hasta hoy, ha logrado dar ningún paso significativo para superar la fragmentación política.

Lo que hago es agregar, al permanente fracaso —como vimos en la introducción— de todos aquellos que han intentado encontrar un denominador común a lo sudamericano (y, más aún, «latinoamericano»), la constatación de que, en su idiosincrasia —el basamento histórico determinante de acuerdo con esta tesis— hay, de arranque, dos modalidades totalmente diferentes, que primero deberán ver cómo asociarse antes de siquiera soñar con integrarse.

Pero voy más lejos, es sin duda la ignorancia de la convivencia de dos naturalezas diferentes, tratando de la misma manera cosas que son distintas, una de las causas de los fracasos políticos sudamericanos desde la colonia hasta nuestros días.

Durante la dominación española porque se pretendió imponer una única gestión y una única legislación, sin entender que aquello que, mal que bien, podía funcionar en el área andina era absolutamente inaplicable en el área suratlántica. Más aún, sin apreciar en su debido alcance que desde esta última área, básicamente ingobernable, se socavaba permanentemente, contrabandos de todo tipo mediante, la estructura colonial.

Inversamente, al llegar la hora de la independencia, serán las incontenibles caballerías atlánticas y sus cabezas dirigentes las que pretenderán, reiterada y sistemáticamente, imponer sus consignas políticas liberales al, circunstancialmente derrotado pero siempre conservador, mundo andino.

El resultado global de este proceso histórico, sea por la irresponsabilidad aportada por el área atlántica o por la debilidad vigente en el mundo andino, ha sido el desarrollo de una verdadera incapacidad para la acumulación (en todos los planos, no solo el económico) que hubiese hecho posible el crecimiento de todos los aspectos que hacen a la vida en sociedad, y que hace que, todos los días, se tenga el convencimiento de que hay que empezar de cero.

Sin embargo ambas regiones poseen fortalezas idiosincráticas que, si se pudieran sumar, generarían circunstancias ideales para el desarrollo humano.

En ese panorama, el área andina es la que posee condiciones más ventajosas, porque tiene la experiencia histórica de mancomunar esfuerzos. No solo eso, ha desarrollado un profundo sentido del compromiso solidario en el marco de las estructuras comunitarias y también una gran capacidad de trabajo. Solidaridad y trabajo —parece una consigna sindical— son, sin duda, las mejores bases para aquella «vida digna» de la que hablábamos en la introducción.

Lamentablemente, aunque hay señales cada vez más alentadoras, todavía no lo ha logrado. Es que existen en la propia idiosincrasia andina, junto con las virtudes que acabo de señalar, elementos negativos. En primer lugar —y entiendo que ha sido el determinante desde la independencia— la funesta combinación del nuevo individualismo que desarrolló la élite andina como consecuencia de la invasión europea y la persistencia de la solidaridad comunitaria a nivel de las masas. Las cuales, sobreexplotación mediante, han reforzado los mecanismos propios de la cultura de la pobreza: para qué acumular si me lo van a robar, y, consecuentemente, la represión de las iniciativas individuales en el seno de las comunidades.

Bastaría con que dejen de robarlos y/o que el excedente que se les quita les sea devuelto en beneficios colectivos para que esa máquina se ponga en movimiento. Con el plus de que, imperando la justicia, las iniciativas individualistas, tanto de las élites como de los sectores que optaron por alejarse de las estructuras comunitarias, estarán a la orden para estimular el proceso en su conjunto. Con una estructura idiosincrática en la que prevalece el cuidado del conjunto parece claro que, en la medida en que al grupo se le permita disfrutar de los beneficios de la acumulación, debería tender a romperse con la situación que definimos como *cultura de la pobreza* en la que todo esfuerzo de acumulación es visto como inútil.

Nada es fácil, seguramente, en el mundo andino. Las cohibiciones que el recurso a lo grupal ha necesariamente impuesto al desarrollo de la espontaneidad individual conspiran contra el desarrollo de las iniciativas necesarias para mantener un crecimiento permanente en un mundo altamente competitivo. En ese plano también debe pensarse en las dificultades que surgen del hecho de que lo que hemos definido como grupal se refiere siempre a ámbitos cerrados y que, muy posiblemente, reaccione negativamente frente a solidaridades que vayan más allá de él.

Muy distinto es el panorama del área atlántica. Aquí la solidaridad es inconsecuente, dependiendo siempre de cuánto se relativice la autoidentificación con un determinado grupo. No es del caso entrar en casuísticas particulares; si se le da el tiempo suficiente el atlántico siempre se autojustificará con un «hacé la tuya», en desmedro de toda iniciativa grupal.

En el área atlántica no se acumula como consecuencia de una cultura de la pobreza, sino porque, como vimos, allí brilló el reflejo idiosincrático libertario, no admitiéndose otra decisión que la que surge de la propia voluntad, generando condiciones que hicieron imposible la sobreexplotación. Peor aún, no se acumula porque la acumulación es castigada culturalmente. Como se parte del supuesto de que «nadie es más que nadie» y todos somos ontológicamente iguales, nuestras riquezas deberían ser equivalentes y, por lo tanto, cualquier acumulación extraordinaria solo puede ser vista como ilícita, como el usufructo de ventajas particulares, y nunca como el fruto del esfuerzo puro y duro.

Lo más grave es que, alimentada por ese contexto, se generó una incontenible tentación redistributiva de la riqueza ajena, en la que cada «redistribuidor» busca corregir, en un sentido que considera particularmente ventajoso, las supuestamente ilícitas desigualdades. Esto llevó (y lleva), en el plano político, a una competencia feroz por el rol de redistribuidor (léase tratar de ocupar los cargos directivos del Estado, desde los más bajos a los más encumbrados), generando, con el consiguiente uso discrecional de las instituciones públicas, una inmensa corrupción. Entendiendo por corrupción la redistribución, sea entre pocos o muchos y aun muchísimos bolsillos, con las más diversas justificaciones, de lo que no les pertenece.

Aquí no se acumula porque todas las reglas de juego van contra ello: por las económicas, por la inconstancia idiosincrática de los que deben hacer el esfuerzo y, en caso de éxito (el que normalmente se debe a ventajosas condiciones naturales), por las políticas, porque ningún poder se puede sostener en el tiempo sobre la base de ese radical individualismo, y consecuentemente, la alternancia en el poder supondrá una nueva redistribución de lo poco o mucho que se haya acumulado. El resultado es todavía peor porque, debido al temor provocado por las consecuencias de una ostentación pública de la riqueza acumulada, se tiende al disimulo de las vías por las que se llega a esta, abriendo aún más el campo a las verdaderas prácticas ilegales.

Sin perjuicio de lo que acabo de expresar, el área atlántica tiene notables potencialidades que han sido suficientes para mostrarla, hasta ahora, como la más pujante del subcontinente. Tiene, en primer lugar, condiciones naturales excepcionales. Esas condiciones, contrariamente a lo sucedido en el área andina, donde las poblaciones debieron afrontar el desierto y la montaña, permitieron, por la facilidad para obtener recursos, el desarrollo de su particular idiosincrasia. En ella, con relativamente poco esfuerzo se conseguía y se sigue consiguiendo mucho. Si además sumamos la tolerancia idiosincrática a las iniciativas individuales y a estas la creatividad de una población poco dispuesta a ponerse límites, es entendible que aquí se hayan sucedido notables realizaciones.

Lástima que nunca se perpetúen en el tiempo, que la acumulación de resultados tienda a cero. Que, pese a esas incomparables ventajas, la única acumulación posible parece ser la de las crisis, políticas, económicas y culturales. Esperemos que, a fuerza de acumularlas, se entienda que estas no son el resultado de la intervención de una fatídica mano negra, sino el producto de la sumatoria de nuestras propias decisiones individualistas y que, en la medida en que se tome en cuenta esa realidad, comience a entrar en juego, a la hora de nuestras decisiones, una auténtica responsabilidad social, ahora como un elemento imperativo del beneficio en el plano personal.

¿Cómo lograr, en ese escenario, que cada uno considere la responsabilidad social de sus actos? ¿Quién va a dar el primer paso y exponerse? ¿Cómo construir garantías suficientes? Son algunos de los problemas que deberán ser resueltos. Con milenios de estímulo a las opciones individuales, confiemos en la capacidad de generar propuestas que dicha práctica ha fomentado.

---

[1] Cometería una injusticia si no recordara aquí a Domingo Faustino Sarmiento —a mi juicio el más profundo pensador latinoamericano—, quien por primera vez expresó de manera racional, identificando la oposición entre lo que él llamó «civilización y barbarie», la importancia de los factores culturales, que muchos solo intuían. Oposición que, aunque claramente discutible, se centraba en la existencia de naturalezas culturales antagónicas. Lamentablemente, inmerso apasionadamente en el juego político de su época, no pudo separar sus profundas reflexiones sobre el origen de los comportamientos latinoamericanos del escenario político en el cual se planteaban. Puso así sus propuestas en la picota de la crítica de sus numerosos adversarios, que transformaron un argumento potencialmente muy valioso en una etiqueta panfletaria. Para colmo, en el lenguaje de la época lo que hoy entendemos por cultura se expresaba como *raza*, haciendo que una lectura ligera de esos conceptos los vuelva totalmente impopulares en la actuali-

dad. Recomiendo vivamente la lectura de su última obra, de 1883, *Conflicto y armonía de razas en América*, para aquilatar el alcance de su pensamiento en los temas que aquí hemos tratado.

www.ingramcontent.com/pod-product-compliance
Lightning Source LLC
Chambersburg PA
CBHW080847260726
48660CB00009B/3233